EGON KRENZ

WENN MAUERN FALLEN

EGON KRENZ

WENN MAUERN FALLEN

Die Friedliche Revolution:
Vorgeschichte – Ablauf – Auswirkungen

Unter Mitarbeit von Hartmut König
und Gunter Rettner

PAUL NEFF VERLAG

Printed in Germany
ISBN 3-7014-0301-5

Umschlaggestaltung: Graupner & Partner, München
Umschlagfoto: © Fotoagentur Poly-Press, Bonn
Satz: MPM, Wasserburg
Druck und Bindung: Ebner Ulm

INHALT

VORWORT

Fünfzig Amtstage genau liegen zwischen jenem 18. Oktober 1989, an dem ich zum Generalsekretär des Zentralkomitees (ZK) der SED gewählt wurde, und dem 6. Dezember, als ich von der Funktion des Vorsitzenden des Staatsrates der Deutschen Demokratischen Republik zurücktrat. Diese fünfzig Tage sind nur ein — allerdings sehr wesentlicher — Abschnitt der schon Monate zuvor begonnenen und, wie mir scheint, noch nicht abgeschlossenen Revolutionierung der politischen Verhältnisse in der DDR durch das Volk.

In diesen Tagen trug ich eine besonders hohe persönliche Verantwortung und versuchte, ihr nach bestem Wissen und Gewissen gerecht zu werden. Gemeinsam mit meinen politischen Freunden hatte ich die Initiative zu einer Umkehr in der Politik der Führung der SED ergriffen — aus der Erkenntnis heraus, daß die alte Führung den Widerspruch zwischen dem Willen des Volkes und ihrer eigenen realitätsfernen Politik beständig vertiefte und unser Land in eine schwere Krise führte.

Eigentlich hatte ich vor, über diese fünfzig Tage längere Zeit zu schweigen. Was mich umstimmte, war die Besinnung auf eine mir von Wolf Biermann in seinem Artikel »Wer war Krenz?« im November 1989 zugedachte Metapher. Darin hatte er mir die Perspektive eröffnet, als »Fliege im Bernstein« (Bernstein sollte heißen: eines seiner Lieder, in dem ich vorkomme) ein Weilchen zu überdauern. Irgendwas erschreckte mich, der ich ansonsten mit den verschiedensten meine Person betreffenden Attributen doch in jenen fünfzig Tagen halbwegs zu leben gelernt hatte. Man hieß mich Wendehals, Hoffnungsträger, Wahlfälscher, Oppositionsbekrenzer und Maueröffner. Ich galt als erstaunlich fidel, zugleich zuckerkrank, Alkoholiker, körperlich durchtrainierter Lächelpolitiker und guter Familienvater, jedoch mit verwüstetem FDJ-Gesicht. Ich war starker Mann und Provisorium, Choreograph parteisozialistischen Neubeginns und Homunculus bürocraticus. Cartoonisten eigneten sich gar dentistische Kenntnisse an, um mein politisches Innenleben besser veräußern zu können. Das alles ertrug ich leichter als diese merkwürdige Metapher: Fliege im Bernstein, eingeschlossen wie ein Schauobjekt ohne Kommunikationsmöglichkeit mit dem Betrachter, unfähig zum nachträglichen Wort.

Aber habe ich denn meinen Worten von damals etwas hinzuzufügen? Ich meine ja, denn die fünfzig Tage waren bei allen subjektiv ehrlichen und objektiv notwendigen Entscheidungen auch voller Hast und Schrecksekunden, voller Fehler und Irrtümer. Da wurde manches nicht gesagt oder mißverstanden, gab es falsche und halbe Sätze. Für so vieles fehlten Erklärungen und Analysen, weil die Ereignisse sich überschlugen.

Heute, mit etwas Abstand, läßt sich einiges genauer beurteilen, und es scheint dafür auch ein Interesse zu geben, denn Journalisten und Neugierige aus beiden deutschen Staaten und aus anderen Gegenden klingeln täglich an meiner Pankower Tür. Zu Neujahr lud mich ein Pfarrer zum Gespräch in sein Haus. Viele Diskussions- und Interviewwünsche muß ich aus Zeitgründen ablehnen. Ich bitte, meine Ausführungen in diesem Buch nicht zu mißdeuten. Ich spreche nicht aus Verbitterung, nicht aus Enttäuschung, nicht mit einem Gefühl der Kränkung durch Weggenossen oder Umstände. Ich habe Vertrauen in die Zukunftsträchtigkeit meiner Ideale eines demokratischen Sozialismus. Ich hoffe auf die Standhaftigkeit meines Landes, sich ein Stück der historisch gewachsenen Identität zu erhalten. Meiner Partei, die mich ausgeschlossen hat, und meinem Land konnte ich nur das geben, was mir möglich war. Wieviel es gewesen sein mag, kann allein die Zeit beantworten.

Ich rechtfertige mich nicht, ich rede mir etwas von der Seele. Viel habe ich über unser System gewußt; manches blieb auch mir verborgen, was ich hätte wissen müssen. Ich wälze keine Schuld auf andere ab, sondern trage sie mit.

I. TEIL

ALS ERICH HONECKER STÜRZTE

I.

DIE WENDE OBEN

Am 18. Oktober 1989 traf sich das Zentralkomitee der SED zu seiner 9. Tagung in Berlin. Ihm gehörten damals über 200 Mitglieder und Kandidaten aus allen Bezirken der Republik an. Die meisten von ihnen dürften von der Einladung überrascht worden sein. Sie erhielten ein am Vortag kurz nach 16 Uhr aufgegebenes Blitztelegramm, dessen spröder Text lautete: »Werte Genossen. Die 9. Tagung des Zentralkomitees der SED ist auf Beschluß des Politbüros für Mittwoch, den 18. Oktober 1989, 14 Uhr im Hause des ZK einberufen. Tagesordnung: Zur politischen Lage. Mit sozialistischem Gruß E. Honecker.« Dabei hatten sie doch erst wenige Tage zuvor, am 13. Oktober, eine ganz andere Einladung zu einer 9. Tagung erhalten. In üblicher Form auf dem Briefbogen des Generalsekretärs, jedoch mit einer wesentlich umfangreicheren Tagesordnung. Diese sah ein Referat Erich Honeckers zur Vorbereitung des XII. Parteitages der SED, den Routinebericht des Politbüros sowie Thesen zur Gesellschaftsstrategie der SED für die neunziger Jahre vor. Die Berliner Mitglieder und Kandidaten des Zentralkomitees, denen am 17. Oktober per Kurier, zusätzlich zum Blitztelegramm, noch eine briefliche Einladung für die vorgezogene ZK-Tagung zuging, hielten damit ein besonders merkwürdiges Schreiben in der Hand: Der Termin stand nicht mehr auf jenem bekannten und vertrauten Briefbogen mit dem Aufdruck »Generalsekretär«, sondern auf schlichtem weißem Papier, das allerdings Erich Honeckers Unterschrift trug. So wies die Form der Einberufung bereits auf den Inhalt der 9. Tagung hin.

Zudem waren ungewöhnliche Begebenheiten bekanntgeworden, so beispielsweise, daß der damalige stellvertretende Kulturminister Hartmut König, ein Mitglied des ZK, und der außen-

-b-
+249-2760-33c 484 17.10. 1620 wei
zk der sed -blitzc-

an die mitglieder und kandidaten
des zentralkomitees

werte genossen
die 9. tagung des zentralkomitees der sed ist auf beschlusz
des politbueros fuer mittwoch, den 18. oktober 1989, 14.00 uhr
im hause des zk einberufen.
tagesordnung: zur politischen lage.

mit sozialistischem grusz
e. honecker +

m
- 1640 col k
qll 484 17101640 gr
+249-2705-33e+++ dkskx

Blitztelegramm:
Einladung
zur entscheidenden
9. ZK-Tagung.

politische Experte des Jugendverbandes FDJ, Jochen Willerding, damals noch Kandidat des Zentralkomitees, Erich Honecker am 6. Oktober in einem gemeinsamen Brief aufgefordert hatten, innerhalb von zwei Wochen eine ZK-Tagung einzuberufen. »Ein solcher Beschluß würde sich mit den Erwartungen vieler Mitglieder und Kandidaten unserer Partei decken ...« schrieben sie — übrigens mit meinem Wissen — und verwiesen darauf, »daß eine sofortige Verständigung des Zentralkomitees zur gegenwärtigen Lage für die weitere Vorbereitung des XII. Parteitages der Sozialistischen Einheitspartei unerläßlich« sei. Dem Inhalt dieses Briefes, der am Rande des Festempfangs zum 40. Jahrestag der DDR am 7. Oktober noch mit vorgehaltener Hand diskutiert wurde, hatten sich in eigenen Schreiben und Äußerungen Künstler und Schriftsteller wie Manfred Wekwerth, Hermann Kant, Günter Görlich und Gerhard Holtz-Baumert, die gleichfalls ZK-Mitglieder waren, angeschlossen. Während einer Beratung mit dem Ideologie-Sekretär des ZK, Kurt Hager, sprachen sich weitere Künstler, Kulturfunktionäre und Wissenschaftler für eine Vorverlegung der ZK-Tagung aus. Und zum Entsetzen der an dieser Zusammenkunft teilnehmenden Margot Honecker, die als Volksbildungsministerin bei der damals bestehenden Verflechtung von Partei und Staat zumindest formal ihre politischen Richtlinien durch Kurt Hager erhielt, stimmte auch dieser in der Runde einem solchen Begehren ausdrücklich zu. In den Bezirken mehrten sich gleichlautende Stimmen.

Eigentlich spürte jeder, der sich einen Sinn für Realitäten bewahrt hatte, daß dringend etwas geschehen mußte. Vor allem galt es, das fatale Schweigen des Politbüros zu brechen. Viele ZK-Mitglieder waren des Wartens auf ein Wort von uns Mitgliedern des Politbüros zur dramatischen Zuspitzung innenpolitischer Konflikte in der DDR und zu der daraus resultierenden bedrückenden Ausreisewelle ganz einfach überdrüssig. Sie fühlten sich vom Politbüro im Stich gelassen, das seit einiger Zeit nicht mehr agiert hatte und nun nicht einmal mehr reagierte. Es verhielt sich wie unter einer verhängnisvollen Hypnose. Aber — das war wohl das einzig Gute an dieser Lage — viele begannen auch, sich ihrer eigentlichen Rolle in der Partei wieder stärker bewußt zu werden. War nicht das ZK das entscheidende Organ zwischen den Parteitagen? Fast schien diese Maxime des Parteiaufbaus in Vergessenheit geraten zu sein, denn das Politbüro hatte das ZK weitgehend

SOZIALISTISCHE EINHEITSPARTEI DEUTSCHLANDS

ZENTRALKOMITEE

GENERALSEKRETÄR

An die
Mitglieder und Kandidaten
des Zentralkomitees

Berlin, 13. 10. 1989

Werte Genossin!
Werter Genosse!

Die nächste (9.) Tagung des Zentralkomitees der Sozialistischen Einheitspartei Deutschlands findet am

15., 16. und 17. November 1989

im Hause des Zentralkomitees statt. Die Tagung beginnt um 10.00 Uhr im Plenarsaal, Eingang Unterwasserstraße.

Tagesordnung

1. Die Aufgaben der Partei in Vorbereitung des XII. Parteitages der SED
   Referent: Genosse Erich Honecker

2. Bericht des Politbüros

3. Thesen zur Gesellschaftsstrategie der SED für die 90er Jahre.

Bericht und Thesen werden den Mitgliedern und Kandidaten des ZK am Tag vorher vorgelegt.

Mit sozialistischem Gruß

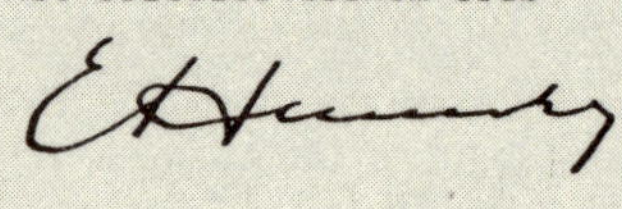

Die erste …

Berlin, 17. 10. 1989

An die
Mitglieder und Kandidaten
des Zentralkomitees

Werte Genossen!

Die 9. Tagung des Zentralkomitees der SED ist auf Beschluß des Politbüros für Mittwoch, den 18. Oktober 1989, 14.00 Uhr im Hause des ZK einberufen.

Tagesordnung:

Zur politischen Lage.

Mit sozialistischem Gruß

und die zweite briefliche Einladung zur 9. Tagung des ZK.

entmündigt, jeden substantiellen Streit aus den Tagungen verbannt und das Gremium quasi in eine Zustimmungsinstitution verwandelt. Dafür hatten wir uns selbst auf den Thron einer alleswissenden und allesentscheidenden Instanz gehoben. Nun aber wackelte dieser Thron. Der Ruf nach einer schnellen Einberufung des Plenums (so wurden bei uns ZK-Tagungen umgangssprachlich genannt) war zugleich die Forderung nach einer offenen und ehrlichen Analyse der entstandenen Lage, nach Diskussion über die notwendigen aktuellen Schritte, aber auch nach einer Generaldebatte über den künftigen Weg der Partei in unserem veränderungsbedürftigen Land. Mir war klar, daß die in der Sowjetunion eingeleiteten Reformen nicht einfach bei uns kopiert werden konnten. Aber fest stand auch, daß sich die notwendigen Veränderungen hierzulande an der Glasnost- und Perestroika-Politik Gorbatschows orientieren mußten.

Mein entscheidender Fehler war, daß ich zu lange geglaubt hatte, diese Kursänderung in der Politik gemeinsam mit Erich Honecker vornehmen zu können. Ich hatte seine politische Biographie vor Augen, und ich meinte, Honecker würde sich angesichts klarer Fakten zumindest aus pragmatischen Gründen auf die Seite der notwendigen gesellschaftlichen Entwicklung stellen. Bis ich schließlich zu der Überzeugung gelangte, daß es mit Erich Honecker keine ehrliche Debatte über die anstrengenden, oft quälenden Details einer wirklichkeitsnahen Politik mehr geben konnte, war viel kostbare Zeit — heute muß ich wohl sagen: die entscheidende Zeit — vertan. Erich Honecker scheute jede Aussprache über die immer komplizierter werdende aktuelle Lage in Partei und Staat. Er suchte Zuflucht in abstrakten Zukunftsvisionen, malte Bilder des Jahres 2000 in die Wolken und hatte nur ein Ziel: alte Konzepte mittels einer Programmatik, die seine Handschrift trug, in die neunziger Jahre hinüberzuretten. Auf dieser Grundlage war dann auch die ursprüngliche 9. Tagung des ZK inhaltlich angelegt.

Schnelles Handeln tat not. Auch wenn es an inhaltlichem Vorlauf fehlte, mußte jetzt die dringendste Kaderfrage entschieden werden, die Ablösung Erich Honeckers und seiner engsten Vertrauten.

Der 18. Oktober kam. Es war kurz vor 14 Uhr, als ich von meinem Dienstzimmer im 2. Stock des ZK-Gebäudes in den Plenarsaal hinunterging, wo schon fast alle Mitglieder und Kandidaten des Zentralkommitees ihre Plätze eingenommen hatten. Deutlich war eine Atmosphäre äußerster Konzentration und Spannung zu spüren, wie sie wohl nur selten diesen Raum mit seinen eine Spur zu bequemen Sesseln beherrscht hatte. Von meinem Platz im Präsidium schaute ich in die Runde. Eigentlich war ich überzeugt, daß sich eine Mehrheit für die Ablösung Erich Honeckers, Günter Mittags und Joachim Herrmanns finden würde. Ich wußte, daß einige Vertraute in Vorbereitung des 9. Plenums aktiv gearbeitet hatten, um eine Stimmenmehrheit im Plenum zu erreichen. Dazu gehörten Wolfgang Herger, Leiter der Abteilung für Sicherheitsfragen des ZK, Gunter Rettner, Leiter der für die Beziehungen zur Bundesrepublik zuständigen ZK-Abteilung »Internationale Politik und Wirtschaft«, Bruno Mahlow, stellvertretender Leiter der Abteilung Internationale Verbindungen des ZK mit seinen exzellenten Beziehungen in die sozialistische Welt, und weitere Genossen. Aber es blieb ein Rest von Ungewißheit, ob das Kräfteverhältnis ausreichen würde, einen solchen für die Geschichte der Partei und des Landes schicksalhaften Beschluß herbeizuführen.

Es war durchgesickert, daß es am Vortag in der Sitzung des Politbüros zu heftigen Auseinandersetzungen gekommen war. Die nunmehr seit Wochen andauernden Demonstrationen mit dem Ruf »Wir sind das Volk« hatten das Politbüro veranlaßt, einen Wechsel an der Spitze der SED herbeizuführen und dem ZK vorzuschlagen, Erich Honecker von seinen Funktionen in Partei und Staat abzulösen.

Dann betrat Erich Honecker den Saal, und mir war, als verstummten sofort alle Gespräche. Eine beklemmende Stille lag über den Wartenden, so daß Erich Honecker, obwohl es noch nicht ganz 14 Uhr war, sich erhob, um folgende Erklärung abzugeben:

»Liebe Genossinnen und Genossen!

Nach reiflichem Überlegen und im Ergebnis der gestrigen Beratung im Politbüro bin ich zu folgendem Entschluß gekommen: Infolge meiner Erkrankung und nach überstandener Operation erlaubt mir mein Gesundheitszustand nicht mehr den Einsatz an Kraft und Energie, den die Geschicke unserer Partei und des Volkes heute und künftig verlangen. Deshalb bitte ich das Zentralkomitee, mich von der Funktion des Generalsekretärs des ZK der SED, vom Amt des Vorsitzenden des Staatsrates der DDR und von der Funktion des Vorsitzenden des Nationalen Verteidigungsrates der DDR zu entbinden. Dem Zentralkomitee und der Volkskammer sollte Genosse Egon Krenz vorgeschlagen werden, der fähig und entschlossen ist, der Verantwortung und dem Ausmaß der Arbeit so zu entsprechen, wie es die Lage, die Interessen der Partei und des Volkes und die alle Bereiche der Gesellschaft umfassenden Vorbereitungen des XII. Parteitages erfordern.

Mein ganzes bewußtes Leben habe ich in unverrückbarer Treue zur revolutionären Sache der Arbeiterklasse und zu unserer marxistisch-leninistischen Weltanschauung der Errichtung des Sozialismus auf deutschem Boden gewidmet, die Gründung und die erfolgreiche Entwicklung der sozialistischen Deutschen Demokratischen Republik, deren Bilanz wir am 40. Jahrestag gemeinsam gezogen haben, betrachte ich als die Krönung des Kampfes unserer Partei und meines eigenen Wirkens als Kommunist.

Dem Politbüro, dem Zentralkomitee, meinen Kampfgefährten in der schweren Zeit des antifaschistischen Widerstandes, den Mitgliedern der Partei und allen Bürgern unseres Landes danke ich für jahrzehntelanges gemeinschaftliches und fruchtbares Handeln zum Wohle des Volkes.

Meiner Partei werde ich auch in Zukunft mit meinen Erfahrungen und mit meinem Rat zur Verfügung stehen.

Ich wünsche unserer Partei und ihrer Führung auch weiterhin die Festigung ihrer Einheit und Geschlossenheit und dem Zentralkomitee weiteren Erfolg.«

Danach setzte sich Erich Honecker wieder und schaute gedankenverloren vor sich hin. Ich vermutete, daß er sich an eine ganz ähnliche Situation am 3. Mai 1971 erinnerte. Damals hatte Walter Ulbricht im gleichen Raum darum gebeten, ihn von seinen Funktionen zu entbinden, da, wie er sagte, sein Alter und seine Verantwortung gegenüber dem Zentralkomitee und dem Volk es ihm nicht länger gestatteten, seine Tätigkeit auszuüben. Nun war für Erich Honecker selbst dieser Augenblick gekommen. Und ihm werden wohl die scharfen Worte im Ohr geklungen haben, die der alte Kommunist und langjährige Stellvertretende Vorsitzende des Ministerrates, Alfred Neumann, am Vortag im Politbüro gefunden hatte: Als du, Erich, 1971 die Funktion von Walter Ulbricht übernahmst, da hast du eine kampffähige Partei und kaum Auslandsschulden vorgefunden. Und was ist heute?

Erich Honecker wurde von Willi Stoph, dem Vorsitzenden des Ministerrates, der die Versammlung leitete, aus seinen Gedanken gerissen. Stoph dankte Honecker für seine Erklärung und ließ darüber abstimmen. Sie wurde bei einer Gegenstimme angenommen. Das ZK entband Honecker von seinen Funktionen als Generalsekretär des ZK der SED sowie als Mitglied des Politbüros und des Sekretariats des ZK. Die Entlastung von den Funktionen als Vorsitzender des Staatsrates und Vorsitzender des Nationalen Verteidigungsrates konnte nur Gegenstand einer späteren Entscheidung der Volkskammer sein. Ich wurde einstimmig zum Generalsekretär des ZK gewählt. Nach der Abstimmung erklärte Willi Stoph, daß Erich Honecker um Verständnis bitte, wenn er aufgrund seines angegriffenen Gesundheitszustandes nicht weiter an der Tagung teilnehmen könne. Zugleich wurde dem ZK vorgeschlagen, Erich Honecker für sein politisches Lebenswerk zu danken.

Erich Honecker hatte seine Bitte mit sehr glaubhafter Begründung vorgetragen. Er war noch von seiner Gallenoperation gezeichnet, und man spürte, als er den Saal verließ, daß der psychische Druck auch seine physischen Kräfte überstieg. Alle Mitglieder und Kandidaten des ZK erhoben sich von den Plätzen und verabschiedeten den siebenundsiebzigjährigen mit großem Beifall — auch jene, die heute zu einer differenzierten Beurteilung der widerspruchsvollen Persönlichkeit Erich Honeckers nicht mehr bereit sind und ihm allein die Schuld zuweisen.

In diesen Sekunden ging mir vieles durch den Kopf. Ich dachte an Erich Honeckers Lebensgeschichte, an seine anschaulichen Erzählungen über die Jugendzeit an der Saar, an die so oft gehörten und gelesenen Umstände seiner Verhaftung durch die Gestapo im Dezember 1935. Ich dachte an die zehn Jahre, die er in faschistischen Gefängnissen verbracht hatte, an die Verhöre in der Prinz-Albrecht-Straße, die er aufrecht überstand. Ich erinnerte mich sogar an einzelne Episoden aus Honeckers Autobiographie, die er mir einmal mit persönlicher Widmung überreicht hatte. So etwa Honeckers Begegnung mit dem Strafanstaltsdirektor von Brandenburg-Görden, SS-Führer Thuemmler, der Jahre später zum Direktor der westdeutschen Strafanstalt Celle avancieren sollte. Ich dachte an Erich Honeckers Weg in und mit der FDJ, an seinen Beitrag zur vierzigjährigen Geschichte der DDR, in der Erfolgreiches und Bleibendes hervorgebracht wurde.

Und doch sah ich zugleich die Kehrseite. Der Abschiedsbeifall galt einem Mann, der eine große persönliche Verantwortung für die tiefe Krise trug, in die unsere Partei die Gesellschaft geführt hatte. Es war eine der vielen Halbheiten des Oktobers und Novembers, daß wir auf der 9. Tagung nicht klar ausgesprochen haben, was später die Parteibasis forderte: Erich Honecker wird wegen schwerer Verstöße gegen das Statut der SED von seiner Funktion als Generalsekretär unserer Partei entbunden sowie aus dem ZK ausgeschlossen. Der Volkskammer wird empfohlen, ihn deshalb von seiner Funktion als Vorsitzender des Staatsrates der DDR und des Nationalen Verteidigungsrates abzulösen. Denn nach dem damals geltenden Statut war jedes Parteimitglied verpflichtet, furchtlos Mängel in der Arbeit aufzudecken und sich für deren Beseitigung einzusetzen, gegen Subjektivismus, Mißachtung des Kollektivs, Egoismus und Schönfärberei aufzutreten, gegen jeden Versuch anzukämpfen, die Kritik zu unterdrücken und sie durch Beschönigung und Lobhudelei zu ersetzen. Mängel waren laut Statut ohne Ansehen der Person den leitenden Organen bis hin zum ZK mitzuteilen. Kein Parteimitglied durfte Mißstände, die die Interessen der Partei und des Staates schädigten, mit Stillschweigen übergehen. Es waren gerade diese Punkte des Statuts, gegen die die gesamte Parteiführung, in besonderem Maße aber Erich Honecker, verstoßen hatte.

Mit dieser Begründung war von Willi Stoph — wir hatten uns auf ihn als Wortführer geeinigt — während der Debatte des Politbüros am Vortag auch die Ablösung Erich Honeckers gefordert worden. Natürlich muß man sich fragen, warum wir Erich Honecker nicht schon auf dem 9. Plenum wegen der verfehlten Politik zur Rechenschaft gezogen haben. Ein Grund liegt wohl darin, daß wir zwar die unbedingte Notwendigkeit zum Wechsel an der Spitze der Partei sahen, jedoch nicht sicher waren, ob zum damaligen Zeitpunkt eine Ablösung mit oben genannter Begründung bereits die Stimmenmehrheit im ZK gebracht hätte. In jedem Fall war es eine folgenschwere Inkonsequenz. Gerade die halbherzige Auseinandersetzung mit jenen Leitungskadern, die die Partei und unser Land an den Rand des Ruins manövriert hatten, war der Beginn einer fatalen Nachtrabpolitik, der alle Erwartungen der Parteibasis und des Volkes weit vorauseilten. Daran ändert auch die Tatsache nichts, daß die gleichfalls auf der 9. Tagung erfolgte Ablösung von Günter Mittag und Joachim Herrmann mit einer sehr kritischen Einschätzung ihrer Tätigkeit verbunden war — allerdings auch erst auf Drängen eines ZK-Mitglieds, des bekannten Urologen Prof. Moritz Mebel.

Als Erich Honecker den Saal verlassen hatte, begann ich meine Rede »Zur politischen Lage«. Ich erklärte, daß die Tür für einen ernstgemeinten innenpolitischen Dialog nunmehr aufgestoßen sei. »Wie sich zeigt«, sagte ich, »gewinnt die öffentliche Debatte auf der Suche nach den besten Lösungen für die weitere Ausgestaltung des Sozialismus in der DDR schnell an Substanz.« Ich sah ein gewachsenes politisches Interesse, eine hohe politische Urteilsfähigkeit in diesen Tagen und Stunden des Umbruchs. Ich ließ mich von der Überzeugung leiten, daß alle Probleme in unserer Gesellschaft politisch lösbar seien, und plädierte für Ruhe und Ordnung, für die Sicherung der friedlichen Arbeit der Bürger, für den Schutz der Werte, die wir uns geschaffen haben, und für den Dialog.

Wohin immer die Entwicklungen in der Folgezeit nun auch gegangen sind, ich erkannte damals zwei Voraussetzungen für einen substantiellen Dialog. Zum einen: Eindeutigkeit im Ziel unseres Streits, nämlich dem Sozialismus in der DDR ein menschlicheres, demokratisches Gesicht zu geben, »die sozialistischen Ideale hochzuhalten und keine unserer gemeinsamen Errungenschaften preiszugeben.« Zum anderen bekräftigte ich den Grundsatz: »Unsere sozialistische deutsche Republik ist und bleibt ein souveränes Land. Wir lösen unsere Probleme selbst.« — Ohne Einmischung von außen. Dabei sprach ich mich für die gedeihliche Zusammenarbeit mit der Bundesrepublik, ganz im Sinne des Grundlagenvertrages, aus.

Besonders lag mir ein klares Wort der Freundschaft zur Sowjetunion am Herzen, hier mußte eine auf das Konto Erich Honeckers gehende politische Torheit öffentlich korrigiert werden.

Ebensowenig, wie wir uns von der Entwicklung in der Welt abkapseln können, sagte ich vor dem Plenum, »kann sich eine kommunistische Partei von den Prozessen fernhalten, die unsere Bewegung selbst, die Umgestaltung in der Sowjetunion und in anderen Bruderländern betreffen.« Und ich fügte hinzu: »Die zunehmende Vielfalt ist zweifellos ein Gesetz der Entwicklung des Sozialismus. Gerade diese Unterschiedlichkeit, der Reichtum an Neuem, von sich Erprobendem mit all den Risiken, die damit verbunden sind, verlangt das Aufeinanderzugehen, den Austausch von Erfahrungen, Meinungen und Problemstellungen. Nie war das Klima dem dienlicher und dafür fordernder als heute. Wir haben die Zeichen der Zeit zu erkennen und entsprechend zu reagieren.«

Ich verwies auf den vor uns stehenden Berg von Arbeit, für deren Bewältigung ein Zaubermittel fehlte. Ich vermied ökonomische Kraftsprüche angesichts der Tatsache, daß wir nicht länger über unsere Verhältnisse leben konnten. Ich sagte: »Versprechungen, für die es keine Deckungen gibt, sind nicht unsere Sache«, und verwies auf gravierende Probleme, die Ergebnis bisheriger volkswirtschaftlicher Fehlentwicklungen waren. Zugleich unterbreitete ich erste Vorschläge für eine ökonomische Gesundung. Ich kündigte den Entwurf eines Reisegesetzes an und sprach mich für eine völlig erneuerte Arbeitsweise unserer Medien aus.

»Es wird in unserer Deutschen Demokratischen Republik«, so schloß ich meine Rede, »keinen anderen Sozialismus geben als den, den wir gemeinsam mit allen schaffen und verteidigen. Alles liegt in unserer Hand...« Heute weiß ich: Wir lebten zu dieser Zeit schon wieder mit einer Illusion. Wir hatten zu spät gehandelt und waren — wie Gorbatschow treffend bemerkte — dafür vom Leben bestraft worden.

Mit der Lageschilderung, die ich im ZK abgegeben hatte, ergänzt durch einige Hinweise aus der Diskussion, trat ich am Abend vor die Fernsehkameras. Ich wußte, wie nötig die weitere inhaltliche Diskussion auf diesem »Wende-Plenum« eigentlich gewesen wäre. Wir hatten sie auf das schon bald stattfindende 10. Plenum vertagt, denn das ZK war mehrheitlich der Auffassung gewesen, die inhaltliche Debatte sollte für diesen Tag beendet werden, damit ich mich in der labilen Situation, in der sich unser Land befand, an die Bürger wenden konnte. Aus heutiger Sicht halte ich das für einen Fehler, zumal ich aus Zeitnot auf die Ausarbeitung einer den Gesetzen des Mediums Fernsehen gerecht werdenden Rede verzichtete und statt dessen meine Ausführungen, die ich auf der ZK-Tagung gemacht hatte, wiederholte.

Sosehr sich die Ereignisse am 17. und 18. Oktober, d.h. den Tagen der entscheidenden Politbürositzung und des 9. Plenums, auch überschlugen, die Notwendigkeit zur Wende war schon lange herangereift, und die Vorbereitungen dazu hatten, wenn auch unter äußerst komplizierten Bedingungen, viel früher begonnen.

Spätestens zum XI. Parteitag der SED (1986) war die Möglichkeit zur Abkehr von einem verfehlten Kurs und zur Neubestimmung einer realistischen Politik vertan worden.

Der Weg dazu war eigentlich durch den XXVII. Parteitag der KPdSU gebahnt. Nach dem Januarplenum der KPdSU 1987 erhielt ich von Erich Honecker den Auftrag, die Rede von Michail Gorbatschow zu analysieren. Ich kam mir vor wie bei einer Prüfungsaufgabe, deren Sinn der Schüler nicht ganz versteht. Bald aber begriff ich: Erich Honecker brauchte diese Analyse nicht, um daraus Schlußfolgerungen für unsere Arbeit zu ziehen. Er wollte lediglich genauer wissen, wie ich über die Politik von Perestroika und Glasnost dachte. Ich erstattete zusammen mit Hartmut König und Jochen Willerding eine ausführliche und, wie mir auch heute noch scheint, gründliche Analyse. Wir gingen davon aus, daß für eine zukunftsträchtige Entfaltung des gewaltigen materiellen und geistigen Potentials der UdSSR und der DDR gerade vor dem Hintergrund harter internationaler Auseinandersetzungen zwischen beiden Weltsystemen die Bewußtheit objektiver Gemeinsamkeiten und Unterschiede bei der Lösung innen- und außenpolitischer Aufgaben von grundlegender Bedeutung ist. Wir beschrieben die konzeptionellen Übereinstimmungen, aber auch die unterschiedlichen Ausgangsbedingungen beider Länder bei der Verwirklichung gemeinsamer strategischer Aufgaben. Sehr bewußt bekannten wir uns zu der Auffassung, daß uns auch und gerade mit dem sozialistischen Entwicklungsmodell Gorbatschowscher Prägung eine »einheitliche zentrale Idee der Gesellschaftsstrategie« verbindet. Natürlich war das ein Vorgriff auf künftige Realitäten. Aber wir wollten Honecker eine Brücke bauen, durch die Akzeptanz einer solchen Aussage den Weg zur Neuformulierung unseres beschädigten Verhältnisses gegenüber der Sowjetunion frei zu machen.

Wir solidarisierten uns mit Gorbatschows Einstellung zum neuen Denken und waren bemüht, Honeckers eisige Ablehnung durch eine gewinnende Erläuterung des Begriffsinhaltes aufzutauen. Wir arbeiteten den komplizierten Problemkreis der sozialistischen Demokratie und der Selbstverwaltung des Volkes auf und wandten uns den Gemeinsamkeiten wie den unterschiedlichen Herangehensweisen der SED und der KPdSU bei der Lösung strategischer Fragen in Einzelbereichen der gesellschaftlichen Entwicklung zu. Mit deutlichem Hintergedanken gaben wir auch eine ausführliche Übersicht, wie sich die kommunistischen und Arbeiterparteien anderer europäischer sozialistischer Länder, vor allem der ČSSR, Polens und Ungarns, zu Gorbatschows Politik von Glasnost und Perestroika verhielten, nämlich sachkundiger, differenzierter, verständnisvoller und bündnispolitisch klüger. Leider zogen wir aus dieser Analyse nicht die notwendigen praktischen Schlüsse für die Politik der SED.

Anhand dieser Einschätzung war Erich Honecker klargeworden, welcher Art mein Verhältnis zur Sowjetunion und zu den Auffassungen Gorbatschows war. Ich erinnere mich einer Episode noch wie heute. Nach einer Tagung der Freien Deutschen Jugend mit internationalen Gästen, an der Erich Honecker und ich teilnahmen, lud er mich in sein Auto ein, und wir fuhren gemeinsam von der Kongreßhalle am Berliner Alexanderplatz zum Gebäude des ZK. Da sich Honecker, obwohl schon eine angemessene Zeit vergangen war, noch nicht zu der geschilderten Analyse geäußert hatte, fragte ich ihn direkt nach seiner Meinung. Seine knappe Antwort: »Eine Fleißarbeit. Nur bezweifle ich, was du dort geschrieben hast: daß die Politik Gorbatschows auf Lenin zurückgeht.« Wir konnten das Gespräch nicht weiterführen, da die Autofahrt zu kurz war. Erich Honecker kam mir gegenüber niemals wieder auf dieses Thema zurück. Die Analyse verschwand im Panzerschrank wie so vieles.

Im Sommer 1988 hatten Werner Felfe, damals Sekretär des ZK der SED, verantwortlich für Landwirtschaft, und ich geplant, eine Grundsatzdebatte zur Entwicklung der DDR im Politbüro anzuzetteln. Wir waren davon überzeugt, daß der vom Politbüro gesteuerte Kurs besonders angesichts der Entwicklungen in der Sowjetunion scheitern mußte. Siegfried Lorenz, damals Mitglied des Politbüros und 1. Sekretär der Bezirksleitung Karl-Marx-Stadt der SED (den ich seit langem aus der Zusammenarbeit kannte und schätzte), war bereit, sich dieser Initiative anzuschließen. Auch von anderen Mitgliedern des Politbüros, vor allem Willi Stoph, Erich Mielke, Werner Krolikowski, Gerhard Schürer und Werner Jarowinsky , wußte ich, daß sie große Vorbehalte gegenüber der Politik Erich Honeckers hatten. Leider verstarb Werner Felfe völlig unerwartet, und ich sah unter diesen Umständen damals keine Möglichkeit, unsere ursprüngliche Absicht zu verwirklichen.

Noch schien mir das Kräfteverhältnis zu unsicher, um eine Politik der Erneuerung durchzusetzen. Bestärkt wurde ich in dieser Auffassung durch die 7. Tagung des ZK am Jahresende 1988, auf der es keinerlei Anzeichen einer Bereitschaft zu Reformen gab. Anstatt sich neuen Entwicklungsfragen zu stellen, wurden nichtssagende Losungen wie »Kontinuität und Erneuerung«, »Sozialismus in den Farben der DDR« oder »In Ordnung bringen, was noch nicht in Ordnung ist« verbreitet — nichts als Worthülsen. Erich Honecker traf zwar die oberlehrerhafte Feststellung: »Der Prozeß der Umgestaltung in der Sowjetunion, das mögen alle wissen, ist von großer Bedeutung für die Stärkung des Weltsozialismus und die Sicherung des Friedens.« Er fügte aber sogleich warnend hinzu, man dürfe sich bei der Beurteilung dieser Frage nicht »durch das Gequake wildgewordener Spießer, die die Geschichte der KPdSU und der Sowjetunion im bürgerlichen Sinne umschreiben möchten« ablenken lassen. Es gebe kein für alle sozialistischen Länder geltendes Modell, Kopieren sei kein Ersatz für notwendiges eigenes theoretisches Denken. Die Entwicklungen in der Welt des Sozialismus seien vielgestaltiger, als mancher früher angenommen hätte. Vereinfachte Vorstellungen seien hier weniger denn je am Platz.

Diese Halbwahrheiten bildeten natürlich nur das Feigenblatt für jeglichen Verzicht auf Experimente analog der modernen sowjetischen Gegenwartspolitik. Wir werden Bewährtes erhalten, sind aber die Partei der Neuerer, erklärte Erich Honecker und verwies in diesem Zusammenhang auf den Vorschlag des Politbüros, den XII. Parteitag der SED ganz in diesem Geiste vom 15. bis 19. Mai 1990 nach Berlin einzuberufen. Das wäre übrigens ein Jahr früher gewesen, als es der reguläre Turnus von fünf Jahren vorschrieb. Offensichtlich wollte Erich Honecker erneut für die Funktion des Generalsekretärs kandidieren und gewählt werden, bevor der XXVIII. Parteitag der KPdSU stattfinden würde.

Aber noch Bedenklicheres im Hinblick auf das Verhältnis zur Sowjetunion ereignete sich auf dem nachfolgenden 8. ZK-Plenum, das Ende Juni 1989 abgehalten wurde. Teile des Berichts des Politbüros, der von Joachim Herrmann erstattet wurde, wichen von dem im Politbüro bestätigten Text ab. Erich Honecker persönlich hatte ohne jegliche Abstimmung mit uns Passagen in den Bericht aufnehmen lassen, die politisch unvertretbar waren. Dazu gehört die Einschätzung — ich muß sie sinngemäß wiedergeben, da sie im Protokoll nicht vermerkt ist —, besonders ältere Genossen seien über das nicht klassenmäßige Auftreten Michail Gorbatschows während seines Staatsbesuches in der BRD enttäuscht gewesen.

In diesem Moment, so sehe ich es heute, ließ ich eine Möglichkeit aus, mich während der ZK-Tagung zur Geschäftsordnung zu melden, gegen diese Einschätzung zu opponieren und dabei zu erwähnen, daß eine derartige Feststellung niemals vom Politbüro getroffen worden war. Vielleicht wäre dies eine Möglichkeit gewesen, das ZK schon damals für eine Kurskorrektur und möglicherweise auch für eine Kaderveränderung zu gewinnen. Doch wer will dies heute mit Bestimmtheit sagen? Ich weiß nur, daß viele ZK-Mitglieder empört auf diese Formulierung reagierten. Für das schlechte Gewissen derer, die die Passagen hineinformuliert hatten, sprach, daß diese Stelle nicht einmal im internen Protokoll der ZK-Tagung erschien.

Nach der 8. ZK-Tagung gab es von Grundorganisationen und Kreisleitungen, ja selbst aus Bezirksleitungen ernstzunehmende Hinweise auf die Verschlechterung der Stimmungslage an der Parteibasis. Die Politik von »oben« stieß »unten« immer stärker auf Kritik. Da nicht sein konnte, was nicht sein durfte, wurden vor allem von Günter Mittag Arbeitsgruppen in die Bezirke geschickt, um das Gegenteil »nachzuweisen«. Das führte bei nicht wenigen 1. Bezirkssekretären der SED (jenen Funktionären, die die politische Verantwortung für jeweils einen der fünfzehn Bezirke der DDR trugen) dazu, daß ihre in der Regel einmal im Monat fälligen persönlichen Rapportbriefe an den Generalsekretär noch unkritischer und allgemeiner gehalten waren, als dies ohnehin schon üblich geworden war.

In diese Zeit fiel die Tagung des Politisch Beratenden Ausschusses der Teilnehmerstaaten des Warschauer Vertrages in Bukarest. Ich glaube, unsere schulmeisterhafte und falsche Einstellung gegenüber den Entwicklungen in der übrigen sozialistischen Welt hatte die SED in dieser Zeit bereits viele Sympathien gekostet. Jedenfalls hatte ich in Bukarest das Gefühl, daß unsere Delegation weit weniger freundschaftlich aufgenommen wurde als früher. Es schien, als ob sich einige Delegationen in den Tagungspausen von uns fernhielten. Nicht so die rumänische Delegation. Wie Negativurteile doch verbinden können! Dieser Schulterschluß war ein Resultat der beiderseitigen schwerwiegenden Vorbehalte gegenüber Perestroika und Glasnost.

Unmittelbar nach der Bukarester Tagung, die Erich Honecker aufgrund seiner Gallenkolik vorzeitig verließ, ging er in Urlaub. Vielen ist es vielleicht nicht geläufig, daß ich seit einigen Jahren während der Urlaubszeit Erich Honeckers mit seiner Vertretung beauftragt war. Das hing wohl damit zusammen, daß sich Günter Mittag, der gewiß der Vorzugskandidat des damaligen Generalsekretärs gewesen wäre, grundsätzlich zur gleichen Zeit erholte wie sein Freund Erich Honecker. Also leitete ich im Juli die Arbeit des Politbüros und des Sekretariats, soweit — auch das ein beredtes Beispiel der Unterschätzung aktueller Tagespolitik — überhaupt noch jemand aus diesen Gremien in Berlin anwesend war. In besagter Vertretungsperiode gab es z. B. vierzehn Tage, an denen außer mir kein Sekretär des Zentralkomitees an seinem Schreibtisch saß, so daß ich die Arbeit im ZK faktisch allein zu verantworten hatte. In dieser Zeit verspürte Erich Honecker — offensichtlich geschwächt durch seine Gallenkolik — kaum Interesse, sich mit politischen Dingen zu befassen. Er rief mich nur an, wenn er glaubte, aus der Westpresse Hinweise auf irgendwelche Unregelmäßigkeiten in der DDR erhalten zu haben. Dann mußte ich häufig recht aufwendige Recherchen anstellen lassen, um herauszufinden, was an den Meldungen stimmte. Ich hielt telefonischen Kontakt mit Erich Honecker, der sich in Drewitz, nördlich von Berlin, aufhielt, und schickte ihm alle zwei bis drei Tage schriftliche Unterlagen, um ihn auf dem laufenden zu halten. Es war schon die Zeit sich beängstigend mehrender Versuche von DDR-Bürgern, über die Ständige Vertretung der BRD in der DDR bzw. über Ungarn in die Bundesrepublik zu gelangen.

Nachdem Honecker auf diese Hinweise nicht reagiert hatte, schlug ich ihm angesichts vieler Gerüchte und Nachfragen vor, in einer Presseverlautbarung mitzuteilen, daß Reisen von

DDR-Bürgern nach Ungarn nicht beeinträchtigt werden. Zögernd stimmte er zu, wohl auch von der Tatsache ausgehend, daß damals weniger DDR-Bürger über Botschaften auszureisen versuchten als von Westreisen nicht zurückkehrten. (Im Juli kam 1 Prozent der »Westreisenden in dringenden Familienangelegenheiten« nicht wieder. Noch ein Jahr vorher war es nur 0,3 Prozent gewesen.)

In dieser Zeit arbeiteten Wolfgang Herger, Leiter der ZK-Abteilung für Sicherheitsfragen, und ich an einer Einschätzung der Situation im Reiseverkehr, der Ausreiseproblematik, der Situation unter der Jugend, dabei auch der neuen Erscheinungsformen wie Gruppierungen von Skinheads, Punkern usw. Es entstand der Entwurf einer Vorlage für das Politbüro, in der Sofortmaßnahmen für die politisch-ideologische Arbeit der SED-Kreis- und Bezirksleitungen vorgeschlagen werden sollten. Erich Honecker kehrte am 11. August aus dem Urlaub zurück, um bis zu seinem stationären Aufenthalt im Regierungskrankenhaus noch einige besonders dringende Arbeiten zu erledigen. Ich schickte ihm die besagte Vorlage mit der Bitte, sie auf die Tagesordnung der Politbürositzung am 15. August zu setzen. Ich wußte, daß Erich Honecker an diesem Tage die Sitzung noch selbst leiten würde und meinte, die Sache sei wichtig genug, um sie in Anwesenheit des Generalsekretärs zu behandeln. Erich Honecker betrachtete das Titelblatt, las ein wenig und erkannte wohl die Brisanz des Papiers, denn er fragte: »Was willst du damit erreichen? Warum stellt ihr überhaupt die Zahlen der Ausreisenden zusammen? Was soll das? Vor dem Mauerbau sind viel mehr von uns weggegangen.« Daran sei, so meinte Erich Honecker, damals kein anderer als Nikita Chruschtschow schuld gewesen, dessen Gerede von einem Friedensvertrag mit der DDR die Leute in Panik versetzt habe. Ich schluckte und dachte mir meinen Teil. Dennoch wiederholte ich meine Meinung: »Wir müssen die in der Vorlage genannten Tatbestände dringend erörtern.« Daraufhin ging Erich Honecker wortlos zu seinem Panzerschrank und schloß die Vorlage ein. Dann sagte er zu mir eher beiläufig: »Du kannst in den Urlaub gehen, ich wünsche dir gute Erholung.«

Diese Bemerkung warf mich fast um. Erich Honecker — auch das war wohl schon ein Beweis des wachsenden Mißtrauens mir gegenüber — hatte mir mit keinem Wort gesagt, daß und wann er sich zur Operation ins Krankenhaus begeben würde. Ich wußte das ganz zufällig von meinem jüngeren Sohn, der dies in Wandlitz erfahren hatte. Ohne durchblicken zu lassen, daß mir sein Operationstermin bereits zu Ohren gekommen war, hatte ich dem Generalsekretär angeboten, auf meinen Urlaub zu verzichten und angesichts der politischen Lage in Berlin zu bleiben. Um so mehr irritierten mich Honeckers gute Urlaubswünsche, und ich schlug nochmals vor, meine Ferien zu verschieben. Darauf antwortete Erich Honecker ziemlich bestimmt, ich solle meine Arbeit nicht so wichtig nehmen. Auch er sei schließlich in Urlaub gegangen, weshalb würde ich für mich in Anspruch nehmen, in Berlin unentbehrlich zu sein? Damit hatte ich meinen Urlaub verordnet bekommen, ging aber an jenem 15. August noch zur Politbürositzung. Dort wurde mir zur Gewißheit, was ich geahnt hatte. Erich Honecker wollte verhindern, daß ich ihn in einer Situation vertrete, in der ernsthafte gesundheitliche Komplikationen auftreten konnten. In einem solchen Falle hätte ein Mann seines uneingeschränkten Vertrauens den Fortgang der Dinge in der DDR in seine Hand genommen. Und dieser Mann war Günter Mittag.

So begann mein Urlaub unter großer psychischer Anspannung. Ich hielt ständigen Kontakt zu Wolfgang Herger und anderen Mitgliedern der Parteiführung, war auch gut informiert über die ohne mich durchgeführten Sitzungen. In diesen entscheidenden Tagen und Wochen war Abwesenheit eine Qual. Die verordnete Pause beunruhigte mich, vor allem auch aus der Sicht meiner Arbeitsgebiete Sicherheitspolitik und Jugendarbeit. — Man bedenke: Die Mehrzahl derer, die die DDR verließen, waren Jugendliche! Aber ich sah zu dieser Zeit noch keine Möglichkeit, mich gegen eine solche Verbannung aufzulehnen, die bis zu meinem ebenfalls von Erich Honecker festgelegten Besuch in der Volksrepublik China dauern sollte. Die Abreise nach Peking war für Ende September geplant.

Also fuhr ich in den Urlaub nach Dierhagen an die Ostsee, während in Berlin sehr ernste Nachrichten eintrafen. War die BRD-Vertretung in der DDR bereits am 8. August wegen Überfüllung geschlossen worden, so hielt der Flüchtlingsstrom in die Botschaften der BRD in Budapest (Ungarn hatte schon Anfang Mai seine Grenzen zu Österreich geöffnet) und Prag an, ja verstärkte sich zusehends.

Auf einer von Mittag eilig organisierten Audienz Erich Honeckers für eine Delegation Erfurter Mikrochip-Produzenten — sie sollte den Generalsekretär vor dem längeren krankheitsbedingten Ausfall noch einmal in Aktion zeigen — hatte Honecker mit keinem Wort auf die Ausreisewelle Bezug genommen, sondern lediglich seine Umdeutung eines alten Sprichwortes in die Kameras gerufen: »Den Sozialismus in seinem Lauf halten weder Ochs noch Esel auf.« Logisch, daß das Volk schon nach Stunden seine eigene Version hatte: »Den Sozialismus in seinem Lauf halten Ochsen und Esel auf.« Das ließ immerhin Sympathien für einen besseren, demokratischen Sozialismus erkennen. Ich war überzeugt, daß selbst von denjenigen, die sich über die BRD-Botschaften, über die grüne Grenze von Ungarn nach Österreich oder später über die ČSSR in Richtung Westen absetzten, viele nicht aus antisozialistischen Motiven gingen. Sie verließen uns, weil sie nicht mehr an eine Möglichkeit der Veränderung der gesellschaftlichen Zustände in der DDR glaubten, weil sie keine Zukunftsperspektive sahen. Sie hinterließen schmerzhafte Lücken in den Familien, in der Gesellschaft, in der Volkswirtschaft.

Aber das »Neue Deutschland« weinte ihnen in einem von Erich Honecker persönlich redigierten Kommentar »keine Träne nach«. Mit den Botschaftsbesetzungen und der Massenflucht war die Existenz gravierender Widersprüche endgültig ins Bewußtsein der nationalen und internationalen Öffentlichkeit gerückt. Die Medien aus aller Welt zelebrierten geradezu den Nachweis, wie wenig das von der Parteiführung noch immer gemalte Bild politisch stabiler und ökonomisch dynamischer Verhältnisse in der DDR den Tatsachen entsprach. Und noch immer zogen wir in der Führung nicht die notwendigen Schlußfolgerungen. Günter Mittag vertrat Erich Honecker auch hier peinlich genau. Die entstandene Lage wurde in erster Linie auf äußere Ursachen zurückgeführt, d. h. allein der Heimtücke von NATO-Plänen und manipulierten Westmedien angelastet. Die gerade in diesen Wochen von humanistischer Verantwortung für das Land bestimmten Bemühungen der Kirche wurden mißachtet.

Der Konflikt zwischen Partei und der Parteiführung, zwischen der Staatsführung und den Bürgern spitzte sich um den 40. Jahrestag der DDR weiter zu.

Während Erich Honecker als Generalsekretär und Staatsoberhaupt größten Wert darauf legte, die Feierlichkeiten zum 7. Oktober so eindrucksvoll zu gestalten, daß der Welt eine anscheinend heile DDR-Gesellschaft vorgeführt wurde, gingen immer mehr und vor allem junge Menschen aus Protest auf die Straße. Unzufriedenheit, Unsicherheit und Unruhe breiteten sich aus. Neue demokratische Bewegungen entstanden. Die Mehrheit der Demonstranten setzte sich in jener Zeit noch für eine sozialistische Erneuerung ein. Die ersten Anzeichen der Friedlichen Revolution waren überall spürbar.

Von Wolfgang Herger erhielt ich nach Dierhagen Nachricht, daß mehrere Mitglieder des Politbüros auf eine gründliche Aussprache zum Problem und zu den Hintergründen der Fluchtwelle drängten, darunter Werner Krolikowski, Heinz Keßler, Horst Dohlus, Günter Schabowski, Siegfried Lorenz, Kurt Hager, Inge Lange, Harry Tisch, Willi Stoph, Werner Walde und Horst Sindermann. Aber Günter Mittag vertagte alle notwendigen Diskussionen auf den Zeitpunkt, zu dem Erich Honecker seine Amtsgeschäfte wieder aufnehmen würde.

Unmittelbar nach Beendigung meines Zwangsurlaubs fuhr ich in die Volksrepublik China. Ein solcher Besuch unter meiner Leitung war lange vorgesehen gewesen. Ursprünglich wollte ich der Einladung des inzwischen abgelösten Generalsekretärs des ZK der KP Chinas, Zhao Ziyang, kurz nach dem Chinabesuch Gorbatschows Folge leisten. Doch durch die Ereignisse auf dem »Platz des Himmlischen Friedens« konnte ich nicht mehr dorthin reisen. Natürlich hatte sich Erich Honecker jetzt an den noch ausstehenden Besuch erinnert und mich mit der Delegationsleitung zu den Feierlichkeiten des 40. Jahrestages der Volksrepublik China beauftragt.

In Peking erreichte mich die Nachricht, daß am Freitag, dem 29. September, auf Erich Honeckers Anregung hin eine Politbürositzung stattgefunden hatte. Dort unterbreitete er den Vorschlag, die sich in der Prager BRD-Botschaft aufhaltenden Bürger mit Zügen der Deutschen Reichsbahn über das Territorium der DDR in die Bundesrepublik ausreisen zu lassen.

Dies war eine völlig unsinnige Entscheidung, denn es sprach sich schnell herum, daß die Züge die DDR passieren würden. Am 4. Oktober wurden dann auch in Dresden und an anderen Orten die Gleise belagert. Die Dresdner Polizei schloß den Hauptbahnhof, was zur Demolierung des Gebäudes und zu ernsthaften Konfrontationen zwischen Randalierern, aber auch harmlosen Schaulustigen und Volkspolizisten führte. Dabei hätten wir wissen müssen, daß allein eine Lösung der inneren Widersprüche in der DDR Beruhigung bringen konnte.

Ich war überzeugt, daß nun unverzüglich Zeichen in eine andere Richtung gesetzt werden mußten. So entschloß ich mich auf der Rückreise aus Peking, noch im Flugzeug den Entwurf einer Erklärung des Politbüros auszuarbeiten, in der die eingetretene innenpolitische Situation kritisch analysiert wurde. In Berlin übergab ich das Manuskript Wolfgang Herger, Siegfried Lorenz und Günter Schabowski, mit denen ich die Fassung überarbeitete. Am Sonntag, dem 8. Oktober, übermittelte ich Erich Honecker den Entwurf der Erklärung und schlug vor, sie auf der Sitzung des Politbüros am 10. Oktober zu behandeln. Aber Honecker teilte mir telefonisch mit, daß er damit nicht einverstanden sei und es nicht für notwendig halte, überhaupt eine solche Erklärung abzugeben. Ich täte gut daran, mir die Sache noch einmal zu überlegen. Er betrachte diese Erklärung als gegen seine Person gerichtet. Ich sagte am Telefon: »Erich, das geht doch nicht gegen dich, sondern es geht mir um unser Land.« Ich wollte, daß die Partei so schnell wie möglich wieder in die politische Offensive kommt. Umsonst — der Generalsekretär blieb bei seinem Nein.

Am nächsten Tag ersuchte ich Erich Honecker nochmals um ein Gespräch und bestand darauf, die Erklärung zur Behandlung im Politbüro einzureichen. Honecker erklärte verärgert, er habe als Sekretär des Zentralkomitees niemals etwas gegen Wilhelm Pieck oder Walter Ulbricht unternommen, während ich mit dem Entwurf meiner Erklärung gegen ihn arbeiten würde. Nun konnte ich nicht beurteilen, wie einst das persönliche Verhältnis Erich Honeckers zu Wilhelm Pieck war, allgemein wird gesagt, es sei sehr gut gewesen. Aber ich wußte natürlich genau, daß Honecker Anfang der siebziger Jahre große Meinungsverschiedenheiten mit Walter Ulbricht gehabt hatte, so daß seine Argumentation ins Leere ging.

Mit meiner Erklärung, so meinte Erich Honecker, würde ich die Führung der Partei spalten und eine große Verantwortung auf mich laden. Und dann — ich traute meinen Ohren kaum — fügte er noch folgendes im Klartext hinzu: Irgendwann würden ja notwendige Kaderfragen entschieden werden, und er, Honecker, würde nie zustimmen, daß ich eine höhere Verantwortung in der Parteiführung übernähme, wenn ich diese Erklärung dem Politbüro tatsächlich vorlegte. Das mußte ich erst einmal verdauen. Ich zögerte kurz. Dann aber ging ich zu Edwin Schwertner, dem Leiter des Büros des Politbüros. Das war jene Abteilung des Zentralkomitees, die dem Generalsekretär persönlich unterstellt war und die die Sitzungen der Parteiführung technisch vorzubereiten hatte. Edwin Schwertner wußte gut, was er riskierte, wenn er meiner Bitte folgte und die Erklärung allen Mitgliedern und Kandidaten des Politbüros übermittelte. Dennoch tat er es.

Der Entwurf der Erklärung wurde dann auf der Sitzung des Politbüros am 10. und 11. Oktober diskutiert. Obwohl sie Kompromißcharakter trug und noch unvollkommen auf die entstandene Lage einging, war sie das erste Zeichen einer Abkehr von der politischen Linie des Generalsekretärs. In der Aussprache nahm die Mehrheit der Mitglieder und Kandidaten des Politbüros zur Vorlage Stellung. Am Abend des ersten Beratungstages beauftragte Erich Honecker, der keine Möglichkeit mehr sah, eine solche Erklärung zu verhindern, Mittag, Herrmann und mich mit der Schlußredaktion. Der Vorschlag für die personelle Zusammensetzung dieser Gruppe offenbarte Honeckers Absicht, über seine engsten Vertrauten eine Abschwächung jener Passagen zu erreichen, die er fürchtete. Deshalb schlug ich vor, auch Günter Schabowski hinzuzuziehen. Dies wurde bestätigt, und wir machten uns im Arbeitszimmer von Joachim Herrmann an die Arbeit.

Sofort zog Mittag ein vorbereitetes Papier aus der Tasche, das im wesentlichen einer Kurzfassung der Rede Erich Honeckers auf der Festveranstaltung anläßlich des 40. Jahrestages der DDR entsprach. Natürlich konnte das keine inhaltliche Grundlage sein. Im Gespräch jedoch zeigten sich sowohl Mittag als auch Herrmann unseren Vorschlägen gegenüber aufgeschlossener, als ich erwartet hatte. Sie ahnten wohl schon den Verlauf der nächsten vierzehn Tage. Gleichwohl waren sie in nervenden Auseinandersetzungen bemüht, das Papier abzuschwächen, was ihnen bei einer Reihe von Formulierungen auch gelang.

Völkern der Sowjetunion bekräftigt, was in der Teilnahme des Generalsekretärs des Zentralkomitees der KPdSU und Vorsitzenden des Obersten Sowjets der UdSSR, Genossen M. S. Gorbatschow, zum Ausdruck kam. Ihre Verbundenheit mit dem sozialistischen deutschen Friedensstaat bekundeten der Präsident der Volksrepublik Polen, W. Jaruzelski, der Generalsekretär des Zentralkomitees der Kommunistischen Partei der Tschechoslowakei, M. Jakeš, sowie führende Repräsentanten der anderen sozialistischen Bruderländer.

Der politische Wille unserer Partei, ein für alle zukunftssicheres Leben aufzubauen, wurde in den vier Jahrzehnten Deutsche Demokratische Republik zum bewußten Wollen von Millionen Werktätigen in Stadt

publik glaubten imperialistische Kräfte den geeigneten Zeitpunkt gefunden zu haben, um mit einer haßerfüllten Kampagne ihrer Massenmedien Zweifel am Sozialismus und seiner Perspektive zu verbreiten. Sie wollen von der Hauptfrage unserer Zeit, der Sicherung des Friedens, ablenken. Das Interesse am gemeinsamen Ringen der Völker um die Lösung globaler Probleme soll geschwächt werden. Nicht zuletzt will man die eigene Reformunfähigkeit und Reformbedürftigkeit in den Hintergrund drängen. Großdeutsche Träume, gespeist aus altrevanchistischen und neofaschistischen Quellen, haben keine Chance. Demagogie, Abwerbung, Erpressung sind keine neuen Methoden. Die Geschichte der Beziehungen beider deutscher Staaten beweist es. Und auch das Ziel ist

nare Attacken zu mißbrauchen trachten. Die Probleme der weiteren Entwicklung des Sozialismus in der DDR lösen wir selbst – im sachlichen Dialog und im vertrauensvollen politischen Miteinander.

Die sozialistische Arbeiter-und-Bauern-Macht ist von niemandem erpreßbar. Wer bewußt die Konfrontation sucht und schürt, der hat nicht die Interessen des Volkes im Sinn, der beeinträchtigt das gesellschaftliche Leben und verfolgt sehr eigennützige politische Ziele. Wer verantwortungslos Ruhe und Ordnung stört, der muß sich fragen lassen, wessen Geschäft er betreibt und für wen er bereit ist, die Sicherheit von Bürgern, ihrer Familien und nicht zuletzt ihrer Kinder aufs Spiel zu setzen.

Das Politbüro weiß sich mit

kommenden Jahrzehnts im Sinne der humanistischen Ideale des Sozialismus bestehen können. Gemeinsam wollen wir unser Vaterland so gestalten, daß die wachsenden materiellen und kulturellen Bedürfnisse jedes einzelnen entsprechend seinen Leistungen immer besser erfüllt werden können. Es geht um die Weiterführung der Einheit von Wirtschafts- und Sozialpolitik. Es geht um wirtschaftliche Leistungsfähigkeit und ihren Nutzen für alle, um demokratisches Miteinander und engagierte Mitarbeit, um gute Warenangebote und leistungsgerechte Bezahlung, um lebensverbundene Medien, um Reisemöglichkeiten und gesunde Umwelt. Es geht um den Beitrag unserer Republik für die Sicherung des Friedens in der Welt. Es geht buchstäblich

für immer zusammen. Nichts und niemand kann uns davon abbringen.

Mehr denn je ist jetzt die vertrauensvolle Zusammenarbeit nötig, um auf die Fragen, die viele beschäftigen und alle betreffen, gemeinsame Antworten zu finden – Antworten, die uns allen nutzen. Sie können nicht in der kapitalistischen Vergangenheit gefunden werden. Der Sozialismus auf deutschem Boden steht nicht zur Disposition. Das Volk der Deutschen Demokratischen Republik hat sich für immer für den Sozialismus entschieden. Gehen wir in diesem Sinne gemeinsam an die Arbeit und lassen uns von der Erfahrung leiten, daß der Sozialismus nur das Werk aller sein kann. Unser Arbeitsplatz bleibt unser Kampfplatz für Sozialismus und Frieden.

stimmten Konventionsentwurf und stelle ein schwerwiegendes Hindernis für den weltweit geforderten schnellen Abschluß einer Konvention über das Verbot und die vollständige Vernichtung aller chemischen Waffen dar. Das stehe auch im Widerspruch zum Geist der in Wyoming beim Treffen zwischen den Außenministern der UdSSR und USA verabschiedeten gemeinsamen Erklärung.

nigung der multilateralen Verhandlungen in Genf gerichtet sind.

Die DDR erwarte, erklärte der Sprecher abschließend, daß die USA ihre Haltung und deren Folgen überdenken. Die sofortige Einstellung der Produktion chemischer Waffen, wie von der Sowjetunion bereits praktiziert, ist ein Gebot der Zeit.

Luis Corvalán nach 13 Jahren Exil wieder in Chile

Hunderte hießen langjährigen KP-Führer herzlich willkommen

Santiago (ADN). Der langjährige Führer der Kommunistischen Partei Chiles, Luis Corvalán, ist am Dienstag nach 13 Jahren Exil in seine Heimat zurückgekehrt. Hunderte Bürger und Vertreter demokratischer Organisationen Chiles hießen den 73jährigen auf dem Flughafen Santiago herzlich willkommen.

Vor Journalisten erklärte Corvalán, der Generalsekretär der Partei war, er werde die demokratische Oppositionsbewegung unter Präsidentschaftskandidat Patricio Aylwin bei den Wahlen am 14. Dezember unterstützen. In diesem Moment gelte es, eine geeinte Front zu bilden, um der Diktatur einen entscheidenden Schlag zu versetzen und zur Demokratie zurückzukehren.

Das faschistische Militärregime hatte Corvalán nach dem Sturz der Regierung Allende im September 1973 verhaftet und ohne Gerichtsurteil drei Jahre auf der KZ-Insel Dawson, in den Konzentrationslagern Ritoque und Tres Alamos sowie im Gefängnis Valparaiso gefangengehalten.

Nach weltweiten Protesten gegen seine Inhaftierung mußte er 1976 freigelassen werden und erhielt in der UdSSR politisches Asyl. Aus dem Exil kämpfte er mit anderen verfolgten chilenischen Patrioten für demokratische Verhältnisse in Chile und das Recht auf Rückkehr in die Heimat.

Beobachter der DDR nach Namibia verabschiedet

30 Polizeioffiziere werden im Rahmen der UNO-Operation friedlichen Übergang zur Unabhängigkeit mit überwachen

Appell vor dem Abflug Foto: ND/Bonitz

Berlin (ADN/ND). 30 Polizeibeobachter aus der DDR wurden am Mittwochabend auf dem Flughafen Berlin-Schönefeld vom stellvertretenden DDR-Außenminister Bernhard Neugebauer und vom Stellvertreter des Ministers des Innern, Generaloberst Karl-Heinz Wagner, zu ihrem Einsatz nach Namibia verabschiedet. Die DDR beteiligt sich damit erstmals direkt an einer friedenserhaltenden Operation der UNO. Sie hatte im April dieses Jahres als einer der ersten Staaten in Windhoek eine Beobachtermission eingerichtet und ihre Bereitschaft zur Beteiligung an der Unterstützungsgruppe der Vereinten Nationen für den Übergang Namibias zur Unabhängigkeit (UNTAG) bekundet.

Kurz vor dem Abflug sagte Bernhard Neugebauer, das Ersuchen des UNO-Generalsekretärs und die erstmalige Einbeziehung unseres Staates in eine friedenserhaltende Operation sind beredter Ausdruck für die Anerkennung des konsequenten und aktiven Wirkens der DDR in der UNO. Zugleich werde das politische Bekenntnis der DDR zur Stärkung der Autorität und der Rolle der UNO untermauert und beweise einmal mehr die Übereinstimmung von Wort und Tat.

Bernhard Neugebauer brachte die Gewißheit zum Ausdruck, daß alle Beobachter das in sie gesetzte Vertrauen rechtfertigen und ihre Aufgaben entsprechend dem UNO-Mandat mit hoher Einsatzbereitschaft, Engagement und Zuverlässigkeit erfüllen werden.

Die DDR-Polizeioffiziere reisen gemeinsam mit Beobachtern aus Schweden und Nigeria nach Namibia. Sie werden in einem großen internationalen Kollektiv an der praktischen Umsetzung des Unabhängigkeitsplanes für Namibia teilnehmen. Die Angehörigen des Kontingents aus der DDR sind erfahrene und bewährte Kader, die neben einem fundierten theoretischen Wissen und praktischen Erfahrungen über gute Kenntnisse der englischen Sprache verfügen.

Der Einsatz der UNTAG ist bis zum Ende der Übergangsphase am 1. April 1990 befristet. Die DDR-Polizeibeobachter, die ihre nationalen Uniformen mit UNO-Symbol am Ärmel, blauem Barett und Schal tragen, werden etwa sechs Monate in Namibia bleiben.

Auf Fragen von Journalisten, die zur Verabschiedung der DDR-Polizeibeobachter erschienen waren, bekräftigte der Kommandeur Oberstleutnant der VP Ulrich Kienzle vor dem Abflug, die Gruppe wolle im Rahmen der UNO dafür Sorge tragen, daß die Vorbereitung und Durchführung der Wahlen in Namibia fair und frei, das heißt ohne Einschüchterungen und Einmischungen von irgend einer Seite verlaufen.

Die DDR-Beobachter, die zur zivilen Gruppe der UNTAG gehören, würden die in der über

(Fortsetzung auf Seite 2)

Tage der japanischen Kultur wurden in Berlin eröffnet

Zeitgenössische und traditionelle Kunst im Programm

Berlin (ADN). „Die Tage der japanischen Kultur" sind am Mittwoch in Berlin eröffnet worden. Kulturminister Dr. Hans-Joachim Hoffmann kennzeichnete sie als einen Höhepunkt in den Beziehungen zwischen der DDR und Japan, in denen der kulturelle Austausch seit den 60er Jahren eine bedeutende Rolle spiele. Er verwies auf Gastspiele führender Musik- und Theaterensembles sowie auf Ausstellungen zeitgenössischer und klassischer Kunst in den vergangenen 20 Jahren. Der japanische Botschafter, Hirokazu Arai, dankte allen Förderern von Kunst und Kultur und wünschte, daß durch die Kulturtage das Verständnis für sein Land vertieft werde und sie zur Entwicklung der Beziehungen zwischen beiden Staaten beitragen.

Gäste der Veranstaltung waren der Präsident des Kuratoriums DDR–Japan, Prof. Dr. Karl-Heinz Schulmeister, und weitere Persönlichkeiten. Zugegen waren in der DDR akkreditierte Chefs diplomatischer Missionen.

Es folgte ein Rundgang durch die am selben Tag eröffnete Ausstellung mit zeitgenössischer japanischer Druckgrafik in der Galerie am Weidendamm. Die Grafikschau gab den Auftakt für die kulturelle Offerte in Berlin und im Bezirk Dresden, die Begegnungen mit fernöstlichen Theatertraditionen, nationalen Filmproduktionen, musikalischen Spitzenleistungen und bildender Kunst bietet. Mit jahrtausendealten Sitten und Bräuchen ihres Landes machen die Gäste aus Fernost bei Teezeremonien und Ikebana-Demonstrationsübungen vertraut.

Die Kulturtage, die bis zum 31. Oktober stattfinden, werden vom Ministerium für Kultur der DDR und der Japanischen Botschaft in Zusammenarbeit mit dem Kulturbund der DDR, dem Kuratorium DDR–Japan und der Japan Foundation getragen.

Siehe auch Seite 4

Kurz berichtet

Contras morden weiter

Managua. Anhaltenden Contra-Überfällen in Nikaragua fielen in den letzten Tagen zahlreiche Menschen zum Opfer. In der Provinz Chontales und in der südlichen autonomen Atlantikregion ermordeten die Banden zwölf Personen.

Taifun legte Manila lahm

Manila. Ein verheerender Taifun legte am Mittwoch das Leben in der philippinischen Hauptstadt Manila lahm. Er forderte zwölf Tote.

Umweltmesse begann

Wien. Die internationale Umweltfachmesse „OEKOLOGIA 89" ist am Mittwoch in Wien eröffnet worden. Rund 150 Unternehmen und Institute aus Österreich und dem Ausland beteiligen sich daran.

Anschläge der Drogenmafia

Bogotá. Drei Zeitungsangestellte wurden in der kolumbianischen Kokain-Hochburg Medellín ermordet und ein Journalist durch Schüsse verletzt. Die Anschläge gehen mit großer Sicherheit auf die Drogenmafia zurück.

Arbeitslos nach Hurrikan

Washington. Die Arbeitslosigkeit in dem vom Hurrikan „Hugo" heimgesuchten USA-Bundesstaat South Carolina hat sich von 4,5 Prozent auf 18 Prozent erhöht. Der Sturm hatte am 21. September auch die Arbeitsplätze von Hunderttausenden Menschen vernichtet.

Hohe Kindersterblichkeit

Brasília. Von 1000 in Brasilien geborenen Kindern sterben bereits 75 vor Vollendung ihres ersten Lebensjahres. Wie auf einem Kongreß in Belo Horizonte erklärt wurde, liegt dieser Wert in Kuba nur bei 11 pro 1000.

Proletarier aller Länder, vereinigt euch!

NEUES DEUTSCHLAND

ORGAN DES ZENTRALKOMITEES DER SOZIALISTISCHEN EINHEITSPARTEI DEUTSCHLANDS

Donnerstag, 12. Oktober 1989
44. Jahrgang / Nr. 240
B-Ausgabe
Einzelpreis 15 Pf

Redaktion und Verlag: Franz-Mehring-Platz 1, Berlin, 1017, Telefon: 5 83 10 (Sammelnummer). Abonnementspreis monatlich 3,50 Mark. ISSN 0323-4940

Erklärung des Politbüros des Zentralkomitees der Sozialistischen Einheitspartei Deutschlands

Unmittelbar nach dem 40. Jahrestag der DDR wenden wir uns an die Arbeiterklasse, an die Genossenschaftsbauern, an die Wissenschaftler, Künstler und alle Geistesschaffenden, an die Jugend, an die Angehörigen der Schutz- und Sicherheitsorgane, an alle Bürger der Deutschen Demokratischen Republik. Das Politbüro des Zentralkomitees der Sozialistischen Einheitspartei Deutschlands dankt allen, die den Sozialismus auf deutschem Boden geschaffen haben und den 40. Jahrestag der DDR durch gute Leistungen und Taten vorbereiteten.

Unsere sozialistische Deutsche Demokratische Republik ist das Werk des ganzen Volkes. Sie ist durch die Arbeit ihrer Bürger, der lebenserfahrenen Generationen und der Jugend gewachsen, durch ihr Mitreden, Mithandeln, Mitentscheiden und Mitverantworten. Gemeinsam haben wir die sozialistische Republik errichtet, und gemeinsam haben wir ihre Existenz als Arbeiter-und-Bauern-Macht in harten Prüfungen verteidigt. Wir sind und bleiben entschiedene Kämpfer für den Frieden.

Mit guten Freunden und Kampfgefährten konnten wir den 40. Jahrestag der Gründung der DDR festlich begehen. Die Anwesenheit vieler Gäste aus der ganzen Welt zeugt von dem und Land. In diesem Miteinander hat sich unsere Republik entwickelt. Dieses Miteinander ist unsere Stärke.

Der Sozialismus braucht jeden. Er hat Platz und Perspektive für alle. Er ist die Zukunft der heranwachsenden Generationen. Gerade deshalb läßt es uns nicht gleichgültig, wenn sich Menschen, die hier arbeiteten und lebten, von unserer Deutschen Demokratischen Republik losgesagt haben. Viele von ihnen haben die Geborgenheit der sozialistischen Heimat und eine sichere Zukunft für sich und ihre Kinder preisgegeben. Sie sind in unserem Land aufgewachsen, haben hier ihre berufliche Qualifikation erworben und sich ein gutes Auskommen geschaffen. Sie hatten ihre Freunde, Arbeitskollegen und Nachbarn. Sie hatten eine Heimat, die sie brauchte und die sie selbst brauchen. Die Ursachen für ihren Schritt mögen vielfältig sein. Wir müssen und werden sie auch bei uns suchen, jeder an seinem Platz, wir alle gemeinsam.

Viele von denen, die unserer Republik in den letzten Monaten den Rücken gekehrt haben, wurden Opfer einer großangelegten Provokation. Wiederum bestätigt sich, daß sich der Imperialismus der BRD mit einem sozialistischen Staat auf deutschem Boden niemals abfinden wird, Verträge bricht und das nicht neu, mit der Beseitigung des Sozialismus auf deutschem Boden die Friedensordnung in Europa zu verändern. Völkerrechtswidrig mischt sich die BRD in die inneren Angelegenheiten der DDR ein, maßt sich eine „Obhutspflicht" über die Bürger der Deutschen Demokratischen Republik an. Indem die BRD die Nachkriegsordnung in Frage stellt, sagt sie sich von der gemeinsamen Verantwortung los, alles zu tun, damit von deutschem Boden nie wieder Krieg ausgeht. Das ist in unserer Zeit in höchstem Maße friedensstörend.

Wir werden auch künftig nicht zulassen, daß die Macht der Arbeiter und Bauern, daß die Werte, Ideale und Errungenschaften des Sozialismus angetastet werden. Das gebietet uns unsere Verantwortung für die sichere Gegenwart und Zukunft unseres Volkes. Das sind wir nicht zuletzt den Hunderttausenden deutschen Revolutionären, den aufrechten deutschen Patrioten, den Millionen Opfern des deutschen Faschismus und Militarismus schuldig. Das erwarten unsere Freunde im Warschauer Vertrag und in aller Welt von uns.

Deshalb ist es das Gebot der Stunde, daß sich alle, deren Handeln von politischer Vernunft und humanistischem Verantwortungsbewußtsein gegenüber den Menschen unseres der großen Mehrheit unseres Volkes in seinem Handeln einig. Es sind Millionen Menschen, die mit ihrer angestrengten Arbeit, mit ihren Initiativen und Vorschlägen ebenso wie unsere marxistisch-leninistische Partei für einen Sozialismus wirken, der allen gleiche Rechte und gleiche Chancen einräumt, aber natürlich auch gleiche Pflichten auferlegt. An diesem Willen unseres Volkes, an der Kraft unserer einheitlich und geschlossen handelnden Partei, am Bündnis aller in der Nationalen Front und im Demokratischen Block vereinten Kräfte unseres Landes wird auch in Zukunft jeder Versuch der Gegner scheitern, den Sozialismus in unserer Heimat, der Deutschen Demokratischen Republik, zu beseitigen.

Die SED hat ihren XII. Parteitag einberufen. Wie der Generalsekretär des ZK der SED und Vorsitzende des Staatsrates der DDR, Erich Honecker, in seiner Festanprache zum 40. Jahrestag erklärte, sind alle Bürger der Deutschen Demokratischen Republik aufgerufen, Gedanken und Vorschläge einzubringen, wie wir den Sozialismus in unserer Republik in den 90er Jahren weiter voranbringen.

Gemeinsam wollen wir über alle grundlegenden Fragen unserer Gesellschaft beraten, die um alles, was dem Wohl des Volkes dient. Gemeinsam wollen wir in einer starken sozialistischen DDR die Schwelle zum nächsten Jahrtausend überschreiten.

Mit der nächsten Tagung des Zentralkomitees werden wir unserer Partei und dem gesamten Volk im Sinne unserer strategischen Konzeption von Kontinuität und Erneuerung dafür unsere Vorschläge unterbreiten. Sie beruhen auf den tausendfach geführten Diskussionen in den Parteiorganisationen der SED, auf den Vorschlägen und Überlegungen, die uns von den Werktätigen aus allen Teilen der Republik zugegangen sind. Alle Meinungsäußerungen und Vorschläge für einen attraktiven Sozialismus in der DDR sind dafür wichtig. Wir stellen uns der Diskussion.

Wir haben dafür alle erforderlichen Formen und Foren der sozialistischen Demokratie. Wir rufen auf, sie noch umfassender zu nutzen. Doch wir sagen auch offen, daß wir gegen Vorschläge und Demonstrationen sind, hinter denen die Absicht steckt, Menschen irrezuführen und das verfassungsmäßige Fundament unseres Staates zu verändern. Die Deutsche Demokratische Republik – das sind die Bürgerinnen und Bürger, die im demokratischen Bündnis unter Führung der

Rationalisierungsvorhaben sichern Produktionszuwachs

Zweigkonferenz in Leipzig / Uhrenmontage automatisiert

Leipzig (ND). Konsumgüter für 48 Millionen Mark über den Plan stellten die Werktätiger der Glas-, Keramik-, Zellstoff-, Papier- und Verpackungsmittelindustrie bis Anfang Oktober für die Bevölkerung bereit. Dazu zählen unter anderem Wirtschaftsglas, Spiegel, Haushaltporzellan und Bleikristall. Diese Bilanz zogen am Mittwoch Gewerkschafter und Leiter der Industriezweige auf einer Beratung im VEB Polyfol Markkleeberg.

Das gute Ergebnis darf jedoch nicht darüber hinwegtäuschen, daß bei einigen Staatsplanpositionen Rückstände zu verzeichnen sind, stellte der Minister für Glas- und Keramikindustrie, Prof. Dr. Karl Grünheid, fest. Im Kombinat Lausitzer Glas Weißwasser wurde beispielsweise die staatliche Auflage bei Flaschen für Lebensmittel nicht erfüllt. Wesentliche Ursache dafür sei, daß das Kombinat zu spät begann, den Leistungsvergleich zu organisieren und gute Erfahrungen zu verallgemeinern.

Es komme darauf an, die Initiativen und Vorschläge der Werktätigen für höhere Leistungen und Effektivität zielstrebig zu nutzen. Das gelte auch für die 204 Rationalisierungsvorhaben, die im Industriezweig mit Blick auf den XII. Parteitag der SED verwirklicht werden sollen. Mit ihnen wird ein Produktionszuwachs von 379 Millionen Mark bei gleichzeitiger Verbesserung der Arbeitsbedingungen angestrebt.

Weimar (ADN). Alle in den Uhrenwerken Weimar hergestellten Wohnraumuhren werden in diesem Jahr mit flachen Quarzuhrwerken ausgestattet. Durch eine um rund ein Drittel geringere Werkhöhe ermöglichen diese attraktive Modellvarianten. Über Ergebnisse der Konsumgüterproduktion und Fortschritte bei der Automatisierung sprach der Minister für Elektrotechnik und Elektronik, Felix Meier, am Mittwoch mit Betriebsangehörigen.

Meisterin Roswitha Cigan informierte den Minister über Rationalisierungslösungen in der Montage und in der Qualitätskontrolle. Gegenwärtig verlassen den Betrieb täglich 6500 Uhrwerke. Eine große Reserve für steigende Stückzahlen, erklärte die Meisterin, besteht in einer höheren Kontinuität der Produktion.

Sprecher des Außenministeriums:

DDR besorgt über Fortsetzung der Binärwaffenproduktion

USA behindern den schnellen Abschluß einer Konvention

Berlin (ADN). Die Besorgnis der DDR über offizielle Erklärungen des Weißen Hauses, daß die USA die Produktion von Binärwaffen nach Inkrafttreten einer Konvention über das Verbot der chemischen Waffen fortsetzen wollen, brachte der Sprecher des Außenministeriums der DDR

Den unverzüglichen Abschluß einer Konvention über das Verbot der chemischen Waffen betrachtet die DDR als eine der vorrangigen Aufgaben zur Weiterführung des Abrüstungsprozesses. Jeder Zeitverzug birgt das Risiko weiterer Komplikationen in sich. Ausgehend von dieser Erkennt-

Nach der redaktionellen Bearbeitung wurde die Erklärung am zweiten Beratungstag dem Politbüro wieder vorgelegt und nach scharfen Auseinandersetzungen durchgesetzt. In dem am 12. Oktober in der Tagespresse veröffentlichten Dokument wurden die unseligen Worte Honeckers von den DDR-Flüchtlingen, denen »keine Träne nachzuweinen« sei, zurückgenommen, indem festgestellt wurde: »Der Sozialismus braucht jeden. Er hat Platz und Perspektive für alle. Er ist die Zukunft der heranwachsenden Generationen. Gerade deshalb läßt es uns nicht gleichgültig, wenn sich Menschen, die hier arbeiteten und lebten, von unserer Deutschen Demokratischen Republik losgesagt haben... Die Ursachen für ihren Schritt mögen vielfältig sein. Wir müssen und werden sie auch bei uns suchen.« Darüber hinaus wurden — und man konnte dies nur als Kritik an den bestehenden Zuständen auffassen — die Zielpunkte einer effizienteren Politik in der Gesellschaft umrissen: Erhöhung der wirtschaftlichen Leistungsfähigkeit und ihres Nutzens für jeden einzelnen entsprechend seinen eigenen Leistungen; demokratisches Miteinander und engagierte Mitarbeit; gute Warenangebote und leistungsgerechte Bezahlung; lebensverbundene Medien; Reisemöglichkeiten und gesunde Umwelt. Diese Programmatik war ein deutlicher Hinweis auf die Richtung notwendiger Kurskorrekturen und wurde auch weitgehend so verstanden.

Neben dieser Erklärung leistete ich mir auf der Sitzung des Politbüros am 10. und 11. Oktober noch eine andere Unbotmäßigkeit. Ich hatte eine vom Zentralrat der FDJ erarbeitete und von Eberhard Aurich, dem damaligen 1. Sekretär, Wilfried Poßner, dem Vorsitzenden der Pionierorganisation, und von Gerd Schulz, dem Leiter der Abteilung Jugend des Zentralkomitees der SED, unterschriebene Vorlage eingereicht. Das Papier gab einen ungeschminkten Einblick in die tatsächliche politische Situation unter der Jugend. Offen wurde darüber informiert, daß die Mehrheit der jungen Leute kein Vertrauen mehr in die Führung von Partei und Staat hatte und eine grundsätzliche Erneuerung der Politik forderte. Daran wollte sie entschiedener mitwirken.

Auch die Diskussion über diese Vorlage verlief sehr kontrovers. Einige Genossen des Politbüros wie Kurt Hager, Günter Schabowski, Siegfried Lorenz, Werner Walde und Gerhard Schürer sprachen sich dafür aus, diese Analyse sehr ernst zu nehmen. Man dürfe, so sagten sie, nicht länger die Augen vor den Problemen verschließen, von deren Lösung viele Jugendliche ihr Vertrauen in den Sozialismus abhängig machten. Aber Erich Honecker erklärte verbittert, dies sei das erste Mal in der Geschichte der DDR, daß die FDJ-Führung geschlossen die Politik der Partei und ihres Zentralkomitees angreife. Um in dieser Situation die Diskussion nicht von der Hauptsache der Sitzung, der Erklärung des Politbüros, abzulenken und auch, um die sich andeutende Kanonade gegen den Jugendverband abzuwenden, zog ich die Vorlage zurück.

Ich glaube nicht, daß mir dies als Korrektur meiner Meinung ausgelegt werden konnte. Erich Honecker vergaß mir diesen Anlauf zur Wahrhaftigkeit ebenfalls nicht. Er erinnerte mich schon bei nächster Gelegenheit daran und forderte mich auf, den Leiter der Abteilung Jugend des ZK der SED abzusetzen. Ich weigerte mich, dies zu tun und sagte, in diesem Falle müsse er zuerst mich entlassen, denn ich würde die von der FDJ ausgearbeitete Einschätzung vollauf teilen. Erich Honecker verbarg seine Enttäuschung über meine Reaktion nur schwer, kam aber nicht wieder auf dieses Thema zurück.

Er tat dies auch nicht auf der am Donnerstag, dem 12. Oktober, durchgeführten Beratung mit den 1. Sekretären der Bezirksleitungen der SED, die nach Berlin gerufen worden waren. Ich traute meinen Ohren kaum, wie wenig von der Schärfe der Auseinandersetzungen im Politbüro in Erich Honeckers Darstellung vor den »Ersten« der Bezirke übriggeblieben war — so gut wie nichts.

Der Generalsekretär verlas eine längere Einleitung, in der vor allem die Erfolge bei der allseitigen Entwicklung der DDR gewürdigt wurden, die Erklärung des Politbüros jedoch fast unerwähnt blieb und die wahre Lage in der Republik überhaupt nicht ausgesprochen wurde. Die 1. Bezirkssekretäre waren empört über einen solchen Führungsstil. Hans Modrow, Johannes Chemnitzer und Günther Jahn sagten besonders klar und zugespitzt, was viele dachten. Günther Jahn brachte es auf den Punkt: Wenn eine solche Situation eingetreten ist, daß unser Politbüro die Lage nicht mehr real einschätzt, dann möchte ich Genossen Honecker in die Augen schauen und sagen: Es gibt in der Geschichte unserer Partei ehrenvolle Beispiele, wie ein

Generalsekretär die Arbeit in die Hände eines Jüngeren legen kann.

Das waren deutliche Worte, aber Erich Honecker schien sie zu überhören. Auch während der Beratung mit den Vorsitzenden der Blockparteien am folgenden Tag, als es mehr kritische Bemerkungen und Untertöne als je zuvor gab, erkannte er die Zeichen der Zeit nicht. Er äußerte seine Zufriedenheit über die Zusammenkunft und verwies auf das, wie er sagte, konstruktive Kommuniqué. Manfred Gerlach, der Vorsitzende der Liberaldemokratischen Partei, hätte, so frohlockte Honecker, seine Ankündigung nicht wahr gemacht, Grundfragen der sozialistischen Entwicklung in der DDR kontrovers aufzuwerfen. Ich fragte mich, wie ihm die Schärfe der Auseinandersetzung entgangen sein konnte. Das mußte er verdrängt haben.

Die vielen kritischen Stimmen bewirkten dann, daß in der Sitzung des Politbüros am 17. Oktober, auf Vorschlag von Willi Stoph, einstimmig der Beschluß gefaßt wurde, Erich Honecker von seinen Funktionen als Generalsekretär sowie als Mitglied des Politbüros und des Sekretariats des Zentralkomitees zu entbinden. Diese Entscheidung wurde auf einer Beratung mit den 1. Sekretären der Bezirksleitungen der Partei am folgenden Tag erläutert. Anschließend bestätigte das Politbüro meine Rede sowie den Ablauf der 9. Tagung des Zentralkomitees, die dann um 14 Uhr begann.

2.

DIE ÄRA HONECKER

Wenn man der Prämisse folgt, daß die Weltgeschichte ihre großen und die Ländergeschichten ihre kleinen Ären haben, dann scheue ich mich nicht, die Zeit nach dem VIII. Parteitag der SED 1971 in der DDR die Ära Honecker zu nennen. Natürlich denke ich dabei nicht an eine verklärte, undifferenzierte Etikettierung eines Zeitabschnittes, der für die Entwicklung der DDR und deren Anerkennung in der Welt besonders prägnant war. Ich meine vielmehr den äußerst widerspruchsvollen und letztlich vorerst gescheiterten Versuch, ein glaubwürdiges, für die Menschen attraktives Modell des Sozialismus im Zeitalter von Wissenschaft und Technik, im Zeitalter einer bewußter wahrgenommenen Ganzheitlichkeit der Welt zu verwirklichen.

Es wird — auch in meinem eigenen Land — nicht an Kritikern unserer Entwicklung fehlen, die entweder immer schon gedacht haben oder flugs gelernt haben zu denken, daß diese Bewegung zum Sozialismus in eine falsche Richtung gehen mußte, weil es gar keinen Sozialismus gibt. Ich halte an meinen Idealen des Sozialismus auch weiterhin fest, weil ich sein Scheitern bei uns nicht darauf zurückführe, daß die Idee falsch war, sondern darauf, daß ihre Verwirklichung fehlerhaft verlief. Man wird mich von diesem Gedanken nicht abbringen. Auch wäre es sehr billig zu denken, ein Kommunist namens Erich Honecker wäre mit dem Vorsatz in das politische Leben der DDR getreten, ganz auf Risiko zu gehen: entweder ein blühender Sozialismus eigener Handschrift oder ein Scherbenhaufen des antifaschistischen und linken Erbes, falls das Experiment mißlingt. Ich meine vielmehr, Honecker glaubte an die geschichtsgestaltende Kraft der Werktätigen, wollte ihren sozialen Fortschritt in einer ökonomisch starken Republik der Arbeiter und Bauern erreichen. Er wollte den

Traum, den ihm sein Vater im Saarland ins Bewußtsein gepflanzt hatte, in den Farben der DDR verwirklichen.

Manchmal erzählte Erich Honecker seinen Freunden, daß er als Sonntagskind geboren wurde. In seiner Autobiographie beschreibt er dann, wie wenig die einem solchen Zufall landläufig angedichteten persönlichen Vorteile auf seine Kinder- und Jugendzeit zutrafen.

Die achtköpfige Familie hatte im kleinen saarländischen Wiebelskirchen, wo die Löhne unter dem Existenzminimum lagen und wo man, wie Honecker schreibt, für zehn Stunden harter Knochenarbeit unter Tage gerade das Geld für ein Kilo Butter verdiente, ein schwieriges Auskommen. Honecker spricht von einer »Erbfeindschaft« seiner Familie gegenüber dem »König Stumm«, dem Kriegsgewinnler und Besitzer des Stumm-Konzerns, dessen Stammbetrieb in Neunkirchen, Honeckers Geburtsort, lag. Hier wurde Klassenbewußtsein vererbt. Als zum Jahreswechsel 1918/1919 die Kommunistische Partei Deutschlands gegründet wurde, erhielt sie von vielen Proletariern Zulauf, die der SPD ihren Verrat von 1914 nicht verziehen hatten. Dazu gehörte auch Erich Honeckers Vater Wilhelm.

»Damals«, schreibt Erich Honecker, »in den Tagen der Novemberrevolution und den Jahren der revolutionären Nachkriegskrise, erklärte mir mein Vater in seiner einfachen Art, warum die Reichen reich und die Armen arm sind, woher die Kriege kommen, wer an den Kriegen verdient und wer unter ihnen leidet. Für mich war das einleuchtend. Ich gewann ein klares Weltbild. Ich nahm mir vor, mein Leben dem Kampf für eine Welt des Friedens und des Sozialismus zu widmen. An dieser Lebensaufgabe habe ich festgehalten ...« Und er fügt hinzu: »Ich kann mich an keinen Augenblick in meinem Leben erinnern, da ich an unserer Sache gezweifelt hätte — weder in der Kindheit noch in der Jugendzeit, den Jahren der politischen Arbeit im Kommunistischen Jugendverband Deutschlands (KJVD) und des Eintritts in die Kommunistische Partei Deutschlands, weder im antifaschistischen Widerstandskampf 1933 bis 1935 noch im faschistischen Zuchthaus 1937 bis 1945, weder in der Berliner Prinz-Albrecht-Straße, dem Hauptquartier der Geheimen Staatspolizei (Gestapo) im Dezember 1935 noch vor dem ›Volksgerichtshof‹ im Juni 1937, weder in der Kaserne der ›Leibstandarte Adolf Hitler‹ der faschistischen ›Schutzstaffel‹ (SS) Ende 1935 noch im

Angesicht des Henkers, der während der anderthalb Jahre Untersuchungshaft mein ständiger Begleiter war.«

Um es zu wiederholen: Ich bin zutiefst von der Lauterkeit der persönlichen Ambitionen Erich Honeckers bis zu jenem Zeitpunkt überzeugt gewesen, da er wider besseres Wissen, wider die Warnungen von Politikerkollegen, von Wissenschaftlern und Künstlern an starren Dogmen des politischen, ökonomischen, sozialen Lebens in unserem Lande festhielt und einer ruinösen Entwicklungspragmatik Vorschub leistete. In gewisser Weise spiegelt sich hier die Tragik seines Lebens wider. Nicht alle seine Fehler lassen sich aus persönlichen Irrtümern erklären. Er war auch ein Mann seiner Zeit, geprägt durch die Umstände, die ihr eigen waren.

Deshalb bin ich für ein geschichtlich gerechtes Urteil über das Leben, das Wirken und das Scheitern Erich Honeckers.

Woran ist er gescheitert? Meines Erachtens am verhängnisvollen Erbe Stalins, von dem er sich in der Politik wie — das hängt natürlich eng zusammen — im persönlichen Denken nie freimachen konnte. Er scheiterte an der unabhängig von seinem Willen gewachsenen Unfähigkeit des bisherigen sozialistischen Weltsystems, die Produktivkraftentwicklung des Westens zu erreichen und dabei die sozialistische Alternative einer in jeder Hinsicht freien Entwicklung der Gesellschaft und des einzelnen zu präsentieren. Aber er scheiterte eben auch an seiner Uneinsichtigkeit und seiner Unfähigkeit, objektiven Korrekturzwängen nachzugeben, an einem mit den Jahren noch gesteigerten Bedürfnis, willkürlich nach seinen Vorstellungen in die Entwicklung einzugreifen, anstatt sie mit Augenmaß für die Realitäten zu fördern.

Wie war Erich Honecker an die Spitze der Partei gelangt?

Nachdem sich am 27. April 1945 für den saarländischen Antifaschisten im Zuchthaus Brandenburg-Görden die Zellentür geöffnet hatte, versuchte er, sich nach Berlin durchzuschlagen. Zunächst von sowjetischen Truppen bei Oranienburg aufgegriffen und mit desertierten Soldaten der Wehrmacht, SS-Leuten, faschistischen Regierungsbeamten und Zwangsarbeitern in einer Feldscheune bis zur Klärung der Personalien festgehalten, kam er am 4. Mai in das zerstörte Berlin.

Wie er erzählte, begann er bald damit, Mitstreiter der Kommunistischen Partei Deutschlands und des Kommunistischen Jugendverbandes im Stadtbezirk Berlin-Friedrichshain zu sammeln. Er leitete zu diesem Zweck ein Arbeitsbüro in der Landsberger Straße, hatte Kontakte zur Berliner Stadtkommandantur der Roten Armee in Berlin-Alt-Friedrichsfelde. Dort traf er Freunde, frühere Funktionäre des Kommunistischen Jugendverbandes Deutschlands, die inzwischen der Gruppe der Beauftragten des Zentralkomitees der KPD angehörten. Über sie gelangte Erich Honecker in die Prinzenallee, wo sich damals der vorläufige Sitz des Zentralkomitees der KPD befand. Hier rief ihn schon bald der aus Moskau zurückgekehrte Walter Ulbricht zu sich und beauftragte ihn, Grundlinien für die Jugendarbeit der KPD zu entwerfen, die in der allernächsten Zeit zu leisten war. Wie Erich Honecker in seiner Autobiographie schreibt, lag Ulbricht bereits ein Entwurf des später abtrünnig gewordenen Wolfgang Leonhard vor, der allerdings Ulbrichts handschriftlichen Vermerk »unbrauchbar« getragen haben soll. Zu jener Zeit traf Honecker auch Otto Winzer, den späteren Außenminister der DDR, ebenso Erich Mielke, der zum Minister für Staatssicherheit avancieren sollte.

Honecker ging mit einiger Erfahrung in der Jugendarbeit ans Werk, auch wenn diese ein Jahrzehnt lang durch die Inhaftierung unterbrochen worden war. Er begann, die Idee einer einigen antifaschistisch-demokratischen Jugendbewegung auszuarbeiten. Im Juni führte ihn Walter Ulbricht mit Heinz Keßler zusammen, dem späteren Minister für Nationale Verteidigung, der während des Krieges zur Roten Armee übergelaufen und als Mitglied des Nationalkomitees »Freies Deutschland« nach Berlin zurückgekehrt war.

Honecker erhielt von Ulbricht den Auftrag, als Jugendsekretär beim ZK der KPD im ganzen Lande wirksam zu werden, während Keßler für die Jugendarbeit der Partei in Berlin verantwortlich gemacht wurde. Die beiden gehörten am 26. Februar 1946 gemeinsam mit Theo Wichert, Paul Verner, Edith Baumann, dem protestantischen Pfarrer Oswald Hanisch, dem katholischen Domvikar Robert Lange und anderen Jugendfunktionären zu den Unterzeichnern eines Antrags an die Sowjetische Militäradministration in Deutschland (SMAD), mit dem die Genehmigung zur Gründung der »Freien Deutschen Jugend« eingeholt wurde. Am 7. März stimmte die SMAD der

Gründung zu. Dieser Tag galt fortan als Geburtsstunde der FDJ. Erich Honecker wurde zum Vorsitzenden des provisorischen Vorstandes der Freien Deutschen Jugend berufen und auf dem I. Parlament (Kongreß der FDJ) zu Pfingsten 1946 in Brandenburg einstimmig zum Vorsitzenden des Zentralrats der FDJ gewählt. Tagungsleiter war übrigens Hermann Axen. So lange reichen die Arbeitsbeziehungen zwischen Honecker und seinem späteren außenpolitischen Experten zurück. Zuvor war Erich Honecker auf der 1. Reichskonferenz der KPD zum Mitglied des Zentralkomitees gewählt worden.

Er erlebte den Vereinigungsparteitag der KPD und SPD zur Sozialistischen Einheitspartei Deutschlands am 21. und 22. April 1946 im damaligen Berliner »Admiralspalast«. Das war die Geburtsstunde jener Partei, die mehr als vier Jahrzehnte später auf so tragische Weise politisch zerbrechen sollte.

1947 leitete Erich Honecker die erste FDJ-Delegation in die Sowjetunion. Mit diesem »Friedensflug nach Osten«, wie die Reise später in der FDJ-Geschichte genannt werden sollte, vertieften sich Honeckers Beziehungen zur Sowjetunion der Nachkriegszeit. Er lernte Wjatscheslaw Kotschemassow kennen, der damals Vorsitzender des Antifaschistischen Komitees der Sowjetjugend war und Jahrzehnte später sowjetischer Botschafter in Berlin wurde.

Am 7. Oktober 1949, als sich der Deutsche Volksrat zur Provisorischen Volkskammer der Deutschen Demokratischen Republik konstituierte und die vom 3. Deutschen Volkskongreß bestätigte Verfassung in Kraft setzte, war Erich Honecker Zeuge der Gründung der Republik, deren Staatsoberhaupt er einst werden sollte.

Als Vorsitzender der FDJ war er für den Fackelzug der FDJ verantwortlich, mit dem am 11. Oktober die vier Tage alte Republik und der vor Stunden gewählte Präsident Wilhelm Pieck von Jugendlichen aus allen Teilen des Landes gefeiert wurden.

Vor Wilhelm Pieck, der neben Ulbricht einer seiner Förderer werden sollte, rief Erich Honecker aus: »Wir, die deutsche Jugend, geloben der Deutschen Demokratischen Republik Treue, weil sie der Jugend Frieden und ein besseres Leben bringen will und bringen wird!
... Wir wollen Baumeister sein an unserem neuen Haus der friedlichen Arbeit und der kämpferischen Humanität!« — Worte, die

häufig bei Anlässen um runde Geburtstage der Republik in Erinnerung gerufen wurden. Auch anläßlich des 40. Geburtstages der Republik im Oktober 1989, als der traditionelle Fackelzug zu einem »Heimspiel« für Michail Gorbatschow werden sollte.

Unter Honeckers Leitung nahm die FDJ bedeutende Aufbauinitiativen in ihre Hand, darunter die kilometerlange Wasserleitung von der Saale zur Maxhütte Unterwellenborn, dem seinerzeit einzigen Hochofenbetrieb unserer Republik. Eine lebenswichtige Aufgabe, für deren Lösung neunzig Tage benötigt wurden. Bei Sosa im Erzgebirge wurde eine Talsperre errichtet. FDJler wurden auf die ersten Traktoren geschickt. Diese und andere Initiativen Erich Honeckers fanden viel Aufmerksamkeit in der Führung der SED. Namentlich bei Wilhelm Pieck, dem Präsidenten der Republik, zunehmend aber auch bei Walter Ulbricht. So wurde Erich Honecker im Anschluß an den III. Parteitag im Juli 1950 als Kandidat des Politbüros gewählt — mit achtunddreißig Jahren der jüngste in diesem Gremium.

Vieles deutet darauf hin, daß Erich Honecker in der Folgezeit zwischen die Fronten zweier Gruppierungen im Politbüro geriet. Nicht selten kam es zu Angriffen auf bestimmte Seiten der Arbeit des Jugendverbandes. Solche Vorstöße einzelner Politbüromitglieder richteten sich jedoch in erster Linie gegen Walter Ulbricht, von dem seine Kritiker wußten, daß er den jungen Erich Honecker zu einem seiner verläßlichsten Mitstreiter zählte. Man wollte Ulbricht treffen und zielte auf Honecker. Aber Ulbricht boxte Erich Honecker aus allem heraus, was dem damals eng zusammenarbeitenden Paar politisch hätte schaden können.

Bei der noch ausstehenden differenzierten Aufarbeitung der Ereignisse um den 17. Juni 1953 wird auch eine genauere Einschätzung der sowjetischen Deutschlandpolitik am Vorabend der Juniereignisse nötig sein. Dabei wird es auch um die Rolle gehen, die die Gruppe um Politbüromitglied Rudolf Herrnstadt, zu jener Zeit Chefredakteur des »Neuen Deutschland«, gespielt hat. Sicher wird dann davon die Rede sein, in welcher prekären Situation sich Walter Ulbricht befand, dem die Unterstützung großer Teile des Politbüros abhanden gekommen war, und wie sich Erich Honecker dabei verhielt. Bekannt ist, daß sich Ulbricht gegen seine Widersacher durchsetzte und unter der Losung »Keine Fehlerdiskussion« die Debatte über tiefgreifende Schlußfolgerungen unterband.

Demgegenüber ist interessant, was Erich Honecker in seiner Autobiographie über die Lehren der Junitage schreibt: »In den Diskussionen im Zentralkomitee und im Politbüro über die Ereignisse des 17. Juni und die Konsequenzen für unsere Arbeit ging es uns insbesondere darum, die innerparteiliche Demokratie zu entfalten, die Kollektivität der Leitung zu wahren und die Einheit und Geschlossenheit unserer Partei beharrlich zu festigen.« Hätte er diese Schlußfolgerungen wirklich für sich gezogen und in den Jahren seiner Amtsführung beherzigt, so wäre der Partei vielleicht der bittere Gang in die faktische Selbstauflösung sechsunddreißig Jahre später erspart geblieben.

Ende Mai 1955 wurde Erich Honecker durch das V. Parlament der Freien Deutschen Jugend von seiner Funktion als Vorsitzender des Zentralrates der FDJ entbunden. Es schloß sich ein einjähriges Studium an der Parteihochschule beim ZK der KPdSU in Moskau an.

Im Herbst 1956 begann seine Tätigkeit im Zentralkomitee der SED. Er wurde Sekretär des ZK und verantwortlich für die Militär- und Sicherheitspolitik. Maßgeblich unter seiner Leitung wurden die Kampfgruppen der Arbeiterklasse gebildet. Als im Jahre 1961 die Berliner Grenze geschlossen und die Mauer gebaut wurde, waren sie bereits ein äußerst wirksamer politischer Faktor. All das festigte die Positionen Erich Honeckers in der Parteiführung.

Erich Honecker stieg in Walter Ulbrichts Gunst, als er sich an der Zerschlagung der Oppositionsgruppe beteiligte, die sich 1956 innerhalb der Parteiführung gebildet hatte. Auf der 30. Tagung des ZK der SED vom 30. 1. bis 1. 2. 1957 hatte Erich Honecker, wie er selbst schrieb, »die Generallinie unserer Partei« verteidigt. »In diesem Sinne«, bekennt er in seiner Autobiographie, wurde »die unvermeidliche Auseinandersetzung mit einigen Genossen geführt, die sich um Karl Schirdewan und Ernst Wollweber gruppierten — das hieß auch bis zur Entfernung aus ihren Funktionen«.

Politbüromitglied Schirdewan hatte im November 1957 den damaligen Minister für Staatssicherheit, Ernst Wollweber, besucht und ihm ein gemeinsames Vorgehen gegen Ulbricht vorgeschlagen. In den unveröffentlichten Erinnerungen Ernst Wollwebers, aus denen in einem Artikel der »Berliner Zeitung« vom 10./11. Februar zitiert wurde, liest sich das so:

»Am 11. November 1957 kam Karl Schirdewan zu mir. Ich hatte mir gerade eine Grippe geholt, aber Karl Schirdewan machte sein Anliegen dringend, und obwohl mir sehr elend war, fand eine Besprechung statt. Er erinnerte mich daran, daß ich ja wisse, daß er seit dem 30. Plenum in der ZK-Sitzung nicht mehr gesprochen habe wegen der Differenzen mit Ulbricht. Jetzt, vor dem 35. Plenum, müsse er sich entscheiden: Entweder er lasse alles laufen und man könne ihn dann mit Recht der Passivität und des Versagens als Politbüro-Mitglied beschuldigen ... oder er müsse sprechen, und dazu habe er sich entschlossen. Diese Rede im ZK würde dann eine Anklage gegen Ulbricht werden. Und damit würden alle Probleme aufgerissen ...

Er (Schirdewan) habe mit einer Reihe von Genossen gesprochen. Von mir wolle er nur wissen, ob ich — wenn er im ZK auftreten würde — ihn angreifen, mich zurückhalten oder ihn, wenn auch nur teilweise, unterstützen würde.

Ich erklärte ihm, daß mein Auftreten und das Wie von dem Verlauf der ZK-Tagung abhängen würde. Ich fragte ihn, welche Hauptfragen er denn in seiner Rede behandeln wolle. Er teilte mit, man könne die Republikflucht nicht mehr bei uns als tabu ansehen. Die Frage entstand, wie komme es, daß viele Arbeiter und Bauern die Arbeiter- und Bauernmacht verlassen? Er werde nachweisen, daß neben dem Hauptgrund, der gegnerischen Tätigkeit, ein anderer Grund vorhanden ist, der in unserer Politik begründet sei. Und an dieser Frage werde es zur Gegensätzlichkeit kommen. Er mache sich keine Illusionen. Beim Aufwerfen dieser Frage gäbe es kein Ausweichen mehr, sondern nur Weiterungen.

Das zweite Problem, das er behandeln wolle, sei ein Komplex innerparteilicher Fragen. Es gäbe nur eine formale und keine echte Kollektivität in der Führung. Es würde zwar im Kollektiv viel geredet, aber faktisch lägen alle Entscheidungen bei Ulbricht, und mitunter würden seine politischen Ansichten eher veröffentlicht bzw. der Öffentlichkeit bekanntgegeben als dem Politbüro. Er habe einen gefährlichen Hang für Alleingänge. Faktisch würden langsam die Beschlüsse des XX. Parteitages der KPdSU liquidiert ... Der Marsch auf dem Weg, vom 30. Plenum begonnen, vom 33. Plenum forciert, werde sich vom 35. Plenum an in noch schnellerem Tempo vollziehen. Es werde damit der V. Parteitag vorbereitet. Er würde gar nicht mehr über die Linie entscheiden, sondern nur über die Fortsetzung, und eine Bestätigung der bisherigen Beschlüsse sein.

Es werde also, wenn man weiter schweigt, sich gar nichts ändern, sondern nur verschlechtern. Er rechne sogar damit, daß er wahrscheinlich auf dem 35. Plenum eine Niederlage bekommen werde und daß es für ihn und seine Familie sehr schwer werden könnte. Er sei aber bereit, diese Konsequenzen zu tragen. Es werde sogar zwei oder drei Jahre dauern können, bis sich die Schädlichkeit der üblichen Methoden gezeigt habe — und dann werde er rehabilitiert. Es könne aber auch sein, daß sich seine Absicht und der Wunsch vieler Genossen erfülle.«

Als ich diese offensichtlich eilig notierten Zeilen las, schrak ich auf und erinnerte mich an meine eigene Situation. Wie immer man zu diesem Zitat auch stehen mochte, die Probleme ähnelten sich. Der administrative Führungsstil war bei Honecker wiedererwacht. Das Problem der Massenflucht in den Endfünfzigern — vor dem Mauerbau! — hatte in diesem Sommer ähnliche Ausmaße angenommen wie damals. »Ich fühlte mich meinem Gewissen und der Partei gegenüber verpflichtet zu handeln«, sagt Schirdewan über sich.

Ich habe den Zeitpunkt für mein Handeln zu spät gewählt.

Auf der 35. Tagung des ZK der SED im Februar 1958 wurde Schirdewan aus dem ZK und dem Politbüro ausgeschlossen. Auch seine Mitstreiter wurden wegen »fraktioneller Tätigkeit« gemaßregelt. Dafür hatte der von Erich Honecker erstattete Bericht vor dem ZK die Grundlage geliefert.

Walter Ulbricht übergab Honecker die Ressorts, die Schirdewan innegehabt hatte, und machte ihn faktisch zum zweiten Mann des SED-Apparats.

Im September 1960, nach dem Tod Wilhelm Piecks, war der Erste Sekretär des ZK der SED, Walter Ulbricht, Vorsitzender des Staatsrates geworden. Dieses neugebildete Gremium nahm kollektiv die Präsidentenfunktion wahr. Bereits im Februar 1960 war der Nationale Verteidigungsrat gebildet worden. Sein Vorsitzender wurde Walter Ulbricht, für die Koordination seiner Tätigkeit war Erich Honecker zuständig. Hier arbeitete er auf das engste mit dem damaligen Verteidigungsminister und späteren Ministerpräsidenten Willi Stoph, dem späteren Innenminister Friedrich Dickel sowie den späteren Verteidigungsministern Heinz Hoffmann und Heinz Keßler zusammen.

Vom 3. bis 5. August 1961 fand in Moskau eine Beratung der Ersten Sekretäre der Zentralkomitees der kommunistischen und Arbeiterparteien der Staaten des Warschauer Vertrages statt, auf der die SED nach Abstimmung mit der KPdSU vorschlug, die Grenzen der DDR gegenüber Berlin (West) und der BRD zu schließen, oder, wie Honecker es nannte, »unter die zwischen souveränen Staaten übliche Kontrolle zu nehmen«. Diesem Vorschlag wurde auf der Moskauer Beratung einmütig zugestimmt.

Walter Ulbricht beauftragte Erich Honecker mit der Vorbereitung und Durchführung der Aktion, von der Honecker selbst sagte: »Später konnten wir befriedigt feststellen, daß wir nichts Wesentliches unberücksichtigt gelassen hatten.« Dieses Selbstlob ist fast zu bescheiden. Was unter Leitung Erich Honeckers zur Überraschung der ahnungslosen Spitzenpolitiker der Bundesrepublik, Westberlins sowie der Staaten der westlichen Allianz über Nacht ablief, war ein Meisterstück an Konspiration und Organisation. Jedenfalls festigte diese aus der Sicht unseres und des sowjetischen Politbüros sehr gelungene Aktion die Stellung Erich Honeckers als zweiter Mann der SED erheblich.

Aber noch war nicht die Zeit gekommen, um an die Übernahme der Führung der Partei zu denken. Es folgte noch ein ereignisreiches Jahrzehnt. Da waren ernsthafte Versuche, die durch den Mauerbau zunächst eingetretene Verbesserung der ökonomischen Situation unseres Landes zu konsolidieren. Junge Wirtschaftsexperten wie Günter Mittag, Gerhard Schürer, Günther Kleiber und Werner Jarowinsky betraten die politische Bühne und mit ihnen das von Walter Ulbricht heiß empfohlene Neue Ökonomische System. Der Abgrenzungspolitik Walter Ulbrichts nach Westen ging ein stärkeres Bedürfnis der Integration im Rat für Gegenseitige Wirtschaftshilfe (RGW, COMECON) einher. 1968 marschierte die Sowjetarmee, unterstützt durch Truppen sozialistischer Bruderländer, in der ČSSR ein. Die DDR hat diese Aktion zwar politisch voll unterstützt, so daß auch die Entschuldigung der Volkskammer aus dem Jahre 1989 gerechtfertigt ist. Wie ich später vom Chef des Hauptstabes der Nationalen Volksarmee (NVA) erfuhr, verblieben jedoch deren Truppenteile und Einheiten in der Nacht vom 21. zum 22. August 1968 und danach in den Räumen im Süden der DDR. Zu keinem Zeitpunkt haben sich also im Zusammenhang mit Handlungen der Vereinten Streitkräfte Truppen der NVA auf tschechoslowakischem Territorium befunden. Dennoch hatten wir uns politisch mitschuldig gemacht. Intellektuelle und Künstler unseres Landes hatten dies öffentlich verurteilt. Dies und so manche kulturpolitische Kurzsichtigkeit der damaligen Zeit führten zur Ausgrenzung, zur Vertreibung wichtiger Schriftsteller und Künstler. Auch wenn er mich nochmals »Wendehals« nennt: Ich bin heute der Auffassung, daß es ein kardinaler Fehler war, Wolf Biermann die DDR-Staatsbürgerschaft zu entziehen. Wir hätten die Diskussion mit ihm aushalten können und müssen. Der Verlust an so vielen streitbaren und deshalb wichtigen Mitdenkern hat sich als äußerst schmerzhaft erwiesen. Besonders, wenn ich heute erlebe, wie sie sich für die Bewahrung einer historisch gewachsenen DDR-Identität engagieren, bedaure ich aufrichtig, daß wir damals nicht die Klugheit besessen haben, uns mit ihrem linken, demokratischen Sozialismusverständnis zu verbünden. Statt dessen stand Robert Havemann, Erich Honeckers Mithäftling in Brandenburg, unter Hausarrest, wurden Filme verboten und Bücher nicht gedruckt.

Zu dem aufregenden Jahrzehnt, das ich meine, gehört Willy Brandts neue Ostpolitik, gehören die Gespräche zwischen ihm und DDR-Ministerpräsident Willi Stoph. Die Staatssekretäre Michael Kohl (DDR) und Egon Bahr (BRD) machten sich 1970 an eine ebenso schwierige wie umfangreiche Arbeit, die am 21. Dezember 1972 zur Unterzeichnung des Vertrages über die Grundlagen der Beziehungen zwischen beiden deutschen Staaten führte.

Die DDR war auf dem Wege zu wachsender internationaler Anerkennung und einer ökonomischen Konsolidierung. Sie nahm eine immer geachtetere Stellung in der Welt ein, stellte sie doch seinerzeit nach der Sowjetunion die bedeutendste Wirtschaftskraft des sozialistischen Lagers dar. Innerhalb weniger Jahre hatte sich die Produktionsstruktur der Industrie im Lande beträchtlich verändert. Das betraf vor allem die schnelle Entwicklung der Elektrotechnik/Elektronik, der chemischen Industrie und die Erweiterung der Rohstoffbasis. 135 Milliarden Mark wurden von 1966 bis 1970 für Investitionen eingesetzt. Das Realeinkommen pro Kopf der Bevölkerung erhöhte sich im Jahre 1970 gegenüber 1965 auf 122 Prozent.

Der Fehler bestand darin, daß in unserer Parteiführung eine schulmeisterhafte, besserwisserische Haltung gegenüber den

Bruderparteien der sozialistischen Länder, ja selbst gegenüber der KPdSU eingenommen wurde. Aus der ökonomischen Besserstellung der DDR wurde der Anspruch abgeleitet, Sonderwege gehen zu können. Es wurde die These erfunden und verbreitet, daß es sich beim Sozialismus um eine »relativ selbständige sozialökonomische Formation« handele. Damit begab man sich in Widerspruch zu geltenden Auffassungen in den anderen sozialistischen Ländern.

Zudem traten in der DDR durch Disproportionen in der Volkswirtschaft ernsthafte ökonomische Probleme auf. Im Abriß der Geschichte der SED wird beschrieben, wie die Führung der SED an deren Lösung heranging: »Arbeiter, Genossenschaftsbauern und Angehörige der Intelligenz unternahmen vermehrte Anstrengungen, um die Schwierigkeiten überwinden und die Verluste in der Volkswirtschaft ausgleichen zu helfen. Angehörige der Volksarmee, Studenten und Schüler unterstützten sie dabei ... In vielen Betrieben arbeiteten die Werktätigen an hochproduktiven Maschinen und Anlagen in zwei und drei Schichten. In Überstunden und Sonderschichten an arbeitsfreien Wochenenden rangen sie darum, Plan- und Vertragsrückstände schneller aufzuholen.«

Über die Ursachen des Problems gibt eher eine andere Passage dieses Geschichtsabrisses Auskunft: »Im September 1970 analysierte das Politbüro, wie der Volkswirtschaftsplan bisher erfüllt und welche Erfahrungen dabei gewonnen worden waren. Es stoppte eine Reihe zusätzlicher Aufgaben, die sich als unreal erwiesen und deren weitere Durchführung die kontinuierliche Entwicklung der Volkswirtschaft ernsthaft behindert hätte. Einige Investitionsvorhaben stellte es zurück. Die Aufgaben des Bauwesens wurden präzisiert, damit es den Erfordernissen aller gesellschaftlichen Bereiche besser Rechnung tragen und insbesondere den Bau von Wohnungen, Schulen, Kindergärten und Dienstleistungseinrichtungen gewährleisten konnte. Diese und weitere Schritte waren darauf gerichtet, erste Voraussetzungen zu schaffen, um die gesamte Volkswirtschaft zu stabilisieren und deren planmäßige proportionale Entwicklung wieder herzustellen.«

Im Zentralkomitee setzte man sich mit Erscheinungen des Subjektivismus, mit Verletzungen der Einheit von Politik und Ökonomie auseinander. Man wandte sich entschiedener den realen materiellen und kulturellen Bedürfnissen der Menschen zu, die zuvor durch den von Walter Ulbricht eingeführten undifferenzierten Begriff der »sozialistischen Menschengemeinschaft« verwischt worden waren. Vor allem mußten Wirtschaftswachstum und Veränderungen hinsichtlich der Struktur der Volkswirtschaft in ein korrektes Verhältnis zueinander gebracht werden. Hier waren bereits Grundaussagen getroffen, die deutlich die Handschrift Erich Honeckers trugen und einen Vorgriff auf die Programmatik des VIII. Parteitages der SED darstellten, mit dem die Ära Honecker begann.

Interessant ist, wie sich der Wechsel von Walter Ulbricht zu Erich Honecker vollzog. Die bloßen Fakten sind schnell beisammen: Nach Rückkehr der offiziellen Delegation der SED vom XXIV. Parteitag der KPdSU (30. März bis 9. April 1971 in Moskau), die unter Leitung von Walter Ulbricht stand, war der Wechsel für die 16. Plenarsitzung des ZK vorgesehen. Diese wurde für den 3. Mai einberufen. Wenige Wochen später war der VIII. Parteitag der SED vorgesehen. Der Parteitag sollte bereits im Zeichen des neuen Ersten Sekretärs stehen, so mußte die Kaderveränderung an der Spitze der Partei unverzüglich vorgenommen werden.

Die Programmatik des XXIV. Parteitages der KPdSU konnte als Grundlage für die Bestimmung unseres eigenen Kurses übernommen werden. Die KPdSU hatte als die Hauptaufgabe für die Entwicklung der UdSSR die Sicherung eines bedeutenden Aufschwungs des materiellen und kulturellen Lebensniveaus des Volkes auf der Grundlage eines raschen Entwicklungstempos der Produktion und der Steigerung ihrer Effektivität, des wissenschaftlich-technischen Fortschritts und der Beschleunigung des Wachstums der Arbeitsproduktivität bezeichnet. Außerdem nahm der Parteitag ein umfassendes Programm des Kampfes um Frieden und internationale Zusammenarbeit, für Freiheit und Unabhängigkeit der Völker an, später kurz als Friedensprogramm bezeichnet. Damit waren auch die entscheidenden Grundpfeiler für die Ausarbeitung der zukünftigen SED-Politik gesetzt.

Ursprünglich war vorgesehen, daß Walter Ulbricht auf dem 16. Plenum des ZK der SED das Hauptreferat zum Thema »Das entwickelte gesellschaftliche System des Sozialismus in den siebziger Jahren« halte. Er konnte aber nur noch das Wort zu einigen einleitenden Bemerkungen ergreifen, während Erich Honecker den Rechenschaftsbericht gab. In dieser Sitzung bat Walter Ulbricht um seine Abwahl als Erster Sekretär. Die Jahre, so sagte er, forderten ihr Recht, und er fuhr fort: »Ich erachte die Zeit für gekommen, diese Funktion in jüngere Hände zu geben und schlage vor, Genossen Erich Honecker zum Ersten Sekretär des Zentralkomitees zu wählen.« Die ZK-Mitglieder folgten diesem Vorschlag einstimmig. Walter Ulbricht fungierte weiter als Vorsitzender des Staatsrates und wurde auf Vorschlag Erich Honeckers Vorsitzender der SED, eine Funktion ohne praktische Bedeutung für die politischen Entscheidungen der Zukunft.

Erich Honecker tat recht daran, Elemente des um Walter Ulbricht entwickelten Personenkults zu beseitigen. Betriebe und Einrichtungen, die Ulbrichts Namen trugen, wurden umbenannt. Das betraf auch das frühere Walter-Ulbricht-Stadion, das in Vorbereitung der für Sommer 1973 in Berlin vorgesehenen X. Weltfestspiele der Jugend und Studenten schon bald »Stadion der Weltjugend« hieß. Walter Ulbricht konnte diesen Vorgängen kaum mehr folgen. Während der Weltfestspiele starb er.

Dies sind Tatsachen, die in den Chroniken der Zeitgeschichte nachzulesen sind. Die internen Vorgänge, die sich um die Ablösung Walter Ulbrichts ranken, sind oft nur zwischen den Zeilen zu lesen. Dieser »weiße Fleck« in unserer Geschichtsschreibung ist noch aufzuarbeiten.

Im Frühjahr 1989 verteilte Erich Honecker an die Mitglieder und Kandidaten des Politbüros des ZK ein gebundenes Buch mit dem schmucklosen Titel »Dokumente«. Es enthielt vor allem persönliche Notizen, Briefe und andere Schriftstücke aus der Zeit zwischen 1953 und 1973. Als ich diese Dokumente durchsah, fragte ich mich, warum Erich Honecker das Politbüro gerade zu diesem Zeitpunkt über diese Vorgänge informierte. Offensichtlich wollte er im hohen Alter auf seine Verdienste um die Erarbeitung des vom VIII. Parteitag der SED ausgegangenen Kurses hinweisen.

Meinen Notizen über diese Dokumentensammlung entnehme ich einige Details, die mir zur Aufhellung der damaligen Vorgänge geeignet erscheinen.

Als Erich Honecker im Juli 1970 mit Leonid Breschnew, dem Generalsekretär des ZK der KPdSU, auf sowjetischem Boden zusammentraf, sagte Breschnew zu ihm: »Du kannst mir glauben, Erich, die Lage, wie sie sich bei euch so unerwartet entwickelt hat, hat mich tief beunruhigt. Die Dinge sind schon jetzt nicht mehr nur eure eigene Angelegenheit. Die DDR ist für uns, für die sozialistischen Bruderländer, ein wichtiger Posten. Sie ist das Ergebnis des Zweiten Weltkrieges, unsere Errungenschaft, die mit dem Blut des Sowjetvolkes erzielt wurde.« Breschnew betonte unter Hinweis auf die ihm bekanntgewordenen Spannungen zwischen dem Politbüro und Walter Ulbricht: »Walter hat Verdienste. Man kann sie nicht einfach auf die Seite schieben. Aber er ist alt. Wenn er gesund ist, ist er obenauf, will alles selber machen. Wenn er krank ist, dann ist er schon zufrieden, wenn du, Willi (gemeint war: Willi Stoph), wenn das Politbüro und das Sekretariat des ZK die Sache machen. In zwei bis drei Jahren kann er sowieso nicht mehr die Partei leiten ... Selbst der Gegner rechnet damit, daß du die Parteiarbeit leitest und Walter als Vorsitzender des Staatsrates wirkt.« Und er schloß mit den Worten: »Also, wir haben die Dinge besprochen. Wir sind für die mittlere Variante.«

In anderem Zusammenhang bemerkte Breschnew: »Ich möchte es offen als Kommunist zu Kommunist sagen, es gibt bei Ihnen eine gewisse Überheblichkeit gegenüber anderen sozialistischen Ländern, ihren Erfahrungen, Methoden der Leitung usw. Es gibt dies auch gegenüber uns.«

Die Spannungen, die es um Fragen der Kaderveränderung im Politbüro des ZK der SED gab, spielten auch während der Besprechungen zwischen Delegationen der KPdSU und der SED unter Leitung von Leonid Breschnew und Walter Ulbricht am 21. August 1970 in Moskau eine Rolle. Breschnew traf hier die Feststellung, es hätte in letzter Zeit einige »Signale und Gerüchte« gegeben, daß im Politbüro des ZK der SED »Reibereien und Streitigkeiten« entstanden seien. Die KPdSU sei solchen Fragen gegenüber sehr empfindlich und äußerst aufmerksam. Die Einheit des Politbüros sei gerade in der gegenwärtigen Situation von außerordentlicher Bedeutung.

»Es hat keinen Sinn«, sagte er, »die Ergebnisse der mehr als zwanzig Jahre fester Zusammenarbeit in Frage zu stellen ... Wichtig ist, daß alle an einem Strang ziehen.«

Auf Breschnews Bitte um Bestätigung dieser Position sagte Walter Ulbricht: »Völlig richtig, ich bin einverstanden.«

Im weiteren Verlauf des Gesprächs im Rahmen eines gemeinsamen Essens in der Residenz der SED-Delegation nahm Walter Ulbricht das Wort. Wieder stellte er die DDR als sozialistisches Musterland dar. Bis Anfang 1971 würden wir in achtzig Kombinaten die Automatisierung durchführen, darum brauchten wir Kooperation. »Bei uns ist das leichter, bei Ihnen mit diesem riesigen Apparat ist das schwieriger.« Er verwies auf einen von der SED-Führung gefaßten Beschluß über die Wissenschaftsorganisation, der im Prinzip gezeigt habe, »wie wir die Weltspitze überholen wollen«.

Genau zwei Monate später erhielt Walter Ulbricht von Breschnew ein Schreiben, in dem der KPdSU-Generalsekretär zum gemeinsamen Herangehen an die BRD und an Westberlin, aber auch zum Aufbau der bilateralen wirtschaftlichen Beziehungen und zu den Perspektiven der gesellschaftlichen Entwicklung unter den Bedingungen des Sozialismus Stellung nahm. Eindringlich forderte Breschnew Walter Ulbricht auf, »die Struktur der Volkswirtschaft der DDR weiter zu verbessern«. Die UdSSR machte sich ganz offensichtlich Sorgen über fehlerhafte Entwicklungen in der DDR-Wirtschaft und versprach — entsprechend ihren Möglichkeiten — ökonomische Hilfe, z.B. bei der Lieferung einiger wichtiger Rohstoffe.

Inzwischen spitzten sich die Auseinandersetzungen zu. Das Politbüro lehnte die Veröffentlichung einer Rede ab, die Walter Ulbricht auf einer erweiterten Sitzung der Bezirksleitung der SED in Leipzig, seiner Heimatstadt, gehalten hatte und deren Inhalt meilenweit von den Realitäten entfernt war. Besonders heftige Auseinandersetzungen gab es auch um die Veröffentlichung des Schlußwortes von Walter Ulbricht auf der 14. Tagung des ZK (vom 9. bis 11. Dezember 1970). Mitglieder des Politbüros setzten sich in Stellungnahmen und Briefen an Walter Ulbricht mit dessen von der Linie des Politbüros abweichenden Äußerungen auseinander. Walter Ulbricht sah keine Möglichkeit, sich über diese Ablehnung hinwegzusetzen und teilte den Mitgliedern und Kandidaten des Politbüros am 17. Dezember 1970 schriftlich mit, daß er auf die Veröffentlichung seines Schlußwortes verzichte.

Im Januar 1971 informierten einige Mitglieder des Politbüros des ZK der SED das Politbüro des ZK der KPdSU über die in der SED-Führung entstandene Situation. Sie sei dadurch verursacht worden, daß Walter Ulbricht Einschätzungen gegeben und Forderungen aufgestellt habe, die nicht mit der realen Lage der DDR und den Aufgaben der Partei in Übereinstimmung stünden. Er gehe nicht von den ZK- und Politbüro-Beschlüssen aus, sondern stelle diese immer wieder in Frage und zwinge dem Politbüro ständig Diskussionen auf, »die es in nicht mehr zu vertretender Weise von der konkreten Arbeit bei der Lösung der wichtigsten Aufgaben abhalten«.

Unter der Anzahl abgelehnter Positionspapiere Walter Ulbrichts sei auch eine überraschend eingereichte Zusammenstellung gewesen, die zur Vorbereitung des VIII. Parteitages der SED an die Bezirks- und Kreisleitungen sowie an die Grundorganisationen der Partei versandt werden sollte. Diese Orientierung sei »durch lebensfremde, pseudo-wissenschaftliche, teilweise ›technokratische‹ Theorien einer sogenannten Vorausschau bis 1990« geprägt gewesen.

Die Mitglieder und Kandidaten des Politbüros verwiesen auch auf das hohe Alter Walter Ulbrichts, der inzwischen das 78. Lebensjahr erreicht hatte. Zu Recht hoben sie hervor, daß es in einem solchen Alter äußerst schwierig sei, »den großen Umfang von Arbeiten und Verpflichtungen wahrzunehmen, die sich aus der Funktion des Ersten Sekretärs des Zentralkomitees der SED und des Vorsitzenden des Staatsrates der DDR ergeben«. Leider sollte diese Einsicht bei der Mehrheit der damaligen Politbüromitglieder, Erich Honecker eingeschlossen, nicht bis ins eigene hohe Alter reichen. Sie hätte uns Jahre später manches Problem erspart und der Republik möglicherweise eine weniger starre Innenpolitik beschert.

Am 3. Mai fand die 16. Tagung des Zentralkomitees der SED statt. Auf ihr wurde Erich Honecker zum Ersten Sekretär des ZK gewählt. Die Ära Walter Ulbricht war beendet. »Als wir den VIII. Parteitag der SED vorbereiteten«, schreibt Erich Honecker in seinen Memoiren, »... galt es, die Ziele der Wirtschafts- und Sozialpolitik genau abzuwägen, sie zu den verfügbaren Mitteln und zum möglichen Leistungsanstieg der Volkswirtschaft ins

Verhältnis zu setzen.« So nahm das höchste Gremium der Partei, das vom 15. bis 19. Juni in der Berliner Werner-Seelenbinder-Halle tagte, eine Direktive für den Fünfjahrplan 1971 bis 1975 an. Darin wurde die später schon sprichwörtliche Hauptaufgabe definiert, zu der das Politbüro die entscheidende Anregung vom XXIV. Parteitag der KPdSU empfangen hatte und die die DDR — dies ist keine neuerliche Form der Selbstbeweihräucherung — in der Folgezeit konsequenter erfüllen sollte als die sowjetischen Urheber. Diese Hauptaufgabe wurde als »Erhöhung des materiellen und kulturellen Lebensniveau des Volkes auf der Grundlage eines hohen Entwicklungstempos der sozialistischen Produktion, der Erhöhung der Effektivität, des wissenschaftlich-technischen Fortschritts und des Wachstums der Arbeitsproduktivität« definiert. Die außenpolitischen Beschlüsse des VIII. Parteitages stimmten mit dem auf dem XXIV. Parteitag der KPdSU verabschiedeten Friedensprogramm überein. Der VIII. Parteitag sprach sich für die Aufnahme normaler Beziehungen zwischen der DDR und der BRD aus und bekundete das Interesse unseres Landes an einer Entspannung im Zentrum Europas.

Bald schon wurde davon gesprochen, daß der VIII. Parteitag der SED eine neue Etappe in der Geschichte der SED eingeleitet habe. In der Tat gab es nach diesen Junitagen des Jahres 1971 einen beachtlichen Aufschwung in der Partei und in der Gesellschaft. Engagiert wurde das Prinzip der Einheit von Wirtschafts- und Sozialpolitik verwirklicht, was bedeutete, daß das erwirtschaftete Nationaleinkommen stärker als bisher in den sozialen Bereich floß; gute Arbeit sollte sich auszahlen. Unsere sozialpolitischen Maßnahmen fanden die Zustimmung der Bevölkerung. Es wurde ein Wohnungsbauprogramm beschlossen, das zunächst viele Probleme von Wohnungssuchenden spürbar linderte. Die Arbeiterklasse spielte in der Partei wieder eine größere Rolle. Erich Honecker beriet sich mit Werktätigen, besuchte Künstler und Intellektuelle und wollte im ZK Gleicher unter Gleichen sein. Seine Autorität in der Partei und in der Gesellschaft wuchs, die Verbindung der Partei mit dem Volk wurde gestärkt. Alles in allem: Es begann eine fruchtbare Zeit.

Wir, die wir damals in der FDJ arbeiteten, taten das Unsere, um das Positive dieser Zeit zu befördern. Für uns war Erich Honecker ein Inspirator dieser Arbeit. Wir hatten seine antifaschistische Vergangenheit vor Augen, und wir vergaßen nie, daß er die FDJ gegründet und zehn Jahre lang geleitet hatte. Regelmäßige Treffen der SED-Führung mit dem Sekretariat des Zentralrates stärkten auch die persönlichen Kontakte zwischen FDJ- und Parteifunktionären.

Erich Honeckers Arbeitsstil war für mich bestechend. Schickte man ihm früh einen akzeptablen Vorschlag, erhielt man in der Regel noch am gleichen Tag ein quer über das Blatt geschriebenes »Einverstanden« und freute sich über die Entscheidungsfreudigkeit des ersten Mannes der Partei. In seinen letzten Amtsjahren sollte sich gerade dieser Arbeitsstil als verhängnisvoll erweisen. Es wurde nämlich von vielen ausgenutzt, daß Erich Honecker offensichtlich manches nur noch quer las, sein »Einverstanden« darauf schrieb und sich später nicht immer an die Entscheidungen erinnern konnte. Damals aber waren wir von der Tatkraft und der Frische des neuen Ersten begeistert.

Hinzu kam, daß die sozialpolitischen Maßnahmen früher als gedacht zu greifen begannen. So traten ab 1. September 1972 für 3,9 Millionen Bürger eine spürbare Erhöhung der Renten, eine bessere Ausstattung der freiwilligen Zusatzrentenversicherung, anderer Rentenleistungen sowie der Sozialfürsorge in Kraft. Für alle vollbeschäftigten berufstätigen Mütter mit drei und mehr Kindern wurde ab 1. Juli 1972 die 40-Stunden-Woche eingeführt, ohne daß Lohnminderungen eintraten. Ihr Mindesturlaub wurde auf 21 Werktage und bei Arbeit im Mehrschichtsystem auf 24 Werktage erhöht. Auf 18 Wochen erweitert wurde die bezahlte Freistellung bei der Geburt eines Kindes. Überdies gab es eine Geburtenbeihilfe ab dem ersten Kind und günstige Kredite für junge Ehepaare bis zum 26. Lebensjahr. Hinzu kam die Senkung der Mieten für nahezu 300 000 nach dem 1. Januar 1967 bezogene Neubauten bei einem monatlichen Brutto-Familieneinkommen bis zu 2000,— Mark. In Berlin wurden die Mieten einheitlich mit 1,— bis 1,25 Mark, in den übrigen Bezirken mit 0,80 bis 0,90 Mark je Quadratmeter Wohnfläche monatlich festgelegt. Später, zu spät, erkannte die Gesellschaft, daß dieser Kurs der Einheit von Wirtschafts- und Sozialpolitik ökonomisch nicht abgesichert war. So hatten wir über Jahre hinweg auf Kosten der Kinder und Kindeskinder gelebt. Damals aber, als der ruinöse Vorgriff auf Künftiges noch bare Münze und Vorschußwohlstand war, blieb der Beifall im Volk und auch in der Welt nicht aus.

Nach Unterzeichnung des Grundlagenvertrages mit der BRD im Dezember 1972, dem das Vierseitige Abkommen über Berlin-West, das Transitabkommen zwischen der DDR und der BRD sowie die Verträge der Volksrepublik Polen und der UdSSR mit der BRD vorausgegangen waren, erkannten immer mehr Länder die Deutsche Demokratische Republik an. Wichtige Voraussetzung dafür war auch die am 18. September 1973 erfolgte Aufnahme beider deutscher Staaten in die UNO.

Am 1. August 1975 setzte Erich Honecker in Helsinki seine Unterschrift unter die Schlußakte von Helsinki, ein Höhepunkt im souveränen Selbstverständnis der DDR und im Leben Erich Honeckers, der damals noch nicht Staatsratsvorsitzender war, sondern in seiner Eigenschaft als Erster Sekretär des ZK der SED unterschrieb — ein Umstand, den die westlichen Staaten bei den sozialistischen Ländern seinerzeit stillschweigend akzeptierten. Das Protokoll hatte Erich Honecker, dem französischen Länderalphabet folgend, zwischen Bundeskanzler Helmut Schmidt und US-Präsident Gerald Ford plaziert. Zu Recht schreibt Erich Honecker in seinen Memoiren, daß die Konferenz über Sicherheit und Zusammenarbeit in Europa (KSZE) in Helsinki die sichtbare Wende vom Kalten Krieg zur Entspannung bekräftigte. Wir haben die Schlußakte fortan als Kodex der Beziehungen zwischen den europäischen Staaten bezeichnet. Aber wir behandelten die drei »Körbe« der Schlußakte nicht gleichberechtigt. Während Sicherheits- und ökonomische Fragen Vorrang erhielten, taten wir uns mit »Korb III«, der die Menschenrechtsfragen beinhaltete, schwer. Zweifellos hatten wir bei der Verwirklichung wichtiger Menschenrechte unbestreitbare Erfolge vorzuweisen. Ich denke dabei an die Vollbeschäftigung, an die kostenlose Bildung und medizinische Versorgung. Andererseits war das Volk gerade hinsichtlich der Reisefreiheit sensibler geworden. Noch aber spielten diesbezügliche Forderungen im politischen Bewußtsein vieler Menschen eine untergeordnete Rolle.

Erich Honecker hatte sich große Verdienste bei der Durchsetzung der internationalen Anerkennung der DDR erworben und sich mit außenpolitischem Geschick in die Reihe der europäischen Politiker von Rang eingeordnet. Das war wohl der Hauptgrund, weshalb Willi Stoph, der seit Walter Ulbrichts Tod den Vorsitz des Staatsrates innehatte, im Oktober 1976 Generalsekretär Honecker auch für das Amt des Staatsratsvorsitzenden vorschlug. Er selbst wurde erneut Ministerpräsident, und sein Vorgänger in diesem Amt, Horst Sindermann, stand fortan der Volkskammer als Präsident vor. Seit jener Zeit wußte wohl jeder bei uns, daß Erich Honecker sein liebster Diplomat war. Er reiste viel und war auch international ein gerngesehener Gast.

Als die weltweite Wirtschaftskrise mit ihrem die Rohstoffpreise emportreibenden Ölschock Mitte der siebziger Jahre auch die DDR erreichte, wurden die Auswirkungen durch die Aufnahme von Krediten gelindert. Diese waren in der angebrochenen Ära der Entspannung natürlich leichter erhältlich. Weil die Auslandsverschuldung zu Beginn der achtziger Jahre unter Aufbietung aller Kräfte immer wieder auf ein erträgliches Maß abgebaut werden konnte, wurde die Kreditaufnahme bei wachsender Verschuldung später zu einer beliebten Methode. Kredite waren das sprichwörtliche Stroh, mit dem die Löcher im Topf des Staatshaushalts gestopft wurden. Natürlich war die DDR für die internationalen Banker »eine gute Adresse«, denn sie zahlte ihre Zinsen pünktlich. Die Verschuldung aber blieb, und sie wuchs unaufhörlich. Dieses Erbe trat ich an, als ich die Führung der Partei und den Vorsitz des Staatsrates übernahm.

Erich Honecker hatte keinerlei Berührungsängste im Umgang mit bundesdeutschen Politikern. Sie gaben sich im Staatsratsgebäude, in seinen ZK-Amtsräumen, im Schloß Hubertusstock oder im Schloß Niederschönhausen die Klinke in die Hand. Franz Josef Strauß vermittelte einen Milliardenkredit; Bundeskanzler Schmidt besuchte Erich Honecker im Dezember 1981 am Werbellinsee und machte einen für die DDR peinlichen Abstecher nach Güstrow, jener Schmidt aus seiner Jugendzeit vertrauten Stadt, deren Bürger man jedoch von ihm fernhielt. Ich glaube zu wissen, daß Erich Honecker diesen Begegnungen mit der Hoffnung entgegensah, von ihnen werde ein friedliches Miteinander, eine möglichst gedeihliche Nachbarschaft beider deutscher Staaten ausgehen.

Der damalige Leiter der Ständigen Vertretung der BRD in der DDR, der stets recht eitle und die tiefe Nachdenklichkeit seines Vorgängers Gaus nie erreichende Klaus Bölling beschreibt in seinem Buch »Die fernen Nachbarn« die Ernsthaftigkeit der Gespräche. Er schildert, wie Bundeskanzler Schmidt Erich Honecker mit den Worten zu gewinnen suchte: »Wir müssen von uns aus aktiv zur Entschärfung der Lage beitragen. Wir spielen unsere Rolle, unsere Bedeutung immer herunter, wir tun das, und Sie tun das. Wir wollen ja gar nicht dick aussehen. In Wirklichkeit aber haben wir beide, beide deutsche Staaten, großes Gewicht. Ich meine, Herr Honecker, wir haben einen Anspruch darauf, dieses Gewicht in die Waagschale zu werfen.« Erich Honecker war von diesen Worten angetan. Er sah sehr wohl die gewichtige Rolle der beiden deutschen Staaten. Sicherheitspolitisch aber vertrat er uneingeschränkt die Position des schon vom Tode gezeichneten Leonid Breschnew. Dabei sagte er angesichts der akuten atomaren Bedrohung: »Die Jugend bei uns und bei Ihnen hat Angst vor Abenteurern. Wir, Herr Bundeskanzler, haben dem Tod schon oft ins Auge gesehen. Es geht jetzt nicht so sehr um unsere Generation. Wir müssen an unsere Kinder und unsere Enkel denken.« Es paßt zu meinem Bild von Bölling, daß er diese Äußerung »plakative Sätze« nennt. Wer Erich Honecker wirklich kennt, weiß, daß dies ein tiefes, ehrliches Gefühl bei ihm war und durchaus persönlich gemeint. Er liebte seine Kinder und Enkelkinder über alles. Und wenn ihn im Pionierpalast oder anderswo Kinder umringten, dann konnte jeder sehen, daß er dem Nachwuchs von ganzem Herzen zugetan war.

Über den politischen Wert der Begegnung zwischen Honecker und Schmidt wurde schon damals in der BRD — wohl mehr aus wahltaktischen Erwägungen heraus — sehr gestritten. Man nahm Schmidt die Annahme des symbolischen Bonbons übel, das Erich Honecker ihm auf dem Bahnhof von Güstrow zum Abschied durchs Waggonfenster reichte. Die Begegnung war meiner Meinung nach zu ihrer Zeit ein Schritt in die richtige Richtung. Sie diente der Entspannung und hatte einen beruhigenden Einfluß auf die Lage im Zentrum Europas. Von diesem Treffen ging eine Hoffnung aus, die allerdings in der praktischen Politik der nächsten Jahre noch nicht erfüllt wurde.

Am 10. November 1982 starb Leonid Breschnew. Zwei Tage später wählte eine Außerordentliche Tagung des ZK der KPdSU Juri Andropow zum Generalsekretär. Er stellte schon bald klar, in welche Richtung seine Politik gehen sollte. Auf der Festsitzung zum 60. Gründungstag der UdSSR, am 21. Dezember 1982, hörte man von ihm — zunächst zum Stichwort Freundschaft und Zusammenarbeit der Völker der UdSSR — einen völlig neuen Tonfall: »Wir sprechen«, so sagte er, »unverblümt sowohl von den vorhandenen als auch von den ungelösten Aufgaben, denn wir wissen ganz genau: Wir sind diesen Problemen, diesen Aufgaben gewachsen, wir können und müssen sie lösen. Die Orientierung auf Taten, nicht aber auf große Worte, das ist heute notwendig, damit die große und mächtige Union der Sozialistischen Sowjetrepubliken noch stärker wird. Ich bin mir dessen sicher, daß alle, die sich in diesem Saale eingefunden haben, daß unsere ganze Partei und das ganze Sowjetvolk so denken.« Das war in Ansätzen die Sprache von Glasnost und Perestroika, überhaupt sollten in der Folgezeit mit Juri Andropows Wirken entscheidende Voraussetzungen für den späteren Kurs Gorbatschows geschaffen werden. Wie heftig die Auseinandersetzungen waren, die in dieser Zeit im sowjetischen Politbüro geführt wurden, sieht man an der konservativen Zwischenlösung, der Wahl Konstantin Tschernenkos im Februar 1984 zum KPdSU-Generalsekretär. Mit ihr sollten die begonnenen Reformbestrebungen wieder blockiert werden. Aber die Gruppe der Reformer erwies sich als stärker. So übernahm nach dem Tode Tschernenkos im März 1985 Michail Gorbatschow die Führung der Kommunistischen Partei der Sowjetunion. In seinem Buch »Umgestaltung und neues Denken für unser Land und für die ganze Welt«, das 1987 nach einigem Naserümpfen auf unserer Politbüroetage schließlich doch in großer Auflage bei uns erschienen und trotzdem stets vergriffen war, schreibt Gorbatschow: »Unvoreingenommen und ehrlich kamen wir zu der Einsicht: Das Land steht kurz vor einer Krise. Diese Erkenntnis gewannen wir auf dem April-Plenum des Zentralkomitees im Jahre 1985. Dort wurden die Weichen für den neuen strategischen Kurs, für die Umgestaltung gestellt, wurde ihre Konzeption in den Grundzügen entworfen.«

Mit der Politik Gorbatschows kam Erich Honecker immer weniger zurecht. Einerseits ging er davon aus, daß eine Reihe von Problemen, vor denen die Sowjetunion stand, in der DDR nicht oder nicht so kraß existierte. Andererseits verdrängte er jegliches tiefere Nachdenken über das demokratische Sozialismusbild, das Gorbatschow als Alternative zum bisherigen Modell der Breschnew-Ära, deren Repräsentant Erich Honecker immer war und blieb, gezeichnet hatte.

Auf dem XI. Parteitag der SED im April 1986, als Michail Gorbatschow erstmals in seiner neuen Funktion die DDR besuchte und das Wort ergriff, zeigten sich unmißverständlich die Unterschiede zwischen seiner Politikauffassung und der Erich Honeckers. Während der Generalsekretär des ZK der SED eine Erfolgsbilanz eröffnete und jegliche Problemsicht bis zur Unkenntlichkeit verkürzte, griff Michail Gorbatschow kräftig in die Tasten einer bei uns abhanden gekommenen Klaviatur: »Auf dem (XXVII.) Parteitag (der KPdSU)«, so sagte er, »herrschte eine Atmosphäre hoher Anforderungen. Von seiner Tribüne wurde offen über unsere Probleme und Mängel gesprochen ... Manchmal wird gefragt: Haben wir die Selbstkritik nicht übertrieben, nähren wir damit nicht die antikommunistische Propaganda? Nein, wir sind überzeugt, daß wir nicht übertrieben haben ... Die realistische Einschätzung des Erreichten war der Ausgangspunkt für die Ausarbeitung eines konstruktiven Programms.« Und er fügte hinzu: »Ich möchte betonen, daß die Idee der Beschleunigung kein frommer Wunsch ist. Sie ergibt sich aus der nüchternen Einschätzung der Möglichkeiten des Sozialismus.« Das war starker Tobak in unseren Ohren. Aber es gab schon eine Menge Leute, die ihn probieren wollten.

Erich Honecker gehörte nicht dazu. Mehr und mehr entwickelten sich bei ihm Züge, die er einst an Walter Ulbricht kritisiert hatte. Immer selbstgefälliger wurde die Art Erich Honeckers, immer eingeschränkter waren die Möglichkeiten kollektiver Einflußnahme auf seine politischen Entscheidungen. Dies rührte nicht zuletzt auch daher, daß ihm von außen suggeriert wurde, er solle unter gar keinen Umständen seinen Posten verlassen.

Aus Kenntnis interner Unterlagen über die Besuche führender Politiker verschiedener Parteien der BRD weiß ich, daß sie fast alle zu dieser Einstellung beitrugen. Dies traf besonders auf die Zeit nach dem Besuch zu, den Erich Honecker in Erwiderung der Schmidt-Visite der BRD abstattete. Inzwischen traf er dort auf einen neuen Bundeskanzler: Helmut Kohl.

Die Erwartungen, die die Menschen in Ost und West an diesen Besuch knüpften, waren hoch. Aus Anlaß des Honecker-Besuchs veröffentlichte der »Stern« eine Umfrage unter DDR- und BRD-Bürgern, deren Wahrheitsgehalt ich nicht anzweifle. Die Frage: »Glauben Sie, daß sich durch den Besuch des DDR-Staatsratsvorsitzenden die Beziehungen zwischen beiden Staaten verbessern?« bejahten 85 Prozent der DDR-Bürger und immerhin 48 Prozent der Bürger der Bundesrepublik. 51 Prozent der DDR- und 49 Prozent der BRD-Bürger meinten, daß sich dies vor allem auf das Reisen positiv auswirken sollte. Es folgten die Bereiche Wirtschaft und Politik, Kultur und menschliche Beziehungen und auf seiten der DDR-Bürger Abrüstungsfragen.

Aus der Sicht heutiger Entwicklungen mag der Erfolg des damaligen Treffens von manchem als bescheiden gewertet werden. Für Erich Honecker war es ein Triumph seiner Arbeit und seines Lebens. Nach langen Jahren der Spaltung, des Kalten Krieges, der anmaßenden Gänsefüßchen, in die bestimmte Journalisten den Begriff DDR setzen mußten, vermerkte nun, im September 1987, das gemeinsame Kommuniqué über den Besuch: »Es bestand Übereinstimmung, das Erreichte unter Beachtung des Grundsatzes zu bewahren und auszubauen, daß beide Staaten die Unabhängigkeit und die Selbständigkeit jedes der beiden Staaten in seinen inneren und äußeren Angelegenheiten respektieren. Verständigungswille und Realismus sollen Richtschnur für eine konstruktive, auf praktische Ergebnisse gerichtete Zusammenarbeit zwischen beiden Staaten sein.«

Beide Seiten bekräftigten die Absicht, den Reise- und Besucherverkehr im Interesse der Menschen zu erleichtern. Sie begrüßten die getroffene Vereinbarung über Fahrpreisermäßigungen im gegenseitigen privaten Reiseverkehr sowie im Transit auf den Strecken der Deutschen Reichsbahn und der Bundesbahn. Sie sprachen über Tourismus und Mindestumtausch, Städtepartnerschaften und stärkeren Sportverkehr. Auch humanitäre Fragen, darunter Probleme der Familienzusammenführung, wurden erörtert. Und über alles konnte das »Neue Deutschland« zu Recht die Schlagzeile setzen: »DDR und BRD bekräftigen ihren Willen zu besonderen Anstrengungen für friedliches Zusammenleben in Europa.«

Erich Honecker traf sich mit führenden Wirtschaftsfachleuten der BRD in Köln und fand viel Aufmerksamkeit. Zu seinem 75. Geburtstag am 25. August 1987 hatte Erich Honecker von Berthold Beitz, dem Vorsitzenden des Aufsichtsrates der Friedr. Krupp GmbH, einen Glückwunsch erhalten, in dem er den Jubilar als einen Mann bezeichnete, auf dessen Wort man sich verlassen konnte. »Zwischen uns«, so schrieb er, »hat sich über die unterschiedlichen gesellschaftlichen Systeme hinweg eine Beziehung gegenseitiger Achtung und Wertschätzung entwickelt.« Als Erich Honecker vor 300 Vertretern der Großindustrie und der mittelständischen Wirtschaft in der BRD sprach, dachten gewiß viele Zuhörer genauso.

Es gab auch ein Wiedersehen mit seiner saarländischen Heimat. Selbst Udo Lindenberg, der Erich Honecker in seinem »Sonderzug nach Pankow« ziemlich anzüglich besungen hatte, erhielt Gelegenheit zum Smalltalk mit dem DDR-Staatsratsvorsitzenden. Die ihm überreichte Gitarre landete ebenso wie die Erich Honecker zu einem früheren Zeitpunkt übersandte leicht angeschmuddelte Lederjacke postwendend bei Lindenberg-Fans in der DDR. Die Antwort Erich Honeckers wurde unter der Schlagzeile »Die Jacke paßt« in der FDJ-Zeitung »Junge Welt« vom 25. Juni 1987 veröffentlicht. »Mit der Übersendung der Lederjacke«, hieß es darin, »haben Sie mir eine Überraschung bereitet, für die ich Ihnen danke. Natürlich ist das Äußere Geschmackssache, aber was die Jacke selbst betrifft: Sie paßt.« Sogleich wurde auch die Metapher erklärt: »Wenn ich es recht verstehe, ist sie ein Symbol rockiger Musik für ein sinnvolles Leben der Jugend ohne Krieg und Kriegsgefahr, ohne Ausbildungsmisere und Arbeitslosigkeit, ohne Antikommunismus, Neofaschismus und Ausländerfeindlichkeit.« Und zum Schluß hieß es: »Da Sie gelegentlich auf meine musikalische Vergangenheit zu sprechen kommen, schicke ich Ihnen eine Schalmei. Viel Spaß beim Üben.« Schalmei deshalb, weil Erich Honecker einst im Saarland in einer Schalmeienkapelle die Trommel geschlagen hatte und Lindenberg den Staatsratsvorsitzenden ausgerechnet bei seiner Trommlerehre dazu überreden wollte, ihm eine Tournee durch die DDR zu ermöglichen.

Meines Erachtens stand Erich Honecker zum Zeitpunkt seines vielbeachteten BRD-Besuches vor der entscheidenden Frage seines Lebens (wobei ich nicht sicher bin, ob er sie sich tatsächlich gestellt hat): Wann und in welcher Weise lege ich die politische Verantwortung an der Spitze der Partei und des Staates in jüngere Hände? Er war — auch wenn heute von vielen Leuten anderes behauptet wird — in der DDR nach wie vor populär. Er hätte sich zu diesem Zeitpunkt von seinen politischen Spitzenfunktionen trennen sollen. Er war schon nicht mehr in der Lage, den komplizierten gesellschaftlichen Aufgaben, die die Gorbatschow-Ära mit sich brachte, gerecht zu werden. Er schien dies zu bemerken, stellte jedoch nicht sich und seine Politikfähigkeit in Frage, sondern die neuen Bedingungen, die ein anhaltender Ostwind herübergeweht hatte. Erich Honecker lehnte nicht ein gutes Verhältnis zur Sowjetunion ab, sondern er war enttäuscht über die dortigen Entwicklungen. Er sah in ihnen nicht ein Mehr, sondern ein Weniger an Sozialismus. Er fühlte sich eher zu den konservativen Kräften in der Sowjetgesellschaft hingezogen. So ist es zu erklären, daß der mehr als eine Druckseite des »Neuen Deutschland« füllende Brief der Leningrader Dozentin Nina Andrejewa an die Zeitung »Sowjetskaja Rossija« unter dem Titel »Ich kann meine Prinzipien nicht preisgeben« ungekürzt erschien. Dieser Brief (der in der Sowjetunion, aber auch in der DDR widersprüchliche Reaktionen hervorrief) konnte nur als ein Versuch der Gorbatschow feindlich gesinnten Kräfte verstanden werden, die Reformansätze in der Sowjetunion zu blockieren. Es lohnt sich, einen Augenblick bei diesem Brief zu verweilen, weil seine vollständige und durch Schrift und Plazierung hervorgehobene Veröffentlichung im führenden Parteiorgan der SED die Geisteshaltung einer damals noch mächtigen Gruppe des Politbüros unter Erich Honecker zeigt.

Originalton Nina Andrejewa: »Das heute allgegenwärtige Thema der Repressalien hat von einem Teil der Jugend regelrecht Besitz ergriffen und steht einer objektiven Sicht auf die Vergangenheit im Wege. Beispiele dafür gibt es genug.« Weder den konservativen Kräften in der KPdSU noch der Gruppe um Erich Honecker war es möglich, eine zwar schmerzhafte, geschichtlich aber notwendige Aufarbeitung der Stalinschen Unterdrückung gegenüber aufrechten Menschen, keineswegs nur Sowjetbürgern, nachzuvollziehen. Kunstwerke wie der Film »Die Reue«, in der DDR seinerzeit nicht aufgeführt, aber auch Arbeiten des Dramatikers Schatrow — mit dem ich in meinen Jahren als 1. Sekretär des Zentralrates der FDJ engen Kontakt hatte und der mir seinerzeit die befreiende Wirkung der Politik Andropows geschildert hatte — fielen bei Nina Andrejewa und prompt auch bei uns in Ungnade. Ich befand mich in diesem Zusammenhang fast täglich in einem großen Zwiespalt. Einerseits hatte ich gegenüber den sowjetischen Genossen längst meine positive Einstellung zum Gorbatschow-Kurs deutlich gemacht, andererseits riskierte ich aber nicht eine volle Konfrontation mit Erich Honecker und seiner Gruppe in dieser äußerst sensiblen Frage.

Besonders wichtig war Erich Honecker das Zurechtrücken des — wie er fand — zu negativen Stalin-Bildes. Deshalb wird er verständnisvoll genickt haben, als Nina Andrejewa ein sehr lang geratenes Zitat Churchills über Stalin in ihren Artikel montierte. Es lautete wie folgt: »Er war eine herausragende Persönlichkeit, die in unserer rauhen Zeit, in der Periode, in der sein Leben verlief, imponierte. Stalin war ein außergewöhnlich energischer, belesener und äußerst willensstarker Mann, heftig, schroff, schonungslos in der Sache wie im Gespräch, dem selbst ich, der ich im englischen Parlament groß geworden bin, nichts entgegenzusetzen vermochte ... In seinen Werken spürte man eine hünenhafte Kraft. Stalins Kraft war so groß, daß er unter den Führern aller Völker und Zeiten nicht seinesgleichen kennt ... Die Menschen konnten seinem Einfluß nicht widerstehen. Als er den Raum der Konferenz von Jalta betrat, erhoben wir uns alle, buchstäblich wie auf Kommando. Und, so seltsam es ist, wir legten die Hände an die Hosennaht. Stalin besaß einen tiefschürfenden, gründlichen und logischen Verstand. Er war ein unübertroffener Meister darin, in schweren Momenten einen Ausweg aus der ausweglosesten Lage zu finden ... Er war ein Mann, der seinen Feind mit den Händen seiner Feinde vernichtete, der uns, die er offen Imperialisten nannte, zwang, gegen Imperialisten zu kämpfen. Er übernahm das Rußland des Hakenpflugs und hinterließ es im Besitze der Atomwaffe.« Und auch Nina Andrejewas Schlußfolgerung war wohl mit der Erich Honeckers identisch: »Mit Heuchelei oder politischem Opportunismus läßt sich diese anerkennende Beurteilung aus der Feder eines wahren Wächters des Britischen Imperiums nicht erklären.« Was aber hatte diese Charakterisierung Stalins mit seiner wirklichen Rolle in der Geschichte zu tun? Was sagte sie über die Tragik des jedermann bekannten verhängnisvollen Widerspruchs zwischen väterlicher Führerfigur und Tyrann?

Nein, Erich Honeckers Hingezogenheit zu den Ideen Nina Andrejewas ist nur aus seinem Geschichtsbild zu erklären. Ebenso verhält es sich mit dem von Erich Honecker veranlaßten und von dem völlig ahnungslosen DDR-Postminister verkündeten Verbot der sowjetischen Zeitschrift »Sputnik«. Das in der DDR sehr beliebte und nach der Wende bei uns wieder zugelassene Magazin hatte unter dem Titel »Hätte es ohne Stalin Hitler gegeben?« einen Artikel veröffentlicht, der in den Augen Erich Honeckers die Beziehungen zwischen der UdSSR und der DDR belastete.

Woher rührte dieses Stalin-Bild Erich Honeckers?

Nach dem XX. Parteitag der KPdSU im Jahre 1956, einem bedeutenden Einschnitt in der Geschichte der internationalen kommunistischen und Arbeiterbewegung, der ersten öffentlichen Abrechnung mit dem Stalinismus, hatte sich die Parteiführung der SED den Schlußfolgerungen der KPdSU zwar angeschlossen, grenzte aber die Diskussion in der Partei darüber von vornherein ein. Die von den sowjetischen Genossen gegebenen Einschätzungen wurden mit der völlig unzutreffenden Feststellung verbunden, es habe in der DDR keinen Personenkult um Führer gegeben. Sicher haben wir hier — soweit wir dies heute wissen — keine so maßlosen Verletzungen der innerparteilichen Demokratie und der politischen Gesetzlichkeit erlebt, wie das in anderen sozialistischen Ländern der Fall war. Die SED blutete nicht aus wie ihre sowjetische Schwesterpartei. Bei uns gab es weder einen Slánský-Prozeß noch eine Rajk-Affäre. Wie wir heute wissen, haben daran Genossen wie Wilhelm Pieck und Walter Ulbricht bedeutenden Anteil. Dennoch harren auch bei uns noch Vorgänge der damaligen Zeit einer vollständigen Aufklärung. Eine Reihe von Genossen, die unter falscher Anschuldigung verhaftet und gemaßregelt wurden, sind bereits öffentlich rehabilitiert. Diese mit dem XX. Parteitag der KPdSU eingeleitete Abrechnung mit stalinistischer Vergangenheit war eine Zeit, über die Erich Honecker immer hinwegging, indem er sagte: Damit hat sich die SED auf ihrer 3. Parteikonferenz im Jahre 1956 beschäftigt. Dabei ließ er außer Betracht, wie wenig tiefgründig die damaligen Schlußfolgerungen für unsere Partei waren und wie verhängnisvoll sich das auf die spätere innerparteiliche Entwicklung der SED und das Klima in unserem Lande auswirken sollte.

Das Abblocken jeder Fehlerdiskussion verhinderte bis in den Herbst des Jahres 1989 hinein eine wissenschaftliche, marxistische Aufarbeitung der Wurzeln und Ursachen jener Entstellungen des Sozialismus, die sich bei uns abzeichneten. Alternative Sozialismusvorstellungen, wie sie Mitte der fünfziger und der sechziger Jahre in einigen sozialistischen Ländern laut wurden, galten ebenso als verdammenswerte Abweichungen von der »reinen Lehre« wie die kritischen Worte und andersartigen Gesellschaftsideen kommunistischer Parteien Westeuropas. Systemgefährdende innere Probleme wurden schlichtweg auf Einflüsse des äußeren Klassenfeindes im Bunde mit der inneren Konterrevolution zurückgeführt.

Der Machtapparat verselbständigte sich. Die Parteiführung erhob den Anspruch auf Lenkung aller Prozesse. In der Partei selbst wurde die offene Diskussion unter Hinweis auf den fast inhaltsleer gewordenen Begriff der Einheit und Geschlossenheit eingeengt. Als Kennzeichen von Klassenbewußtsein galt nicht etwa, wie einst, Vertrauen in die Partei oder die geschichtsgestaltende Kraft der Arbeiterklasse, sondern — welch eine tragische Verkürzung! — Vertrauen in die Führung der Partei.

Mehr und mehr hatte sich der Staatsapparat in einen ausführenden Arm der SED verwandelt. Das Politbüro, eigentlich ein Organ des Zentralkomitees und diesem rechenschaftspflichtig, degradierte das ZK zu einem Zustimmungsgremium absolut Gleichdenkender. Warum, in aller Teufel Namen, haben wir das zugelassen? Das Fehlen einer demokratischen Kontrolle in Ökonomie, Politik, Medien- und Öffentlichkeitsarbeit, ja selbst in der Justiz brachte immer mehr Subjektivismus, Unfähigkeit zur Selbstkorrektur und zu notwendigen inneren Reformen hervor. Problemverdrängung war an der Tagesordnung. Dieses Klima setzte der Kreativität und der Individualität vieler Menschen Grenzen, führte zu Opportunismus, Passivität, Resignation — und das selbst bei Genossen, die eine solche Allmacht genauso zu spüren bekamen wie die wachsende Schar Oppositioneller, die sich nicht in der anerkannten Landschaft von Parteien und gesellschaftlichen Organisationen bewegten.

Der erzwungene Konformismus, der Dogmatismus in Wissenschaft und Kultur, der einen bedauernswerten Exodus unter der wissenschaftlichen und künstlerischen Intelligenz unseres Landes bewirkte, hatten schlimmste Auswirkungen auf das Leben und die Moral der Gesellschaft.

Rosa Luxemburg hatte frühzeitig vor Gefahren innerhalb der revolutionären Bewegung gewarnt, wenn »einige Dutzend Parteiführer es dirigieren und regieren ... Und eine Elite der Arbeiterschaft wird von Zeit zu Zeit zu Versammlungen aufgeboten, um den Reden der Führer Beifall zu klatschen«. Sie nannte dies »eine Cliquenwirtschaft — eine Diktatur allerdings, aber nicht die Diktatur des Proletariats, sondern die Diktatur einer Handvoll Politiker«.

Ich muß mich fragen lassen, warum wir solche geschichtlichen Warnungen unbeachtet ließen. Für all das habe ich die Mitverantwortung übernommen. Spätere Einsichten sind nur eine vage Entschuldigung für ein allzu langes Stillschweigen zuvor. Aber ich habe mich, wenn auch zu spät, zum Handeln entschlossen. Ich wußte, wieviel für die Zukunft unseres Landes von einer Überwindung jener Erstarrung abhing, in die unsere Gesellschaft geraten war.

Was ist mit der Ära Honecker zu Ende gegangen?

Ich greife meinen zu Beginn geäußerten Gedanken auf: Gescheitert ist der äußerst widerspruchsvolle Versuch, ein glaubwürdiges Sozialismus-Modell, eine Gesellschaft mit mehr sozialer und individueller Freiheit, mit einem höheren Wohlstand für das ganze Volk zu schaffen. Er ist — darüber habe ich inzwischen viel nachgedacht — gescheitert an seiner stalinistischen und poststalinistischen Konstruktion.

Er ist gescheitert durch die Bindung an ein besonderes System von »Sozialismus«, das sich nach Lenins Tod in der Sowjetunion herausgebildet hatte. Erich Honecker ist mit ihm groß geworden, er hat es geistig nie verlassen oder besser: nie mehr verlassen können. Er ist durch dieses System so geprägt gewesen, daß er nichts anderes prägen konnte. Und doch hat er unser Land geliebt und bei allen Fehlern und bei aller subjektiven Schuld, die auf ihm lastet und die wir auch bei uns suchen müssen, nicht wenig für all das getan, was die DDR an Positivem in eine gemeinsame deutsche Zukunft einzubringen hat.

Deshalb macht es mich traurig, wie in unserem Land jetzt mit ihm umgegangen wird. Nach einer erneuten schweren Krebsoperation in der Urologischen Klinik der Charité wurde er am 29. Januar, einem Montagmorgen um sieben Uhr, durch Vertreter der Staatsanwaltschaft und der Kriminalpolizei am Krankenhausportal abgeholt und in die Untersuchungshaftanstalt Berlin-Rummelsburg gebracht. Er hatte sich nur kurz von seiner Frau Margot und anderen Familienmitgliedern verabschieden können. Und selbst das mußte unter den entwürdigenden Blitzlichtern der Sensationspresse geschehen.

Zunächst setzte sich die Staatsanwaltschaft, die den siebenundsiebzigährigen wegen Hochverrats, Amtsmißbrauchs und Korruption vor Gericht stellen will, über die Attestierung der Haftunfähigkeit durch Erich Honeckers behandelnden Arzt, Klinikdirektor Professor Dr. Peter Althaus, hinweg. Der mit Erich Honeckers Verteidigung beauftragte bekannte Rechtsanwalt, Professor Dr. Wolfgang Vogel, beantragte Haftverschonung, die am nächsten Tag gewährt wurde. Professor Althaus sagte vor der Presse, Erich Honecker sei sehr bedrückt gewesen. Es falle ihm schwer, die gegenwärtigen Ereignisse zu verarbeiten. Sein geistiger Zustand sei aufgrund der Operation angegriffen, wozu auch Durchblutungsstörungen beitragen würden.

Ferner teilte Professor Althaus mit, eine entsprechende »Ärztliche Stellungnahme« sei bereits am 27. Januar, d. h. zwei Tage vor Erich Honeckers Entlassung aus dem Krankenhaus, durch Rechtsanwalt Professor Vogel dem Generalstaatsanwalt übergeben worden. Bis zum Sonntag abend hätte zudem noch die Möglichkeit bestanden, Erich Honecker in die von der evangelischen Kirche geleiteten Hoffnungstaler Anstalten zur Betreuung zu überweisen. Aber der Bitte von Professor Althaus, von einer Inhaftierung Abstand zu nehmen, entsprach der Generalstaatsanwalt nicht, sondern begründete am selben Montag den Haftantrag gegen Erich Honecker nochmals vor der Volkskammer. Auf Anfragen, wie es sich mit dem Antrag auf Haftverschonung verhalte, antwortete er, er könne das verantworten, er habe sich auch international kundig gemacht. Am nächsten Tag setzten die zuständigen Richter durch, daß den ärztlichen Gutachten und Empfehlungen gefolgt wurde, was schon kaum noch jemand für möglich gehalten hatte.

Erich Honecker und seine Frau wurden von Pastor Uwe Holmer, dem Leiter der Hoffnungstaler Anstalten in Lobetal, Kreis Bernau, privat in das Pfarrhaus aufgenommen. Als Obdachlose, denn was Vertreter der evangelischen Kirchenleitung mit Bitternis gesagt hatten, traf zu: Es ist ein Trauerspiel, daß diejenigen, die diesem Mann vor wenigen Monaten noch zugejubelt haben, nicht in der Lage waren, ihm wenigstens ein Dach über dem Kopf zu schaffen. Auch ich habe das als beschämende Kleingeistigkeit empfunden. Ich glaube, die zivilisierte Welt hat darüber nur den Kopf geschüttelt. Das hatte ein Land, das zu demokratischen, humanen Zielen aufgebrochen war, nicht nötig.

Um so menschlicher war die Haltung der evangelischen Kirche, die sich wegen ihrer humanen Geste zwar auch scharfen Anfeindungen ausgesetzt sah, von der Mehrheit der Bevölkerung jedoch in ihrem Anliegen verstanden wurde. Auch ich habe für die Entscheidung der Kirche Dankbarkeit empfunden.

Pastor Uwe Holmer hat in einem Rundschreiben an die Freunde der Hoffnungstaler Anstalten über die kirchlichen Motive zur Aufnahme des Ehepaars Honecker informiert. Als ich das Schreiben las, dachte ich: Wieder ist es die Kirche, die uns eine Toleranz lehrt, zu der wir Kommunisten nicht fähig waren.

Die Erklärung Pastor Holmers hatte folgenden Wortlaut: »Sicher haben Sie auch erfahren, daß seit einiger Zeit Erich Honecker und seine Frau bei uns wohnen. Es ist uns darüber manches Verwundern, Befremden und Ärger zum Ausdruck gebracht worden, bis hin zu Äußerungen des Hasses, aber auch Verstehen und Ermutigung. Wir möchten deshalb unsere Entscheidung Ihnen als unseren Freunden gern etwas verständlicher machen:

— Wir sind um die Aufnahme gebeten worden durch unsere Kirchenleitung. Sie teilte uns mit, daß es den staatlichen Behörden nicht möglich war, das Ehepaar in ihrem Bereich unterzubringen.

— Mit der Aufnahme bei uns greifen wir in keiner Weise in das juristische Verfahren gegen Herrn Honecker ein und treffen auch kein Urteil über ihn. Das steht dem Gericht zu.

— Erich Honecker hat ab 31. 1. 1990, dem Tag, an dem er Wandlitz verlassen mußte, kein Zuhause mehr, ist also obdachlos. Außerdem ist er nach zwei schweren Operationen krank und 77 Jahre alt. Damit ist er ein hilfsbedürftiger Mensch.

— In Lobetal steht eine Nachbildung Jesu Christi, wie Er die Menschen einlädt und ihnen zuruft: ›Kommet her zu mir alle, die ihr mühselig und beladen seid. Ich will euch erquicken.‹ Pastor v. Bodelschwingh hat diese Plastik aufstellen lassen und seinen Mitarbeitern zugerufen: ›Daß ihr mir keinen abweist.‹ Wir sind von unserem Herrn aufgefordert, Ihm nachzufolgen und uns all derer anzunehmen, die mühselig und beladen sind — seelisch und körperlich —, besonders aber derer, die obdachlos sind. Wir sehen uns zu dieser Entscheidung aber auch verpflichtet durch Jesu Vorbild im Blick auf Seine Einkehr bei dem Zöllner Zachäus, durch Sein Gebot der Feindesliebe und dadurch, daß Er uns angeleitet hat zu beten: ›Vergib uns unsere Schuld, wie wir vergeben unseren Schuldigern.‹ Das beten wir jeden Sonntag. Wir sind überzeugt, diese Anweisung Jesu für Seine Jünger ist auch für uns verbindlich. Wir wollen ja nicht nur christliche Reden führen, sondern auch nach Jesu Vorbild handeln.

— Es geht durch die Aufnahme bei uns niemandem ein Pflegeplatz verloren oder eine Wohnung, die wir für einen Pfleger verwenden könnten. Honeckers sind bei uns privat untergebracht worden. Doch wird diese Entscheidung von den leitenden Mitarbeitern Lobetals und von der Mehrheit unserer Bewohner mitgetragen.

— Unsere Familie hat diesen Schritt nicht getan aus Sympathie mit dem alten Regierungssystem. Von unseren 10 Kindern haben wir für 8 einen Antrag auf den Besuch der Erweiterten Oberschule gestellt. Keines von ihnen wurde angenommen trotz guter und bester Zensuren. Wir haben jedoch darüber keine Bitterkeit im Herzen, da wir in der Nachfolge unseres Herrn wirklich vergeben haben. Auch haben wir erlebt, daß Gott unsere Kinder auch ohne Abitur freundlich geführt hat.

– Bewegend, z. T. erschreckend ist es für uns, wie haßerfüllt manche Menschen reagieren. Wir halten das für keine gute Ausgangsbasis für einen Neuanfang in unserem Volk. Wir möchten Mut machen zu neuem Denken, ja zu bewußter Liebe.

– Meine Frau und ich halten es für eine verkehrte Sicht der Dinge, wenn jetzt alle Schwächen, alle Fehler und alle Verbrechen der vergangenen Epoche auf einen Menschen geworfen werden. Meine Frau kam oftmals von Elternversammlungen der Schule ganz verzagt zurück und sagte: ›Ich war wieder mal die einzige, die Kritisches gesagt hat. Einige Linientreue fielen über mich her. Die Mehrheit hat geschwiegen.‹ Wenn wir nicht lernen, die Schuld jeder bei sich zu suchen, werden wir die Vergangenheit nicht bewältigen. Nicht nur Wende, sondern Umkehr ist angesagt. Für Christen heißt das Buße über unser Versagen, ob nun im Blick auf Jugendweihe, Waffentragen, Wahl o. ä. Auch ich spreche mich nicht frei von jeglicher Kompromißbereitschaft. Und Neuorientierung ist angesagt, für uns Christen Orientierung nach dem Willen Gottes. Nichtchristen können vielleicht doch auch den Weg der Liebe und Versöhnung mitgehen, um das Gift des Hasses aus unserem Volke auszustoßen.

– Wir sind überzeugt: Es ist für uns wichtig, daß wir in echter demokratischer Grundhaltung die Überzeugung des anderen respektieren, auch wenn sie unserer eigenen entgegensteht. Wir erbitten von unseren Mitbürgern diese demokratische Entscheidung, ja wir erbitten Versöhnung, Menschlichkeit und Güte.

Ich merke, meine ›Erklärung‹ ist nun fast ein ›Aufruf‹ geworden. Halten Sie es bitte meiner Engagiertheit zugute und meiner Überzeugung, daß es nicht nur und nicht vor allem um Herrn Erich Honecker geht, sondern um uns alle, um Sie und mich und unser Volk.«

So war die Ära Honecker zu Ende gegangen. Aber sein persönliches Schicksal und das vieler anderer Genossen schwebt wie eine bange Frage über dem neuen Land: Sind wir fähig zur ganzen Gerechtigkeit?

3.

DAS WANDLITZ-SYNDROM

Nördlich von Berlin, eine halbe Autostunde vom Zentrum der Hauptstadt entfernt, liegt die kleine Gemeinde Wandlitz. Sie gehört zum Kreis Bernau im Bezirk Frankfurt/Oder. Ich weiß nicht, ob die Wandlitzer die abgeschirmte Waldsiedlung, in der seit 1960 die Mitglieder und Kandidaten des Politbüros wohnten — oder besser: zu wohnen hatten —, als Teil ihres Ortes anerkannten. Allzu fremd und unwirklich muß ihnen das Leben erschienen sein, das die »Volvograder«, die sich in der eigentlichen Ortschaft kaum sehen ließen, hinter den Mauern führten. In Abwandlung des russischen Städtenamens Wolgograd war der Spitzname »Volvograd« entstanden, als man in der Parteiführung die Entscheidung getroffen hatte, statt der benzinfressenden sowjetischen Limousinen vom Typ »Tschaika« die wirtschaftlicheren, aber eben aus dem westlichen Schweden stammenden Volvos als Dienstwagen für das Politbüro einzuführen. Ich sah: Die Wandlitzer lebten ihr Leben und die »Volvograder« das ihrige. Sie wußten wenig voneinander. Und das war, setzt man dieses Mikroklima ins Verhältnis zu den Vorgängen im Lande, das eigentliche Problem.

Die Wandlitzer Waldsiedlung, in der auch ich neun Jahre lang gewohnt habe, war zu einem geheimnisumwitterten Symbol der Realitätsferne, zu einem Symbol für die Abgeschiedenheit der Partei- und Staatsführung vom Volk und seinen Problemen geworden. Mehrere typische Symptome für das Krankheitsbild der Gesellschaft vereinigten sich hier zu dem, was ich als das Wandlitz-Syndrom bezeichnen möchte.

Darüber zu schreiben fällt mir schwer. Aus welchen Gründen nur hatte ich zu diesem Leben geschwiegen? War es Feigheit oder einfach Gewöhnung, die bessere Einsichten verdrängte? Vielleicht kam beides zusammen. Aber dieses Schweigen belastet mich heute sehr. Ich hätte Wandlitz als Warnzeichen erkennen und in der Parteiführung kritisch in Frage stellen müssen.

Gewiß könnte ich mir zugute halten, daß ich mich vier Jahre lang erfolgreich vor einem Umzug nach Wandlitz gedrückt hatte. Dabei gab es einen Beschluß, gefaßt am 31. Mai 1960, der festlegte, daß die in Berlin tätigen Mitglieder und Kandidaten des Politbüros in der Waldsiedlung zu wohnen hatten.

Ich war — noch in meiner früheren Funktion als 1. Sekretär des Zentralrates der FDJ — auf dem IX. Parteitag der SED zum Kandidaten des Politbüros gewählt worden. Mag sein, daß man bei mir als Jugendfunktionär ein Auge zudrückte; mag sein, daß ich im Unterschied zu anderen niemals auch nur leise gefragt hatte, wie es denn nun nach der Wahl ins Politbüro mit einem Häuschen in der Waldsiedlung sei. Ich wohnte jedenfalls bis 1980 im Salvador-Allende-Viertel in Berlin-Köpenick. Dort beteiligte ich mich, sooft es meine Zeit erlaubte, an den Unternehmungen der Hausgemeinschaft, ging auch selbst mal einkaufen; jedenfalls joggte ich jeden Morgen ab 5.45 Uhr in den Wäldern rund um den Müggelsee.

Das Wichtigste: Ich lebte mitten unter den Leuten, gewann ein sichereres Gefühl für deren Alltagssorgen und kannte die Bürde elitärer Abgeschiedenheit eigentlich nicht. Als ich 1980 umzog, hätte ich diesen Schritt vielleicht noch etwas hinauszögern können. Später, als ich Mitglied des Politbüros und Sekretär des Zentralkomitees geworden war, wäre eine solche Ausnahme undenkbar gewesen. Es war grundsätzlich nicht üblich, daß man sich in einer solchen Funktion außerhalb der wohlkontrollierten Mauern niederließ.

Mit dem Bau der Wandlitz-Siedlung hatte man Ende der fünfziger Jahre begonnen. Bis dahin hatten die Spitzenpolitiker der SED und der Regierung im sogenannten »Städtchen« gewohnt, einem kleinen an das Schloß Niederschönhausen angrenzenden Wohnviertel in Pankow, das man nur mit speziellem Ausweis betreten und befahren durfte. Dieses kleine Karree um den Majakowskiring war in den Jahren des Kalten Krieges im Westen ein vielbenutztes Schlagwort. Pankow war das Synonym für »ostdeutsches Machtzentrum« geworden. Es wimmelte nur so von »Pankower Spitzbärten«, »Pankower Unrechtsentscheidungen«, »Pankower Machenschaften«. Pankow war das »mitteldeutsche Reich des Bösen«, um Reagans späteres »Synonym« für Sowjetunion abzuwandeln.

Die Metapher »Pankow« hielt sich lange. Selbst als dieses tadellos gepflegte Viertel der Öffentlichkeit schon zugänglich war und Wandlitz in die Schlagzeilen geriet, war Pankow noch »in«. Udo Lindenberg ließ seinen berühmten »Sonderzug« dorthin fahren und stellte sich einen Erich Honecker in Pankow vor, der in abgeschabter Lederjacke Hits des Altmeisters deutscher Rockkultur nachträllerte.

Das Wandlitzer Separatviertel war in erster Linie aus Sicherheitsgründen angelegt worden. Dazu muß man sich die damalige politische Situation vergegenwärtigen. Berlin war vor dem 13. August 1961, also mitten in der Zeit des Kalten Krieges, eine offene Stadt. Die Vorgänge um den 17. Juni 1953, die wir lange Zeit als »konterrevolutionäre Umtriebe« abtaten, aber nicht wirklich in ihren politischen und sozialen Hintergründen analysierten (für mein Verständnis der Vorgänge war Stefan Heyms Roman »Fünf Tage im Juni« ein Schlüsselerlebnis), hatten verschärfte Sicherheitsvorstellungen für Spitzenpolitiker der DDR zur Folge. Schließlich war der Vorsitzende der DDR-CDU und Stellvertretende Ministerpräsident, Otto Nuschke, an der Oberbaumbrücke aus seinem Dienstwagen nach Westberlin entführt und erst nach Protesten der DDR und der UdSSR zwei Tage später wieder freigelassen worden.

Die Ereignisse 1956 in Ungarn waren für die politische Führung erneut Anlaß, über ihre Sicherheit nachzudenken. Ich weiß, daß der Beschluß zum Umzug nach Wandlitz von einigen Politbüromitgliedern als lästiger Eingriff der politischen Sicherheitsdoktrin in ihr persönliches Leben aufgefaßt wurde. So hörte ich von Genossen wie Hermann Matern, Paul Verner oder auch Albert Norden oft, daß sie nur äußerst ungern von Pankow nach Wandlitz umgezogen waren. Aber wie auch bei allen anderen Dingen innerhalb unserer Partei galt selbst im persönlichen Leben: Beschluß ist eben Beschluß.

Das Schlimmste in Wandlitz war die Mauer, die das Städtchen vor den Augen der Bevölkerung verbarg. Ich habe sie beim Joggen jeden Morgen vor Augen gehabt. Sie war schätzungsweise 5 bis 6 Kilometer lang, grün angestrichen und wurde von Soldaten des Wachregiments »Felix Dzershinski« bewacht. Diese Mauer gab mir ein Gefühl der Einengung, des Kontaktverlustes, ja der Einsamkeit, wenn ich Zeit hatte, darüber nachzudenken. Andererseits: Wann war ich denn, nach einem 14- oder 18-Stunden-Tag, wirklich in diesen Mauern? Bestenfalls am Wochenende, denn ich hatte keine Datsche, und werktags war Wandlitz für mich nur der Ort, wo ich schlief.

Diese Abriegelung von der Außenwelt ließ die Phantasie der Leute, die auf der Chaussee vorüberfuhren, aufblühen. Ich verstehe das gut, denn wo ein Einblick fehlt, gedeiht Spekulation. Da redete man von kostenlosen »Einkäufen« und Freizügigkeitskonten der Politbüromitglieder. Ich kann dazu nur sagen: Wir haben ein solches Konto nie gehabt. Und ich verdiente exakt 5500,— Mark. Was wir kauften, bezahlten wir in Mark der DDR, auch wenn der »Laden«, von dem ich noch sprechen werde, ein trübes Kapitel meiner Wandlitz-Erfahrungen ist. Natürlich gab es keine vergoldeten Badewannen. Und wir hatten auch keine familieneigenen Swimmingpools, wie oft behauptet wurde. Aber solche Vorstellungen entstehen halt, wo sich eine Führung verriegelt und verrammelt. Tatsächlich gab es einen medizinischen, einen gastronomischen und einen Freizeit-Komplex, der allen Politbüromitgliedern und ihren Familien offenstand.

Als die »Aktuelle Kamera« und danach Fernsehstationen der BRD Bilder aus der inzwischen geöffneten Wandlitz-Siedlung ausstrahlten, gingen die Meinungen über das Gesehene auseinander. Ich hatte schon früher beobachtet, daß Freunde, die uns im »Innenring« von Wandlitz zum ersten Mal besuchten, zumeist überrascht waren. Sie hatten sich offensichtlich etwas Prächtigeres vorgestellt.

Andererseits verglichen viele DDR-Bürger die Fernsehbilder mit ihren Wohnbedingungen — und da gab es trotz Wohnungsbauprogramm leider noch sehr schlimme Verhältnisse.

Im Alltag unserer Wandlitzer Siedlung war eines besonders belastend: die Kontaktarmut ihrer Bewohner.

Der erste, der mich auf dieses Problem aufmerksam gemacht hatte, war Horst Sindermann gewesen. Bald nach meiner Ankunft in Wandlitz lud er mich auf seine Datsche ein. Er versuchte, mir den Besuch schmackhaft zu machen. Dort gebe es einen schönen See, mein Sohn könne Wasserski laufen, und wir hätten Gelegenheit, über manches zu reden. Ich nahm diese vielversprechende Einladung natürlich an, wunderte mich aber, daß ihr nie ein konkreter Termin folgte. Erst viele Monate später sagte Horst Sindermann eher beiläufig: »Weißt du, Egon, es ist besser, du kommst nicht zu mir. Erich Honecker ist zu mißtrauisch.« Das war absoluter Klartext, und ich fragte mich, warum ein erfahrener, tapferer Genosse wie er sich so leicht mit dieser Gängelei abfand. Aber auch ich nahm sie schon bald hin und löste mich davon erst sehr spät.

Erich Honecker selbst pflegte eine feste Freundschaft — mit Günter Mittag. Es war eine Beziehung, die vielen von uns im Politbüro unheimlich war. Der Generalsekretär, selbst kein versierter Ökonom, verließ sich blindlings auf das wirtschaftspolitische Kalkül Mittags. Möglicherweise ahnte er, daß ihm nicht immer reiner Wein eingeschenkt wurde. Aber er ließ sich nichts anmerken. Im Gegenteil, er stützte Mittag bei jeder Gelegenheit und negierte gegen Ende seiner Amtszeit — wohl aus Angst vor einem bösen Erwachen — alle Mahnungen zu mehr Kontrolle gegenüber seinem Wirtschaftssekretär.

Mittag, der bereits 1962, mit fünfunddreißig Jahren, zum Kandidaten des Politbüros und Sekretär des ZK gewählt wurde und vier Jahre später dem Politbüro bereits als Vollmitglied angehörte, besaß zweifellos ein beachtliches politisches Talent. Der Diplomwirtschaftler hatte sich seit 1951 als Mitarbeiter des ZK erste Sporen verdient.

Als auf dem VI. Parteitag der SED 1963 das sogenannte »Neue Ökonomische System der Planung und Leitung der Volkswirtschaft« angenommen wurde, trug es in wichtigen Grundzügen seine Handschrift. Günter Mittag blieb viele Jahre eine wesentliche Stütze Walter Ulbrichts. Als er in der ersten Hälfte der siebziger Jahre Erster Stellvertreter des Ministerratsvorsitzenden wurde, nannten viele diese Zeit »Mittagspause« und dachten später wehmütig: Ach, wäre sie doch bloß länger ausgefallen! Schon in der Zeit Walter Ulbrichts begann das Unglück falscher Beratung durch Günter Mittag. Es setzte sich fort, als Erich Honecker den Ökonomen Mittag wieder in die Funktion des Wirtschaftssekretärs der Partei zurückholte.

In dem Maße, wie Erich Honecker blindes Vertrauen in Mittag setzte, wuchs dessen Eitelkeit. Er war geradezu darauf versessen, Erich Honeckers Musterschüler in der Politbürobank zu sein. Günter Mittags Tagesform hing nicht selten davon ab, ob er vom Generalsekretär angerufen oder zu Absprachen eingeladen wurde. War das nicht der Fall, konnte er im Umgang mit anderen ungenießbar sein.

Mittwoch nachmittags und an einem Tag des Wochenendes gingen Erich Honecker und Günter Mittag für gewöhnlich in der Schorfheide jagen. In den letzten Jahren dieser Männerfreundschaft fuhr man an einem Wochenende auch nach Drewitz, um dort Hirsche zu erlegen.

Damit man mich nicht falsch versteht: Was hätte ich gegen eine solche Freundschaft haben sollen, der ich mir doch selbst viel mehr Kontakt unter meinen Mitstreitern im Politbüro wünschte, ein freundschaftliches Klima wie zu meiner FDJ-Zeit? Nichts, wenn nicht aus der engen Verbindung von Erich Honecker und Günter Mittag jene Fraktionsbildung entstanden wäre, die der Generalsekretär bei uns anderen unterbinden wollte. Bei gemeinsamen Zusammenkünften wurden viele Fragen vorbesprochen und vorentschieden, die auf den folgenden Sitzungen des Politbüros oder des Sekretariats behandelt werden sollten. Am Verhalten Günter Mittags anderen gegenüber konnte man ablesen, wer gerade in der Gunst oder Mißgunst des Generalsekretärs stand. Es fiel mir schwer zu begreifen, weshalb zwei so unterschiedliche Charaktere zusammenhielten wie Pech und Schwefel, und ich finde auch heute noch keine Erklärung dafür. Als ich später, in meiner Eigenschaft als Generalsekretär des ZK der SED, einmal mit Erich Honecker sprach, fragte ich ihn, ob er wenigstens jetzt einsehe, daß sein persönliches Unglück eng mit Günter Mittag verknüpft sei. Erich Honecker schwieg nur dazu.

Wenn ich aus heutiger Sicht die Wandlitz-Zeit betrachte, so denke ich auch an die Verkaufsstelle im »Innenring« der Siedlung. Ebenso wie die grüne mannshohe Mauer trennte uns dieser Laden von den Leuten »draußen«. Offiziell hieß es, daß hier Waren gehobenen Niveaus angeboten würden, die dem im Lande für DDR-Mark erhältlichen Delikat- und Exquisitprogramm entsprechen sollten. Wahr ist aber, daß auch viele Erzeugnisse westlicher Produktion, extra importiert, verkauft wurden. Die waren für DDR-Mark ansonsten nirgendwo zu haben. Hier liegt die doppelte Moral, von der auch ich mich nicht freisprechen kann. Wir kauften, was angeboten wurde, und fanden schon fast normal, was dem Normalstandard im Lande keineswegs entsprach. Während die meisten in Wandlitz wohnenden Familien wohl ausschließlich für ihren Eigenbedarf kauften, mißbrauchten einige Familienangehörige, die von außerhalb zu Besuch kamen, die Einkaufsmöglichkeiten, um sich und einen breiteren Kreis von Freunden und Bekannten zu versorgen.

Das Verheerendste aber war wohl, daß dieser Laden vielen von uns den Blick für die reale Versorgungslage in der DDR versperrte. Wer jahrzehntelang bevorzugt einkaufte, der hatte einfach nicht mehr das notwendige Gespür für die tatsächlichen Lebensbedingungen des Volkes »draußen«.

Nach meiner Wahl zum Generalsekretär habe ich mich dieser Sache angenommen. Am 7. November, unmittelbar vor der 10. ZK-Tagung, hat das Politbüro auf meine Anregung hin das in der DDR übliche Warenangebot auch für diese Verkaufsstelle festgelegt.

Kaum glaubte ich, das Problem Wandlitz-Versorgung geklärt zu haben — inzwischen hatten Vertreter der DDR-Medien die Siedlung besucht und sich ein Urteil gebildet —, da platzte eine neue Bombe. Mitarbeiter der Außenhandelsgesellschaft FORUM aus Bohnsdorf hatten die Öffentlichkeit darauf aufmerksam gemacht, daß in Nacht-und-Nebel-Aktionen bestimmte Waren aus den Wandlitzer Regalen verschwunden und anderswo eingelagert worden waren. Das hieß: Das der Presse vorgeführte Sortiment war nicht mit dem identisch, was sonst in der Verkaufsstelle angeboten worden war. Wie sollte man sich da nicht die Haare raufen! Ich finde für diese Täuschung der Öffentlichkeit keine andere Erklärung, als daß gewisse Kreise versuchten, die Politik der neuen Führung und den Generalsekretär, der diese Politik vertrat, in Mißkredit zu bringen. Dieser Versuch ist geglückt, denn noch heute werde ich gefragt, warum ich ein solches Täuschungsmanöver zugelassen habe. Darauf kann ich nur sagen: Ich habe von dieser Sache — wie die anderen Bürger — erst aus der Zeitung erfahren.

Hatte ich mich schon gleich nach meiner Wahl entschlossen, in Wandlitz auszuziehen, so war es allerhöchste Zeit, diesen Vorsatz wahr zu machen. Allerdings hatte ich keine Zeit, mich darum zu kümmern. Meine Frau, in solchen Sachen ohnehin resoluter als ich, nahm die Sache in die Hand und fand ein Haus am Majakowskiweg in Berlin-Niederschönhausen. Das lag zwar in dem ehemaligen Pankower »Städtchen«, von wo man einst nach Wandlitz umgezogen war, aber heute gibt es keine Absperrungen mehr. Es ist offenes Terrain, wo man unter die Leute kommt, und darum ging es mir. Innerhalb einer Woche — ich hatte das Haus noch nicht einmal besichtigt — hatte meine Frau den Umzug bewerkstelligt, und wir bezogen unser neues Heim. Das Fernsehen der DDR fand, daß dies eine Sendung wert war, und stellte meine Familie in neuer Umgebung vor.

Vielleicht sage ich es an dieser Stelle: Meiner Frau verdanke ich viel. Ohne ihr Verständnis hätte ich weder mein Studium an der KPdSU-Hochschule in Moskau absolvieren können, noch wäre es mir möglich gewesen, die zeit- und kraftraubenden Funktionen im Jugendverband, in der Partei und im Staat auszuüben. Sie ist in den vergangenen dreißig Jahren zwar stets berufstätig gewesen und widmet sich heute der Lehrerweiterbildung am Institut für Lehrerbildung in Berlin. Doch bei einem Mann, der mit ihr die Last des Haushaltes und der Kindererziehung hätte teilen können, wäre ihre berufliche Karriere gewiß noch erfolgreicher gewesen. Wenn ich heute die Tatsache, daß ich seit Monaten ohne feste Beschäftigung bin, ins Grübeln komme, ist sie es, die mich moralisch stark aufrichtet. Ein anderer Journalist, der uns kürzlich besuchte, faßte seine Meinung in die Worte: Das Beste an Egon Krenz ist seine Frau. Ich kann und will dem nicht widersprechen. Wir haben zwei Söhne. Der ältere, Torsten, ist achtundzwanzig Jahre, der jüngere, Carsten, achtzehn Jahre alt. Es freut mich immer wieder, daß sie mit beiden Beinen im Leben stehen. Torsten hat Lateinamerikanistik studiert. Carsten steht kurz vor seinem Abitur und hat den Wunsch, Journalist zu werden. Zu unserer Familie gehört Angela, unsere Schwiegertochter, die in Berlin Pädagogik studiert und einmal Lehrerin für Deutsch und Englisch werden möchte. Unsere vierjährige Enkeltochter Catharina ist der Stolz der ganzen Familie. Sie bringt Leben in unser Haus.

Daß ich auch meinen Lesern die Adresse nicht verschweige, hat damit zu tun, daß kaum eine Steigerung an Belästigung mehr möglich ist, seit sie durch die Fernsehsendung mit meiner unvorsichtigen Zustimmung ohnehin bekanntgeworden ist. Selbst die Bildzeitung hat den Bungalow gefunden. Einer ihrer Starschreiber, ein zuverlässig Andersdenkender, wollte ein neuerliches Treffen mit mir an einen anderen Ort verlegen, weil über mein Haus in Minutenabständen die Tegel-Flieger hinwegdonnern. Ich wünschte mir, weit mehr Journalisten wären ebenso geräuschempfindlich, ich hätte ein ruhigeres Leben.

Aber ich möchte auch nicht behaupten, es mißfiele mir ganz und gar, daß man meine Adresse kennt. Ich bekomme viel Post, darunter aufrichtige Briefe, die mich sehr freuen, aus denen ich in einer für mich und meine Familie sehr komplizierten psychologischen Situation Mut und Zuversicht schöpfen kann. Ein Norweger schickte mir folgenden Satz. »Ich bin Dein Freund. Du kannst an mich schreiben, wenn Du traurig ist.« Er schrieb wirklich »ist«.

Ich weiß nicht, ob man mich versteht, wenn ich sage: Als ich meine Partei- und Staatsfunktionen verlor, mußte ich alltägliche Tätigkeiten wieder neu erlernen. Beispielsweise hatte ich plötzlich keinen Dienstwagen mehr. Ich habe mich früher gern ans Steuer gesetzt, heute habe ich Angst davor und fahre lieber mit öffentlichen Verkehrsmitteln oder gehe zu Fuß. Ich hole mir selbst Briefe von der Post ab oder stehe gelegentlich in der Kaufhalle an und schippe vor dem Haus Schnee, wenn es nötig ist. Das einzige, was sich nicht geändert hat: Ich jogge immer noch an der frischen Luft. Früher im Wandlitzer Waldkarree, heute im Schloßpark gleich nebenan. Es ist schön, dabei nicht mehr die grüne mannshohe Wandlitz-Mauer neben sich zu haben. Sie ist ebenso gefallen wie die Mauer in Berlin. An beidem habe ich meinen Anteil. Ich habe gelernt: Wenn Mauern fallen, fühlen sich die Menschen, ihre alten Grenzen überschreitend, freier. Ich nehme mich in keiner Hinsicht aus.

Manchmal werde ich zu Talk-Shows oder Pressegesprächen in die Bundesrepublik eingeladen. Meistens fliege ich dann über Tegel. Ich passiere den Grenzübergang an der Wollankstraße, nicht sehr weit von meinem Wohnhaus entfernt. Die Leute sagen, die Grenzer seien heute viel freundlicher als früher. Das ist sicher richtig, denn ihre Arbeit macht ihnen unter den neuen Bedingungen offensichtlich mehr Spaß. Und die Zöllner in ihrer blaugrauen Uniform, die bald nach der Maueröffnung ihre Kontrollen verstärkten, um den Ausverkauf der DDR zu bremsen, trafen auf verständnisvolle DDR-Bürger. Meistens lächeln sie, wenn sie mir meinen blauen DDR-Paß zurückgeben. Vielleicht denken sie: Warum soll er nicht? — Schließlich war er es, der die Mauer aufgemacht hat.

Im Flieger las ich eines Tages die DDR-Morgenpresse. Da stach mir die Überschrift ins Auge: »Korruption und Amtsmißbrauch — Was kommt noch ans Tageslicht?« Dieses Problem begleitet mich überallhin. Ich war und bin betroffen vom Ausmaß dieses Betrugs an unserem Volk. In der neuen Atmosphäre der Offenheit stehen bei uns Vorgänge zur Diskussion, die für die so oft beschworenen Ideale des Sozialismus ein Schlag ins Gesicht sind. Die Verbitterung des Volkes ist verständlich. Mag es anderswo nur ein Lächeln hervorrufen, was bei uns geschah, die Leute in der DDR messen das Vorgefallene zu recht an unseren Idealen, an dem, was unsere Führung predigte, während sie...

Bis auf die Tatsache, daß ich in Wandlitz lebte, habe ich mir in dieser Hinsicht nichts vorzuwerfen. Ich hätte dadurch den Rücken frei gehabt, alle Erscheinungen von Amtsmißbrauch und persönlicher Bereicherung sofort rückhaltlos aufzudecken und bei begründetem Verdacht auf eine Verletzung des Gesetzes eine strafrechtliche Verfolgung durch den Generalstaatsanwalt anzuregen. Wenn ich dies nicht tat, so vor allem deshalb, weil ich das gesamte Ausmaß dieser Fälle zu jener Zeit nicht kannte. Ich erinnere an meine Schilderung des »Zusammenlebens« in Wandlitz. Man lud sich nie gegenseitig ein. So lernte ich z. B. kein einziges der »Freizeitobjekte« meiner Kollegen kennen, die später in den Medien vorgestellt wurden. Ich wußte auch nichts von der empörenden Tatsache, daß Günter Mittag, wie berichtet wurde, einen kleinen Betrieb verlagern ließ, um ungestörter seinen Jagdleidenschaften nachgehen zu können. Ich weiß, daß mir das viele Leute nicht glauben, dennoch ist es die Wahrheit.

Ich empfinde es als tragisch, daß viele Genossen, mit denen ich die Ablösung Erich Honeckers vorbereitet habe, die willens waren, mit mir gemeinsam ein persönliches Risiko zu tragen, in Untersuchungshaft kamen, weil ihnen Korruption und Amtsmißbrauch zur Last gelegt werden: Willi Stoph, Harry Tisch, Werner Krolikowski... Ja selbst der ehemalige Bauminister, Wolfgang Junker, der vor dem Zentralkomitee als Opfer einer unglaublichen Intrige gemaßregelt worden war. Er hatte auf Engpässe in der Zementproduktion hingewiesen. Mittag hatte diesen Beweis zentraler Wirtschaftsfehlplanung jedoch monatelang in seinem Schubfach verschwinden lassen. Als die Sache volkswirtschaftlich prekär wurde, bekam Junker die Schläge. Honecker wollte lieber den Staatsapparat zur Rechenschaft ziehen als die Partei, und die hieß in diesem Falle: Mittag.

Ich meine, wo Recht und Gesetz verletzt wurden, dort muß es eine strafrechtliche Ahndung geben. Ich wende mich aber gegen jede Vorverurteilung und gegen die Kriminalisierung politischer Irrtümer. Was wir in der DDR jetzt brauchen, sind nicht Gesinnungsprozesse, sondern ist gemeinsames Handeln. Nicht von Rache, sondern von demokratischer Rechtsstaatlichkeit sollten wir uns leiten lassen. Mit Interesse las ich dieser Tage Äußerungen von Politikern aus der BRD, die selbst für den Fall der Wiedervereinigung beider deutscher Staaten davon ausgehen, im Interesse »einer inneren Aussöhnung und des Neubeginns« keinen Gesinnungsterror zuzulassen. Die Vernunft muß jetzt schon in die Zukunft investieren. Es dürfen keine politischen Urteile gefällt werden, die es notwendig machen, in einigen Jahren erneut Menschen zu rehabilitieren. Wenn so viele Mauern gefallen sind, warum nicht auch die des Hasses und der Rache?

4.

WER ZU SPÄT KOMMT, DEN BESTRAFT DAS LEBEN

Am 6. Oktober um 10.30 Uhr war Michail Gorbatschow, begleitet von seiner Frau Raissa, in Berlin-Schönefeld gelandet. Erich und Margot Honecker empfingen die Gäste, aber die Begrüßung fiel etwas einsilbig aus. Erich Honecker sagte: »Herzlich willkommen bei uns.« Michail Gorbatschow antwortete: »Wir freuen uns, hier zu sein.« Es war übrigens ungewöhnlich, daß die Volksbildungsministerin Margot Honecker ihren Mann bei einer solchen protokollarischen Verpflichtung als Ehefrau begleitete.

Als der sowjetische Generalsekretär und seine Gattin zum XI. Parteitag der SED 1986 in der DDR zu Gast waren, fiel die Begleitung Raissa Gorbatschowas meiner Frau zu. Damals führte meine Frau sie durch die Hauptstadt, zeigte ihr die Errungenschaften unseres Landes. Ich glaube, beide verstanden sich sehr gut. Raissa Gorbatschowa war äußerst interessiert und suchte den Kontakt zu unseren Bürgern. »Sie ist eine warmherzige, hochintelligente Persönlichkeit, kennt sich in der deutschen Kunst und Literatur hervorragend aus«, sagte mir meine Frau bereits am Abend nach ihrer ersten Begegnung mit Raissa Gorbatschowa. Sie war überzeugt, daß Raissa Gorbatschowa ihrem Mann mit viel Einfühlungsvermögen zur Seite steht. Übrigens lernten wir auch bald ihre persönliche Aufmerksamkeit kennen. Wenige Tage nach ihrer Abreise schickte sie meiner Frau Bilder vom gemeinsamen Aufenthalt in der DDR mit den handgeschriebenen Worten: »Herzlichen Dank für die schönen Tage im April.«

Damals hatte sich Margot Honecker abseits gehalten. Nun waren die Zeiten anders. Erich Honecker, angeschlagen durch die Ereignisse im eigenen Land, war bestrebt, seinen Ruf als Antireformer zu korrigieren. Deshalb das doppelte Familienfoto in Schönefeld.

Als sich der Fahrzeugkonvoi mit Michail Gorbatschow und Erich Honecker in Richtung Pankow, wo die Residenz des Gastes lag, in Bewegung setzte, mußte er durch ein dichtes Spalier von Berlinern fahren, darunter auffällig viele junge Menschen. Früher waren solche »Steh-Arien« bei der Bevölkerung eine Pflichtübung und deshalb unbeliebt. Gorbatschow aber war beliebt, und deshalb war diese Begrüßung auch keine bloße Pflichterfüllung.

Gorbatschow spürte natürlich, daß er ein Heimspiel hatte. Er bemühte sich aber, Erich Honecker keinen Anlaß zur Mißdeutung seiner Freude über den herzlichen Empfang und die überschwenglichen »Gorbi-Gorbi«-Rufe zu geben. »Euer Jahrestag ist auch unser Feiertag«, sagte er und bezog die Begeisterung der Leute höflich auf den Anlaß und nicht auf seine Person. Als er, in der Residenz auf Schloß Niederschönhausen angekommen, am Begrüßungstrunk nippte, lag ein Zug von Nachdenklichkeit auf seinem Gesicht.

Tags darauf traf sich Michail Gorbatschow in jenem Saal des Schlosses, in dem heute der Runde Tisch zusammentritt, mit dem Politbüro des ZK der SED.

Vorausgegangen war ein vertrauliches Gespräch zwischen Erich Honecker und Michail Gorbatschow. Es sollte ursprünglich ein Gespräch unter vier Augen werden, aber auch hier wurde Günter Mittag hinzugezogen. Es zeigte sich wieder einmal, daß sich Erich Honecker weder auf den Ministerpräsidenten Stoph noch auf einen anderen Genossen des Politbüros stützte, sondern nur auf Günter Mittag, der Gorbatschow auch begleitete. Allerdings haben mir Freunde aus der Internationalen Abteilung berichtet, daß Gorbatschow über die Hintergründe dieser Entscheidung genau informiert war.

Bei dem anschließenden Treffen mit dem Politbüro ging von Michail Gorbatschow eine freundschaftliche Atmosphäre aus. Er sagte, daß die Gründung der DDR ein Wendepunkt in der Geschichte Europas gewesen sei und die Tatsache ihrer Existenz zur Stabilität auf dem Kontinent beitrage. Anerkennend sprach er über die ökonomischen Potenzen der DDR, die im RGW über dem Durchschnitt lägen. Sie seien das Ergebnis des Fleißes der DDR-Bürger, eine Folge der Entwicklung in Industrie, Landwirtschaft, Wissenschaft und Kultur sowie der schöpferischen Arbeit der Intelligenz. Gorbatschow ließ keinen Zweifel daran, daß die DDR von allen sozialistischen Ländern über die besten Möglichkeiten einer zeitgemäßen Umgestaltung verfügte. In diesem Zusammenhang fiel auch sein weltbekannt gewordener Satz: »Wer zu spät kommt, den bestraft das Leben.«

Er blickte dabei aufmerksam in die Runde, so als ob er testen wolle, wer ihn *wirklich* verstanden hatte. Ich las in seiner Miene, daß er über den Zustand der DDR sehr genau Bescheid wußte. Ich bin mir sicher, er war sich der Tragweite möglicher Veränderungen in der DDR für das politische Gleichgewicht in Europa bewußt. In einem Einschwenken der DDR auf den Perestroika-Kurs unter nationalen Bedingungen, auf Reformen und mehr Freizügigkeit im Sinne seiner Konzeption vom Neuen Denken sah er den einzig möglichen Weg, um der sozialistischen Revolution im östlichen deutschen Staat noch eine Perspektive zu geben.

Natürlich erfüllte Michail Gorbatschow das politische Umfeld des 40. Jahrestages der DDR, eines der wichtigsten Verbündeten der UdSSR, mit Sorge. Er hatte die Vorgänge in Ungarn, in Polen, in der Tschechoslowakei und in der DDR genau im Blick, denn diese waren ja von den Entwicklungen in der UdSSR nicht trennbar.

Im Mai waren Ungarns Grenzen nach Österreich geöffnet worden. Das hatte eine Signalwirkung für viele Menschen in den anderen sozialistischen Ländern. Im Sommer kam es zu den dramatischen Szenen mit den Flüchtlingen in den bundesdeutschen Vertretungen in Berlin, Prag, Budapest — später auch in Warschau. Sie gingen als Sensation um die Welt und waren so beschämend für unser Land. Dazu kam die Massenflucht an der österreichisch-ungarischen Grenze, später an den westlichen Übergängen der ČSSR.

Im September hatten, vor allem in Leipzig, die Protestdemonstrationen deutlich zugenommen. Oppositionsgruppen formierten sich. Rockmusiker, Liedermacher und andere Unterhaltungskünstler unseres Landes wandten sich am 18. September mit einer an Deutlichkeit nicht zu überbietenden Resolution an die Öffentlichkeit: »Wir ... sind besorgt über den augenblicklichen Zustand unseres Landes, über den massenhaften Exodus vieler Altersgenossen, über die Sinnkrise dieser gesellschaftlichen

Alternative und über die unerträgliche Ignoranz der Staats- und Parteiführung, die vorhandene Widersprüche bagatellisiert und an einem starren Kurs festhält.« Das war der »Startschuß« für eine Welle von Protestschreiben, vor allem, aber nicht ausschließlich, aus Kreisen der künstlerischen und wissenschaftlichen Intelligenz. Vereinzelt gab es Streikdrohungen in den Betrieben.

Die Zeit vor dem 40. Jahrestag gehört zu den dramatischsten und kompliziertesten Momenten in der Geschichte der SED und der DDR. Wie ein Sturzbach brachen ungelöste Probleme auf allen Gebieten des gesellschaftlichen Lebens über uns herein. Die bestehenden Konflikte wurden durch die spürbar abnehmende Handlungsfähigkeit der Parteiführung und damit auch der Regierung noch geschürt. Nie wieder, so dachte ich in der Runde mit Michail Gorbatschow, würde unsere Republik das sein, was sie noch vor kurzem gewesen war.

Gorbatschow wartete auf ein Zeichen Erich Honeckers. Doch der Generalsekretär des ZK der SED sprach über die Lage in der DDR, als sei das Land eine Insel der Glückseligen. Er erzählte von neuen Ufern, die wir erstrebten, von bedeutenden Megachips, die in der DDR entstanden seien, von Schlüsseltechnologien, die wir für die Steigerung der Arbeitsproduktivität brauchten, von sozialistischer Demokratie, die nie so gut funktioniert hätte wie heute, von einer festen Einheit und Geschlossenheit der Partei und einem engen Vertrauensverhältnis mit dem Volk. Ein Gefühl der Ohnmacht stieg in mir auf, und ich sah in den Gesichtern vieler meiner Kollegen am Tisch, daß sie sich für eine solche realitätsferne, schönfärberische Einschätzung unserer prekären Lage schämten. Gorbatschow bewegten ganz offensichtlich die gleichen Gedanken wie die meisten Mitglieder des Politbüros: Wie konnte man nur durch Starrsinn, Fehleinschätzungen und Rechthaberei die vierzigjährige Entwicklung der DDR aufs Spiel setzen? Aber wir, die es besser wußten, hielten den Mund und beruhigten uns selbst mit der im Politbüro getroffenen Entscheidung, über die Lage in der DDR nach den Feierlichkeiten zum 40. Jahrestag zu reden. Damit hinkten wir den politischen Ereignissen in der DDR hinterher, deren Eigendynamik schon bald keine Einflußnahme durch uns mehr zuließ. Die »Wende von unten« war bereits in vollem Gange. Und sie war schneller.

Die Diskussionen über Reformen in der DDR fanden zumeist unter dem Dach der evangelischen Kirche statt. Deren Würdenträger übernahmen Funktionen, die eigentlich dem Staat zugekommen wären, von ihm aber nicht wahrgenommen wurden. Pfarrer führten den Dialog mit den Bürgern. Dies wurde im Politbüro mit Mißtrauen beobachtet. Wir sahen nicht, daß sich hier viele gutwillige, dem Fortbestand der DDR wohlgesonnene Kräfte engagiert hatten, zu hartnäckig saß unser »Feindbild nach innen«. Erst jetzt, wo von so vielen Bürgern ein Ausverkauf der DDR befürchtet wird, erkennen wir, wieviel Leidenschaft beim Überwinden unserer Fehler und Gebrechen die Kirche im Sozialismus eine Opposition im Sozialismus aufzubringen imstande war. Aber wir lehnten noch im September eine offizielle Zulassung des »Neuen Forum« ab und umstellten die Leipziger Nikolai-Kirche, wo sich Kritiker unserer Politik trafen und die Tradition der Montagsdemonstrationen begründeten. Leider muß man sagen, daß die Leipzig-Demos jede Konstruktivität ablegten, als sie selbst den »Republikanern« Raum für ihre neofaschistischen Parolen boten.

Heute denke ich über unser Verhältnis zu den Kirchen anders. Zu den mehr symbolischen Begegnungen aus allen möglichen Anlässen, die uns als Beweis gelungener Kooperation dienten, hätten sich unbedingt konkrete Gespräche über den Alltag unseres Lebens hinzugesellen müssen. Ein Dialog über die Problemfelder des Lebens wäre fruchtbarer gewesen als eine spektakuläre, zu nichts verpflichtende Teilnahme des Staatsoberhauptes an der Domeröffnung in Greifswald. Heute zeigt sich nämlich, welche beruhigende Wirkung in unserem Land gerade zu dieser komplizierten Zeit von der Kirche ausgeht; und ich bin der festen Überzeugung, daß wir diesem Einfluß der Kirche auch damals hätten vertrauen können, als die Beunruhigung und Gereiztheit großer Teile des Volkes turbulente Ausmaße annahm. Auch als Resignation und Ratlosigkeit um sich griffen.

Selbst sehr viele SED-Mitglieder waren voller Sorge. Sie lebten im Gewissenskonflikt zwischen dem, was sie täglich erlebten, und dem, was ihnen die Partei und die Massenmedien offiziell weismachten. Das, was so nicht war, sollten sie dennoch vertreten.

Wenn man die Lösung von Problemen, die das Volk aufwirft, lange vor sich herschiebt, werden Detailfragen zu Systemfragen. Und es kam ja noch etwas hinzu: Auch bei damals noch geschlossenen Grenzen hatten viele Menschen durch das Fernsehen den Vergleich zu den westdeutschen Nachbarn täglich vor Augen, auch wenn der Vergleich nicht immer anhand objektiver Maßstäbe gezogen wurde. Warum, so fragten die Leute immer öfter, ist der Sozialismus nicht in der Lage, die selbstverständlichsten Versorgungsfragen zu lösen, die doch für den Kapitalismus kein Problem darstellten: hochwertige Konsumgüter, Obst und Gemüse, Ersatzteile ... Der Sozialismus hatte eine große Zukunftsvision, warum aber fehlte ihm die Lebensqualität im Heute? Warum war der größere Teil des Globus für DDR-Bürger Sperrbereich? Das menschliche Leben ist biologisch doch begrenzt. Jeder unserer Bürger wollte doch in der aktivsten Lebensphase etwas vom Leben haben, und nicht erst dann, wenn man als Rentner den begehrten Privatreisepaß erhielt. Man wollte sich nicht mehr den bestehenden Verhältnissen anpassen, sondern sie endlich souverän und demokratisch mitgestalten. So stellte sich dem unvoreingenommenen Betrachter unsere Situation am Vorabend des 40. Jahrestages der DDR dar, zu dem mehr als achtzig ausländische Delegationen, angeführt von Staatsoberhäuptern, Regierungschefs, Generalsekretären oder Parteivorsitzenden, nach Berlin gekommen waren.

Trotz der zur Resignation neigenden Stimmung gab es am Vorabend des 40. Jahrestages im Volk auch eine heimlich genährte Hoffnung. Niemand sprach darüber, wie aus Furcht, diese Hoffnung könnte zu leicht zerredet werden. Die Leute glaubten, Gorbatschows Besuch werde vielleicht ein Zeichen setzen für Reformen auch in der DDR. Aber diese heimliche Erwartung schlug in bittere Enttäuschung um, als die Menschen am Fernseher Erich Honeckers Jubiläums-Ansprache verfolgten und darin eine heile Welt vorgesetzt bekamen, die Honecker anderentags auch im internen Gespräch mit Gorbatschow als Zustandsbeschreibung der DDR-Gesellschaft anbot und die es doch einfach nicht mehr gab.

Das »Neue Deutschland« überschrieb Erich Honeckers Rede mit den Zeilen »Durch das Volk und für das Volk wurde Großes vollbracht«. Lediglich eine kleine Zwischenüberschrift deutete verschämt Schwierigkeiten an: »Unsere Probleme lösen wir mit unseren sozialistischen Mitteln«.

Erich Honecker gab einen geschichtlichen Rückblick, nannte

Namen, die mit der Entwicklung der DDR sehr eng verbunden waren: Wilhelm Pieck, Otto Grotewohl, Walter Ulbricht, Max Fechner, Otto Nuschke, aber auch Bertolt Brecht, Johannes R. Becher, Anna Seghers, Arnold Zweig und Erich Weinert. Dann aber kam er schon zu seiner Erfolgsbilanz: »Unsere Republik gehört heute zu den zehn leistungsfähigsten Industrienationen der Welt, zu den knapp zwei Dutzend Ländern mit dem höchsten Lebensstandard. Und vergessen wir dabei nicht, daß der Wohlstand hierzulande weder aus der Erde sprudelt, noch auf Kosten anderer erreicht wurde. Die DDR ist das Werk von Millionen, von mehreren Generationen, die in harter Arbeit ihren Arbeiter- und Bauernstaat aufgebaut haben, einen Staat mit moderner Industrie und Landwirtschaft, mit einem sozialistischen Bildungswesen, mit aufblühender Wissenschaft und Kultur. Schließlich — die DDR, eine Weltnation im Sport.« An dieser Stelle vermerkte das »Neue Deutschland« tags darauf »anhaltenden starken Beifall«.

In der Tat wurde die historische Leistung der DDR von den meisten Leuten im Saal und an den Bildschirmen anerkannt. Aber sie wollten auch etwas von den realen Widersprüchen ihres Alltags hören, wollten sicher sein, daß die Führung diese Widersprüche zur Kenntnis genommen hatte und dem Volk eine öffentliche Aussprache über Auswege aus der Gesellschaftskrise zubilligte. Die Proteste auf den Straßen und die »Abstimmung mit den Füßen«, wie man die größte Fluchtwelle seit dem Mauerbau getrost nennen kann, sprachen eine deutliche Sprache.

Aber auch das verdrängte Erich Honecker: »Wenn der Gegner«, so sagte er mit sich überschlagender Stimme, »derzeit in einem noch nie gekannten Ausmaß seine Verleumdungen gegen die DDR richtet, dann ist das kein Zufall. In vierzig Jahren DDR summiert sich zugleich die vierzigjährige Niederlage des deutschen Imperialismus und Militarismus. Der Sozialismus auf deutschem Boden ist ihm so unerträglich, weil die vordem ausgebeuteten Massen hier den Beweis erbringen, daß sie fähig sind, ihre Geschicke ohne Kapitalisten selbst zu bestimmen.« Hier vermerkte das ND keinen »anhaltenden starken Beifall«. Diese Abstraktionen konnte niemand mehr nachvollziehen. Zu weit waren sie von dem entfernt, was die Menschen täglich erlebten. Der real existierende Sozialismus war in der Krise, und alle wußten es. Auch diejenigen, die in der ersten Reihe des Präsidiums im Palast der Republik Platz genommen hatten: Gorbatschow und Jaruzelski,

Miloš Jakeš und Bruno Ferenc Straub, das ungarische Staatsoberhaupt, Todor Shiwkow und Nicolae Ceauşescu. Sie alle hatten ihre eigenen Erfahrungen, ihre Sorgen und Nöte.

Einige konnten Erich Honecker sicher gut nachfühlen, was in diesen Stunden und Minuten in ihm vorging. Andere werden sich gefragt haben, weshalb er die Menschen durch Ignoranz derartig verärgerte. Verschiedene Politbüromitglieder, darunter Günter Schabowski und ich, hatten gesprächsweise versucht, auf mehr Ausgewogenheit, mehr Problemsicht in der Festtagsrede zu drängen. Aber niemandem gelang es, wirklich auf den Text Einfluß zu nehmen.

Gorbatschow, der mit aufrichtigem Gefühl für unser Land die DDR-Festtagsplakette am Revers trug, hielt eine mit keineswegs geringerer Spannung erwartete Rede.

Schon der dritte Satz, der den gemeinsamen Entwicklungsweg beider Länder in der Nachkriegsperiode beschrieb, lautete: »Viele Schwierigkeiten galt es auf diesem Weg zu bewältigen.« Gorbatschow sprach von steilem Aufschwung und dramatischen Wendungen. Er hob die von Erich Honeckers Rede geschaffene Atmosphäre statischer Geschichtsbetrachtung zur großen Erleichterung des Auditoriums auf, durch die ihm eigene dialektische Betrachtung der »Welt in Bewegung«. So ging er auf die Erfolge der DDR ein, sprach aber im gleichen Atemzug von den Entwicklungsproblemen, die »die DDR, wie jedes andere Land« habe. »Sie sind«, sagte er, »sowohl vom inneren Bedürfnis der Gesellschaft zur ständigen Weiterentwicklung hervorgerufen als auch vom allgemeinen Prozeß der Modernisierung und Erneuerung, der jetzt im gesamten sozialistischen Lager vorgeht.« Und noch deutlicher: »Wir zweifeln nicht daran, daß die Sozialistische Einheitspartei Deutschlands ... imstande ist, in Zusammenarbeit mit allen gesellschaftlichen Kräften Antwort auf die Fragen zu finden, die durch die Entwicklung der Republik auf die Tagesordnung gestellt wurden und die ihre Bürger bewegen.« Und fast beschwörend fügte er hinzu: »Eigentlich geht es um die Entfaltung der Möglichkeiten, die unserer sozialistischen Ordnung innewohnen ...«

Unumwunden erklärte Michail Gorbatschow, daß Versuche der Unifizierung und Standardisierung gesellschaftlicher Entwicklungsfragen der Vergangenheit angehören. Ich nehme an, er meinte damit nicht nur sowjetische Auffassungen zur Zeit des Stalinismus und Poststalinismus, sondern er meinte auch die zum Teil sehr rüden Abgrenzungsformeln, die aus der Politbüroetage der SED gegen Glasnost und Perestroika in Richtung Kreml ausgesandt wurden.

Es war aber auch ein Plädoyer für einen reicheren Inhalt des Sozialismus, für eine Mannigfaltigkeit seiner Formen und Eigenarten, die ein wichtiges Argument für Zusammenarbeit waren.

Von Gorbatschows Worten ging eine spürbare Faszination aus. Es war keine Koketterie, sondern die schlichte Wahrheit, wenn er abschließend sagte: »Es ist uns bekannt, welch großes Interesse in der DDR ... den radikalen Umgestaltungen in der Sowjetunion entgegengebracht wird.« Und er rief die Vokabeln in den Saal, die sich auch im Bewußtsein der DDR-Bevölkerung mit neuer Politik verbanden: Demokratisierung, Offenheit, sozialistischer Rechtsstaat, Mitbestimmung in allen das Land betreffenden Angelegenheiten, freie Entwicklung des Volkes. Viele Genossen sagten mir noch am selben Tag, daß sie glaubten, von dieser feinfühligen Rede für alles entschädigt worden zu sein, was wir, die Partei- und Staatsführung der DDR, unserem Volk an Oberflächlichkeit zugemutet hätten. Ich aber dachte: Wir selbst müssen zu so einer Einschätzung kommen, und zwar sehr schnell.

Am Abend fand in der Straße »Unter den Linden« der Fackelzug der FDJ statt. Dort, wo vor vierzig Jahren, am 11. Oktober, der Jugendverband unter der Regie von Erich Honecker die Gründung der Republik und ihren ersten Präsidenten, Wilhelm Pieck, begrüßt hatte, zogen nun 100 000 FDJler in ihren Blauhemden vorbei. Die Tribüne, mit Ehrengästen aus dem In- und Ausland nahezu überfüllt, stand vor dem Hauptportal der Humboldt-Universität.

Michail Gorbatschow grüßte die vorbeiziehenden Jugendlichen von der ersten bis zur letzten Minute. Es ist keine Übertreibung, wenn ich sage: Diese Demonstration galt ihm. Und es gehörten keine hellseherischen Fähigkeiten dazu, dies zu erwarten. Ich kannte die Stimmung der Jugend gut. Und tatsächlich wollten an diesem Abend die »Gorbi-Gorbi«-Rufe nicht enden. Ich spürte, daß der Generalsekretär des ZK der KPdSU dies nicht nur als eine seiner Person geltenden Geste ansah. Die Jugend wollte politische Veränderungen in der DDR, daran konnte es keinen Zweifel geben. Das war die Botschaft, die jeder auf der Tribüne spürte. Auch Erich Honecker, der jedoch kein Wort darüber verlor, als er nach dem Fackelzug seinen Wagen bestieg. Und doch gab es Leute, die sich angesichts der Gorbi-Rufe die Frage an die FDJ-Verantwortlichen nicht verkneifen konnten: »Hätte man das nicht unterbinden können? Das ist doch alles eine Sache der Organisation.«

Aber was wollte man denn noch alles unterbinden? Die Zeitungen brachten in ihren Montagsausgaben nach den Feierlichkeiten folgende von ADN verbreitete Nachricht: »In den Abendstunden des 7. Oktober versuchten in Berlin Randalierer die Volksfeste zum 40. Jahrestag der DDR zu stören. Im Zusammenspiel mit westlichen Medien rotteten sie sich am Alexanderplatz und Umgebung zusammen und riefen republiksfeindliche Parolen. Der Besonnenheit der Schutz- und Sicherheitsorgane sowie der Teilnehmer an den Volksfesten ist es zu verdanken, daß beabsichtigte Provokationen nicht zur Entfaltung kamen. Die Rädelsführer wurden festgenommen.«

Was war wirklich geschehen? Am 7. Oktober hatte im Palast der Republik um 18 Uhr der Festempfang begonnen. Erich Honecker, der gemeinsam mit Willi Stoph und Horst Sindermann sowie den wichtigsten ausländischen Gästen an einem großen sechseckigen Tisch Platz genommen hatte, erklärte in einem Toast, daß der Sozialismus bei uns auf unerschütterlichen Grundlagen stehe. Peter Schreier, Theo Adam, Ludwig Güttler — der später entrüstet über Privilegien der Mitglieder des Politbüros ausrief: In Wandlitz brennt noch Licht«, jedoch vorher immer wußte, wie das Politbüro zu erreichen war, wenn es etwas zu regeln galt —, die überaus begabte junge Geigerin Antje Weithaas, der blendende Countertenor Jochen Kowalski und andere Topkünstler zeigten in einem erlesenen Programm in allen Räumen des Palastes der Republik ihre Kunst. Im nicht sehr weit entfernten Schwante, Kreis Oranienburg, gründete sich unter Vorsitz von Ibrahim Böhme die Sozialdemokratische Partei der DDR. Und auf dem Alexanderplatz — nicht mehr als einen Steinwurf weit entfernt vom Palast der Republik — trafen sich einige tausend junge Leute, die ihrem Unmut in einem Protest Luft machten. Der Palast war auf der Spreeseite vom Ministerium für Staatssicherheit erstaunlich wenig gesichert worden. So war das Erschrecken der Ordnungshüter groß, als die jungen Leute nur noch durch die Spree vom »Haus des Volkes«, in dem sich immerhin die höchsten

Repräsentanten der sozialistischen Welt versammelt hatten, getrennt waren. Ich war im Palast der Republik nur kurz über das Vorgefallene informiert worden, dabei wurde mir das Ganze auf undramatische Weise berichtet. Ich mußte also davon ausgehen, daß die Sache für alle Beteiligten glimpflich abgegangen war.

Dabei konnte ich nicht ahnen, was in dieser Nacht und am folgenden Tag, dem 8. Oktober, aus diesem scheinbar harmlosen Protest werden sollte. Im Stadtteil Prenzlauer Berg gab es regelrechte Straßenkessel. Darin sahen sich Demonstranten plötzlich einer prügelnden Polizeimacht gegenüber. Auf entwürdigende Weise wurden Demonstranten im Polizeigewahrsam behandelt. Der Bericht, der mir mit Verzögerung vorgelegt wurde, enthielt allerdings kein einziges Detail dieser Szenen. Ich wurde buchstäblich durch die Westmedien und durch Briefe von Künstlern und anderen mir vertrauten Personen, deren Kinder, Verwandte, Bekannte betroffen waren, über die konkreten Vorfälle informiert. Nur zögerlich, tröpfchenweise, bekam ich Berichte über das wirkliche Geschehen auf den Tisch und setzte mich für die Aufklärung der Vorgänge ein. Sowohl vor der Berliner Untersuchungskommission als auch vor dem Runden Tisch habe ich das Geschehene zutiefst bedauert. Obwohl ich an diesen Aktionen in keiner Weise beteiligt war, habe ich mich vor der Bevölkerung der DDR und vor allem gegenüber den Opfern einer verfehlten Sicherheitsdoktrin nach innen, die ich politisch mit zu verantworten hatte, entschuldigt. Wer immer dies entschieden hat, es war eine Schande, den jungen Polizisten, die selber zum ersten Mal in einer solchen Konfrontation ihren Altersgefährten auf der Straße gegenüberstanden, einzureden, sie hätten Konterrevolutionäre vor sich. Sie waren im Augenblick überfordert, sich ihr eigenes Bild zu machen. Andere hatten gegenüber schon Festgenommenen eine Haltung an den Tag gelegt, die sich für eine Polizei des Volkes verbietet.

Um so mehr habe ich mich in der Folgezeit gefreut, daß auch viele Polizisten auf die Untersuchung der Vorgänge gedrängt haben und daß bei den großen Demonstrationen im Lande eine Partnerschaft der Bevölkerung mit der Polizei erreicht werden konnte.

Aber zurück zu jenem Abend des 7. Oktober. Ich hielt die Demonstration für harmlos, die Gesamtsituation, in der sich unser Land befand, jedoch für hochexplosiv. Die Limousinen mit den Staatsgästen fuhren zumeist noch am selben Abend in Richtung Flughafen. Ich hätte gern einmal die Gedanken der Leiter der

Partei- und Regierungsdelegationen lesen mögen, die ihren Gastgebern aus dem Flugzeugfenster einen Abschiedsgruß zuwinkten, bevor die Maschinen zum Start rollten und sich im Steilflug davonmachten. Der Republik, aus der sie sich entfernten, standen ganz offenbar entscheidende Tage und Wochen ins Haus.

Als Michail Gorbatschow ins Auto stieg, um zum Flughafen zu fahren, war ich nicht zugegen. Aber er soll — glaubwürdigen Berichten zufolge — einer kleinen Gruppe ihm vertrauter DDR-Genossen ein Wort beschwörend zugerufen haben: »Deistwujete!« — »Handelt!«

II. TEIL

KRONPRINZ AUF WIDERRUF

I.

MEINEM FREUND UND KAMPFGENOSSEN EGON …

Im Jahre 1980 erschien innerhalb der Reihe »Leaders of the World« Erich Honeckers Autobiographie »Aus meinem Leben«. Das Angebot von Herausgeber Robert Maxwell war von dem nahezu siebzigjährigen gern angenommen worden, zumal es eine zusammenhängende Darstellung der Vita Erich Honeckers bislang nicht gegeben hatte. Der Dietz Verlag besorgte die DDR-Ausgabe auf Kunstdruckpapier. Auf solchen glatten Glanzbögen drohen Tinteneinträge schnell zu verwischen. Ich gab also Obacht, als ich Erich Honecker während des XI. Parlaments der FDJ im Juni 1981 mein Exemplar hinüberreichte und ihn bat, es zu signieren. Wir saßen im Präsidium nebeneinander und ich sah, wie er, mit dem glatten Papier kämpfend, die Worte schrieb: »Meinem Freund und Kampfgenossen Egon in fester Verbundenheit. 4. 6. 1981. Erich Honecker.«

Ich gestehe, daß ich mich über die freundschaftliche Geste sehr gefreut habe. Mir lag damals viel an einem engen und vertrauensvollen Verhältnis zu Erich Honecker. Nicht nur, weil er mein Chef war und ich meine direkte Anleitung im Jugendverband von ihm erhielt, sondern auch, weil ich viele seiner politischen und menschlichen Eigenschaften schätzte.

Das erste Mal war ich Erich Honecker 1951 begegnet. Auch diese Erinnerung verbindet sich mit einem Autogramm. Honecker, damals Vorsitzender der FDJ, sprach im Kulturhaus der Neptunwerft in Rostock. Es war im Frühsommer, als wir die III. Weltfestspiele der Jugend und Studenten vorbereiteten. Sie sollten erstmals Zehntausende junger Leute aus allen Erdteilen in der DDR-Hauptstadt zusammenführen, sechs Jahre nach dem Krieg, in der Trümmerstadt Berlin, wo es mehr Hoffnung als

Nahrung gab. Wir waren sehr glücklich, daß die Wahl auf Berlin als Austragungsort gefallen war, denn noch immer war die Furcht vor den Deutschen unter den Völkern allgegenwärtig. Und die vagen Berichte, es zeichne sich ein antifaschistischer, demokratischer Neubeginn in dem unbekannten östlichen Deutschland namens DDR ab, hörte man noch mit großer Skepsis. Wir wollten, daß man uns kennenlernte. Wir hofften, daß Vorurteile abgebaut würden, damit Freundschaften wachsen konnten. Enrico Berlinguer, der spätere Generalsekretär der Italienischen Kommunistischen Partei, damals Präsident des Weltbundes der Demokratischen Jugend und des Internationalen Vorbereitungskomitees, hatte jedenfalls zufrieden feststellen können, daß das östliche Nachkriegsberlin sein Bestes gab, um die Jugendlichen aus 104 Ländern zu empfangen.

Zu der Rostocker Kundgebung mit Erich Honecker kam ich als Leiter einer Pionierdelegation meines Heimatortes Damgarten. Ich war damals vierzehn Jahre alt und ließ mich augenblicklich von der unbeschreiblichen Begeisterung anstecken, die diesem Berliner Jugendfestival vorausging. Eine Gruppe von FDJ-Mitgliedern trug Erich Honecker auf ihren Schultern in den Saal. Er hielt eine kurze, emotional gefärbte Rede, die mit tosendem Beifall aufgenommen wurde. Als er gesprochen und wieder im Präsidium Platz genommen hatte, stürzte ich mit meinem Pionierausweis nach vorn, schlug — das gab es damals — die Seite mit dem Bild des FDJ-Vorsitzenden Erich Honecker auf und bat ihn um ein Autogramm. Er unterschrieb bereitwillig, schaute mir dabei in die Augen und fragte mich, so wahr ich hier sitze und schreibe: »Wirst du auch ein guter FDJler werden?« Unverzüglich gab ich mein »Pionierehrenwort« und fühlte mich sehr viele Jahre meines Lebens an diese Verpflichtung gebunden. Es war eine Zeit, die ich nicht bereue. Den Pionierausweis habe ich über all die Jahre aufbewahrt und besitze ihn noch heute. Glückspilz, sagten die meisten meiner Freunde. Von Erich Honecker wollten alle gern ein Autogramm. Er war allgemein beliebt. Irgendwo hatten auch wir den Klatsch über seine Scheidung von Edith Baumann und seine Heirat mit Margot Feist gehört, der späteren Volksbildungsministerin, die Erich Honecker durch seine Arbeit im Zentralrat der FDJ kennengelernt hatte. Aber was ging uns diese Gerüchteküche an? Erich war in Ordnung.

Wie war ich auf diese »Seite der Barrikade« gekommen? Und wie war ich überhaupt in diesen Teil Deutschlands gekommen? Denn geboren wurde ich in Kolberg, das heute in Polen liegt.

Meine Mutter hatte in einem Dorf bei Damgarten ihren ersten Mann kennengelernt. Er war von Beruf Schweizer. Heute würde man dazu vielleicht »Melker mit Kenntnissen in der Milchverarbeitung« sagen. Sie heirateten, aber die Ehe war nicht von Dauer. Der Mann meiner Mutter, dem wir den Namen Krenz verdanken, wurde im 1. Weltkrieg Soldat und fiel 1915.

Mein Großvater lebte bei Kolberg, und so zog meine Mutter mit ihrer kleinen Tochter Maria in Richtung Osten, um ihm die Wirtschaft zu führen. Mein Vater war der Bruder des ersten Mannes meiner Mutter, von Beruf Zuschneider in einer Kaufhausfirma. Meine Eltern heirateten nicht. Mein Vater kam aus dem 2. Weltkrieg nicht zurück. Ich bin am 19. März 1937 geboren, so daß ich meinen Vater nur aus Erzählungen meiner Mutter und aus ganz frühen Kindheitserlebnissen, die aber in meiner Erinnerung recht verschwommen sind, kenne.

Als der Krieg 1944 näher an Kolberg rückte, kehrten wir nach Damgarten zurück. Einem anderen Bruder meines Vaters war die Frau gestorben, und so tat meine Mutter bei ihm das, was sie immer irgendwo getan hatte: Sie besorgte die Wirtschaft. Ein Glück nur, daß wir frühzeitig weggezogen waren. So blieben uns der erbitterte Kampf um die Festung Kolberg und die Flucht auf deutschen Schiffen über die Ostsee erspart.

Ob ich ein Mutterkind war? Vielleicht. In diesen schwierigen Jahren klammerte sich meine Mutter an mich wie an eine Hoffnung. Sie war eine sehr einfache Frau. Möglichkeiten, sich zu bilden, hatte es für sie nie gegeben. Was ihr an Bildung fehlte, machte sie an Herzensgüte, an Aufrichtigkeit wett. Sie teilte das letzte Hemd mit jemandem, der in Not war. Für mich hat sie sich buchstäblich aufgeopfert. Ich war so an sie gewöhnt, daß jeder Versuch, mich in den Kindergarten zu schicken, fehlschlug.

Eigentlich habe ich drei Vornamen: Egon Rudi Ernst. Ernst hieß mein Vater. Aber wer war Rudi? Egon ist meiner Mutter halt so eingefallen, sie mochte den Namen und sagte noch viele Jahre später, als ich schon verheiratet war, zu meiner Frau: »Nicht, Erika, Egon ist ein schöner Name?« Später wurde ich in

Anlehnung an Joachim Wohlgemuths Bestseller »Egon und das achte Weltwunder«, ein Jugendbuch, das in der DDR von Hand zu Hand ging, häufig wegen meines Namens »aufgezogen«. Ich hatte Verständnis dafür, denn dieses populäre Buch enthielt Textzeilen wie »Sie (Christine) reckte den Mund an sein Ohr, und noch leiser als vorhin flüsterte sie: ›Ab sofort kannst du *du* zu mir sagen, Egon.‹« Oder aber Christines Seufzer: »Prima, Egon. Und jetzt wollen wir die Sterne zählen.« Da blieben Anspielungen nicht aus. Und als noch später die »Olsen-Bande«, das Ganoventrio aus einer in der DDR äußerst beliebten Serie dänischer Kriminalkomödien, ihr Unwesen trieb, mußte ich das darin schon zum Standarddialog gewordene »Mächtig gewaltig, Egon« in allen möglichen Lebenslagen über mich ergehen lassen. Aber meiner Mutter hatte der Name eben gefallen. Es war die einzige Mode, die sie sich damals leisten konnte.

Eingeschult wurde ich gleich dreimal. Das erste Mal noch in Kolberg, 1943, da war ich sechs Jahre alt. Damals schulten die Länder jedoch zu unterschiedlichen Zeiten ein, so daß die Damgartener Schüler, als ich dort die Klassenbank drücken sollte, schon weiter waren. Also mußte ich 1944 noch mal anfangen. Aber auch dort wurde 1944 das Schuljahr unterbrochen. Von 1945 bis 1953 brachte ich dann meine acht Volks- und Grundschuljahre hinter mich.

In Kolberg, in der Strandstraße 14, zwei Minuten zu Fuß vom Meer entfernt, hatten wir sehr beengt gelebt. Es gab ein Wohnzimmer, eine fensterlose Kammer, die wir Kabinett nannten, und eine Küche. Zu fünft lebten wir in diesen Räumen. Meine Mutter, meine geschiedene, einundzwanzig Jahre ältere Halbschwester mit zwei Kindern und ich. In Damgarten hatten wir es besser getroffen. Damgarten war ein kleines, verträumtes Städtchen. In der Nähe gab es einen Flugplatz oder, wie es damals hieß, einen Fliegerhorst. Für das Personal und dessen Angehörige war eine Vorortsiedlung mit Gärten gebaut worden. Nahebei lag Ribnitz. Zwischen diesem Städtchen und Damgarten verlief die Grenze zwischen Mecklenburg und Pommern. Es gab auch einen Grenzfluß, die Recknitz, mit einer Paßbrücke und einem Paßhaus, die noch aus der Zeit der deutschen Kleinstaaterei stammten. 1950 wurden die beiden Städtchen zu »Ribnitz-Damgarten« vereint, aber die Pommern und die Mecklenburger wollten nie so richtig zusammenkommen.

Nachdem 1945 die sowjetischen Truppen nach Damgarten gekommen waren, war der Flughafen offenes Terrain. Hier holten wir uns Fallschirmseide. Damals fertigten wir uns kleine Fallschirmchen zum Spielen, die Frauen nähten Hemden aus der Seide.

Mit der Roten Armee kamen auch die Gulaschkanonen. Wir gingen immer nur dem Geruch nach, und alle Kinder kriegten etwas ab, auch von dem würzigen, in großen Formen gebackenen Brot, das immer etwas feucht war, weil es Grütze enthielt. Ich kann mich an diese Gerüche bis auf den heutigen Tag gut erinnern. Bei den sowjetischen Soldaten lernte ich auch einen jungen Offizier kennen, der mit mir seine Brot- und Zuckerration teilte, eine Geste, die mich tief beeindruckte.

Auch wenn ich frische Milch rieche, verbindet sich das im Unterbewußtsein mit den Nachkriegsmonaten in Damgarten. Die Kühe der geflohenen Gutsbesitzer waren auf den Koppeln, nahe der Stadt, zusammengetrieben worden, wurden aber nicht gemolken. Deshalb machte sich meine Mutter, die Schweizersfrau, an die Arbeit, und wir hatten Milch, Quark, Sahne und Butter. Allerdings war die Butter salzlos, denn Salz war äußerst knapp zu dieser Zeit.

Natürlich gingen wir Kinder auch stoppeln. Wir lasen Kartoffeln nach oder sammelten Ähren, wobei wir oft genug mit der Schere hinter den Hocken standen und — wenn uns keiner beobachtete — die Ähren einfach abschnitten. Also hatten wir auch Getreide für Mehl und damit für Brot. Und wieder so eine Geruchserinnerung: Kartoffelfeuer. Ich bin sie mein Leben lang nicht losgeworden.

Zu Beginn des Jahres 1945 erkrankte ich schwer an Typhus und lag monatelang zu Hause. Kurze Zeit mußte ich auch ins Krankenhaus, da meine Mutter selbst erkrankt war.

Die ersten drei, vier Jahre der Schulzeit sind mir schwergefallen. Vielleicht, weil wir zu Hause kein leichtes Leben hatten und ich sehr viel helfen mußte: Holz sammeln im Wald oder etwas Eßbares besorgen. Beispielsweise wurden im Hafen von Damgarten Zuckerrüben umgeschlagen, die für eine nahe gelegene Raffinerie bestimmt waren. Manchmal fielen dabei Rüben ins Hafenbecken. Wir schnitten uns lange Stangen, befestigten an der Stirnseite einen Nagel und stocherten wie die Weltmeister im Wasser herum. Wenn es uns gelang, Rüben zu ergattern, wurden sie geschnetzelt und zu Sirup verkocht.

Meine Halbschwester Maria war mit ihren Kindern in Kolberg geblieben, als ich mit meiner Mutter nach Damgarten übersiedelte. Ihr zweiter Mann war Marinekoch in Kolberg und wurde später nach Flensburg versetzt. Sie zog deshalb mit ihrer Familie über Damgarten nach Westerland. Meine Mutter und ich hatten sie dort 1946 besucht. Ich weiß nicht, was geworden wäre, wenn wir uns zum Dableiben entschlossen hätten. Aber meine Mutter hing an Damgarten, deshalb kehrten wir dorthin zurück. Später habe ich meine Schwester nur noch einmal flüchtig gesehen. Wir hatten uns damals aber schon sehr weit voneinander entfernt.

Im Jahre 1946 fanden Wahlen statt. Die SED hatte die Liste 1. Ich aber klebte, um fünf Mark die Woche zu verdienen, für das CDU-Büro Wahlplakate und erledigte Botengänge. Erst durch einen Freund, Arno Schill, kam ich auf andere Gedanken. Schills Vater hatte mehrere Jahre im KZ gesessen und war jetzt Kreissekretär der SED. Er wurde mein »politischer Vater«. Bei Schills bekam ich übrigens auch meist Abendbrot vorgesetzt. Aber nicht allein deshalb ging ich immer wieder hin. Dieser Mann übte großen, prägenden Einfluß auf mich aus, dem ich mich nicht entziehen konnte und wollte.

Aufgrund dieses Einflusses wurde ich Junger Pionier. 1948, als die Organisation gegründet war, nahm meine Mutter ein blaues Bettinlett und schneiderte mir daraus zwei Pioniertücher. So etwas hatten am Anfang die wenigsten Jungen Pioniere, und ich war ungeheuer stolz.

Mein erstes großes Erlebnis als Junger Pionier war, daß ich einen Dankbrief von Otto Grotewohl erhielt. Mit anderen Pionieren hatte ich 105 Mark für streikende Arbeiter im Westen gesammelt. Meine politische Laufbahn schien damit begonnen zu haben. Ich wurde Wimpelträger, Gruppenratsvorsitzender, Freundschaftsratsvorsitzender. Ich fuhr mit der allerersten Pionierdelegation aus der DDR in die ČSSR, nach Sitno.

Zu Hause übten wir Pioniere Druck auf den Rat der Stadt aus, damit er bestimmte Straßennamen änderte. Auf Vorschlag meiner Pioniergruppe wurde die »Neue Straße« in »Philipp-Müller-Straße« umbenannt. Philipp Müller, ein junger Gewerkschafter und Kommunist, war 1952 bei einer Demonstration in Essen ums Leben gekommen. Aus der »Ribnitzer Straße« machten wir — zwar nicht nach dem Namen meines »politischen Vaters«, aber nach dem berühmten Helden des nationalen Befreiungskampfes gegen Napoleon — eine »Schill-Straße«. Wir hinterließen also schon unsere Spuren. Nur die Badeanstalt bekamen wir nicht, der städtische Widerstand war — natürlich mit ernsthaften finanziellen Argumenten — zu stark.

In meiner Schulzeit, bereits mit dreizehn Jahren, arbeitete ich auch für die Kreisseite der »Ostsee-Zeitung« als Volkskorrespondent. »Zwischen Dars und Recknitz« sollten Nachrichten und Erlebnisse notiert werden. Ich schrieb, was das Zeug hielt. Mit dem Honorar besserte ich das Familienbudget auf. Meine Mutter war aufgrund ihrer Krankheit, von der sie sich nicht mehr erholt hatte, schon nicht mehr arbeitsfähig und erhielt eine Rente von 45 Mark. Das war selbst damals nicht viel.

1953 kam ich aus der Schule. Viele meiner Kameraden hatten keine »geordnete« Schulzeit gehabt. Als wir mit der 8. Klasse abschlossen, waren zwar einige Schüler erst vierzehn Jahre alt, viele aber auch älter; der älteste wurde gerade siebzehn.

Kurz vorher hätte ich mir fast alles verdorben. Es war die Zeit um den 17. Juni. Was sich in Berlin und anderen größeren Städten zutrug und später als »konterrevolutionärer Putsch« in die Geschichtsbücher der DDR einging, erlebten wir in Damgarten ja nur indirekt. Es wurde darüber geredet, man hörte etwas im Radio davon. Aber in Damgarten war wenig davon zu spüren. Doch selbst das wenige reichte, um einige in große Angst zu versetzen. Ich erinnere mich an folgende Episode: Wir hatten Abschlußprüfung in Staatsbürgerkunde, etwa ein oder zwei Tage nach dem 17. Juni. Ich sah, daß der Prüfer sein Parteiabzeichen unter dem Revers trug! Das brachte mich auf die Palme. Als er mir die erste Frage stellte, sagte ich einfach: »Ich werde antworten, wenn Sie so aufrichtig sind und Ihr Parteiabzeichen wieder nach vorne stecken.« Ich hörte etwas, das wie »frecher Bengel« klang, aber die Beisitzerin gab mir recht und nannte mich »aufrichtig«. Ich war gerettet, der Lehrer aber auch, er hatte ja einfach nur Angst gehabt. Ich verlor kein Wort darüber. Eigentlich aber konnten wir mit unseren Lehrern zufrieden sein.

Meine Mutter war damals sechzig geworden. Sie ließ sich ihre Lebensversicherung auszahlen, das waren 600 oder 700 Mark. Eigentlich war das Geld für ihre Beerdigung bestimmt, aber wir mußten ja schließlich leben. Also kaufte mir meine Mutter von dem Geld einen Mantel. Später wollte sie der Versicherung wieder beitreten, die Ärztin lehnte das wegen ihres schlechten Gesundheitszustandes jedoch ab.

1953 bin ich in die FDJ eingetreten. Häufig begegnet man im Westen dem Vorurteil, man sei »eingetreten worden«. Dem widerspricht schon die Tatsache, daß nur zwei Drittel der in Frage kommenden Jahrgänge Mitglied wurden. Ich jedenfalls trat der FDJ aus voller Überzeugung bei. Das war im Sommer, vor meinem Studium am Lehrerbildungsinstitut in Putbus, das am 15. September 1953 begann.

Wie ich an das Institut kam, ist wiederum eine besondere Geschichte. Als langjähriger Volkskorrespondent wollte ich natürlich Journalist werden. Das wäre, weil ich kein Abitur hatte, nur auf Umwegen gegangen: über die Arbeiter- und Bauernfakultät, einer Art zweitem Bildungsweg. Also beschloß ich, Schlosser zu werden. Ich begann die entsprechende Lehre im Rostocker Dieselmotorenwerk. Ich hatte gerade einen Feilkurs von 14 Tagen hinter mir, bei einem sehr gründlichen Lehrmeister, der einem die Liebe zum Feinschlichten »mit deutscher Wertarbeit« schmackhaft machte. Da kam ein FDJ-Funktionär zu mir und sagte: »Wir machen eine große Aktion. Wir brauchen Lehrer, Lehrer, Lehrer.« Ich habe mich überzeugen lassen. Mit 14 Tagen Verspätung reiste ich in Putbus an, wo ich eine vierjährige Ausbildung als Unterstufenlehrer erhielt. Hier trat ich auch der Sozialistischen Einheitspartei Deutschlands bei.

1955, auf dem V. Parlament (Kongreß) der FDJ in Erfurt, sah ich Erich Honecker, den FDJ-Vorsitzenden, das zweite Mal. Allerdings nur aus der Ferne. Offensichtlich war ich kein schlechter FDJler geworden, sonst hätte ich kaum das Mandat der Rostocker Bezirksdelegiertenkonferenz erhalten. Auf diesem Parlament wurde Erich Honecker nach zehnjähriger Tätigkeit an der Spitze des Jugendverbandes von seiner Funktion entlastet. Offiziell geschah dies mit der Begründung, er werde eine wichtige Funktion in der SED übernehmen. Heinz Keßler, damals bereits General und führend am Aufbau der Luftstreitkräfte in der DDR beteiligt, dankte dem scheidenden FDJ-Vorsitzenden mit sehr herzlichen Worten. Hinter den Kulissen hatte — dem Vernehmen nach — allerdings die schon an anderer Stelle beschriebene Kontroverse mit Karl Schirdewan ihre Kreise gezogen. Schirdewan war damals als Mitglied des Politbüros und Sekretär des ZK unter anderem für Jugendfragen zuständig und hatte die Ablösung Erich Honeckers gefordert. Das aber wußten die wenigsten. Fest stand vielmehr, daß der Aufbau der FDJ untrennbar mit dem Namen Erich Honeckers verbunden war und seine Arbeit im Jugendverband sehr geschätzt wurde. Jedenfalls verabschiedete man ihn in Erfurt mit Ovationen.

Um Erich Honecker, der zum Studium nach Moskau delegiert wurde, war es nach dem Erfurter Parlament der FDJ stiller geworden. Ich erlebte ihn zum dritten Mal während des V. Parteitages der SED im Sommer 1958. Ich war von der Parteiorganisation der Nationalen Volksarmee delegiert worden, denn meinem Studium in Putbus schloß sich ein zweijähriger freiwilliger Dienst bei den Streitkräften an. Dort hätte man mich gern für die Offizierslaufbahn gewonnen. Und vielleicht hätte man das sogar geschafft, wenn da nicht Georg (Schorsch) Ewald gewesen wäre. Aber dazu später.

Vorerst saß Gefreiter Krenz neben seinem General und seinem Divisionskommandeur als Parteitagsdelegierter in der Werner-Seelenbinder-Halle. Ganz nebenbei gesagt, war ich nur zufällig Gefreiter geworden. Ich war mit der Beförderung noch gar nicht dran, als vor angetretenem Regiment der Kanonier Krenz aufgerufen wurde. Ich guckte meinen Batteriechef ungläubig an. Der sagte, selbst verwundert: »Ich habe Sie zwar nicht eingereicht, aber wenn Sie aufgerufen werden, müssen Sie schon nach vorn gehen.« Ich tat es und bekam meine Schulterstücke. Am Schluß blieb einer übrig. Der arme Kerl hieß auch Krenz. Ich durfte meine Schulterstücke trotzdem behalten.

Unvergessen bleibt mir, wie der greise, sehr beliebte Präsident Wilhelm Pieck, gestützt von Walter Ulbricht und Otto Grotewohl, zur Eröffnungssitzung des Parteitages erschien. Jeder wußte, wie krank Wilhelm Pieck war. Um so deutlicher wurde durch das Erscheinen seine innere Verbundenheit mit der Partei dokumentiert.

Auf diesem Parteitag wurde Erich Honecker Mitglied des Politbüros und Sekretär des Zentralkomitees der SED. Letztere Funktion übte er bis Mai 1971 aus, als er zum Ersten Sekretär des Zentralkomitees gewählt wurde. Ich hatte in diesen Jahren keine persönliche Begegnung mit ihm. Ich sah ihn als Student in Moskau 1964 einmal flüchtig, als er Mitglied einer Partei- und Staatsdelegation unter Leitung von Walter Ulbricht war. Damals wurde ein neuer Freundschafts- und Beistandspakt zwischen der UdSSR und der DDR abgeschlossen. Zu einem Empfang, der aus diesem Anlaß in einem der Gästehäuser auf den Moskauer Leninbergen stattfand, begrüßte mich Erich Honecker mit Handschlag, es entwickelte sich aber kein Gespräch.

Zurück zu Schorsch Ewald. Er war 1. Kreissekretär der SED auf der Insel Rügen (später Landwirtschaftsminister und bis zu seinem Tode infolge eines tragischen Verkehrsunfalls Kandidat des Politbüros). Schorsch redete mir zu, eine FDJ-Karriere einzuschlagen. Ich wollte nicht, denn ich hatte mich auf die Lehrerstelle im Inseldörfchen Altefähr, die mir versprochen worden war, gefreut. Aber Georg Ewald gelang es, mich zu überzeugen. Ich wurde 2. und später 1. Sekretär der Kreisleitung der FDJ auf Rügen.

Zuvor hatte ich, als ich von unserem Standort nach Putbus zu einer Festveranstaltung gefahren war, meine spätere Frau kennengelernt. Sie war noch Studentin am selben Institut für Lehrerbildung. Erika ist eine echte Mecklenburgerin, in Barth an der Ostsee geboren. Natürlich war sie sehr umschwärmt, als ich sie traf. Aber ich ließ nicht locker und hatte Glück, weil sich Erika ein Bein brach. Das war zu den Störtebecker-Aufführungen in Ralswieck. Darunter muß man sich ein richtiges Kulturspektakel vorstellen, wo es vor einlaufenden Schiffen, galoppierenden Pferden und sich hin und her bewegenden Statisten nur so wimmelte. Den Stoff des Dichters Kurt Barthel, genannt KUBA, pflegte der leider schon verstorbene Hans Anselm Perten, dem ich später sehr verbunden war, zu inszenieren. Erika hatte eine Statistenrolle, stürzte im Gewimmel und brach sich ein Bein. Warum ein glücklicher Umstand? Weil sie als Lehrerin nach Potsdam kommen sollte, weil ich als Kreissekretär der FDJ auf Rügen inzwischen unabkömmlich war und sie mir im Krankenhaus nicht weglaufen konnte. Ich besuchte sie immer wieder. Meine zukünftige Schwiegermutter lernte ich kennen, als Erikas Bein noch im Gipsverband steckte. Am 8. April 1961 heirateten wir.

Zu dieser Zeit war ich bereits 1. Sekretär der Bezirksleitung der FDJ in Rostock. Meine Frau arbeitete als Lehrerin in Graal-Müritz, 30 km von Rostock entfernt. Wir führten zunächst eine Wochenendehe. Sie hatte ein kleines möbliertes Zimmer in

Graal-Müritz — ich nur ein Hotelzimmer in Rostock. Ein gar nicht so untypischer Ehebeginn für damalige Verhältnisse. Im Sommer 1961 bekamen wir dann eine Wohnung in Rostock — zweieinhalb Zimmer und eine Mansardenstube — zugewiesen. Aber fragen Sie nicht, wie lange wir zusammen darin wohnten.

Im Dezember 1961 wurde ich zum damals jüngsten Sekretär des Zentralrates der FDJ gewählt. Mein Schreibtisch stand nun in Berlin, Unter den Linden. Ich war verantwortlich für die Arbeit der FDJ an den Hoch-und Fachschulen. In der DDR gab es keinen eigenen Studentenverband außerhalb der FDJ. Dabei hatte der damalige 1. Sekretär der Bezirksleitung der SED und spätere Planungschef der DDR, Karl Mewis, übrigens ein Gegenspieler von Herbert Wehner zu Zeiten der Emigration, versucht, mich in Rostock zu halten. Ich sollte Oberbürgermeister werden. Aber ich war damals erst vierundzwanzig Jahre alt und entschied mich lieber für den Jugendverband.

Ich behielt meinen Wohnsitz vorerst in Rostock, doch Horst Schumann, der damalige 1. Sekretär des FDJ-Zentralrates, bestand auf einem Umzug. Also packten wir unsere Sachen und zogen in die Hauptstadt. Als wir dort gerade heimisch geworden waren, stand die nächste Überraschung ins Haus: drei Jahre Studium in Moskau. Von 1964 bis 1967. Ich habe erst nachträglich begriffen, was ich meiner Frau in dieser Zeit zugemutet habe. Sie hielt trotzdem zu mir. Daß sie auch immer mit mir dachte, spürte ich im Oktober 1964 auf besondere Weise. Um 20.00 Uhr Berliner Zeit, in Moskau hatten wir 22.00 Uhr, rief sie mich an und sagte: Bei uns melden die Westsender, Chruschtschow sei gestürzt worden. Ich führte in Moskau ein paar Telefonate und erfuhr: Es stimmte tatsächlich. Sofort weckte ich meinen sowjetischen Zimmernachbarn im Internat, Wolodja, ein feiner Kerl aus Smolensk. Ich rüttelte ihn wach und rief: »Chruschtschow ist gestürzt.« Der aber drehte sich nur um und grunzte: »Ich weiß, der hatte die Personenkultkrankheit.«

Als ich vom Studium zurückkehrte, sollte ich eigentlich die Nachfolge Horst Schumanns als 1. Sekretär des Zentralrates der FDJ antreten. So wollte es Kurt Turba, der damalige Leiter der Abteilung Jugend des ZK der SED. Turba war ein Mann mit sprühenden Ideen, ein Mann, der logisch denken und gut formulieren konnte. Er hatte früher die Zeitung »Forum« geleitet. 1965 fand aber das 11. Plenum des ZK der SED statt, auf dem der künstlerischen Intelligenz übel mitgespielt wurde. Filme verschwanden in Archiven, Künstler — später — im Westen. Turba mußte gehen, weil er zu den »Revisionisten« gehörte, die die Intellektuellen auch noch verteidigt hatten. Also mußten auch seine Kaderpläne falsch sein.

Ich wurde erst viel später, 1974, 1. Sekretär des Zentralrates und war zuvor der verantwortliche Sekretär für Agitation und Propaganda bzw. Vorsitzender der Pionierorganisation »Ernst Thälmann«.

Wie ich bereits schrieb, waren der 16. ZK-Tagung im Mai 1971, auf der Walter Ulbricht als Erster Sekretär abgelöst wurde, heftige Auseinandersetzungen vorausgegangen. Ich bekam das im November 1970 zum ersten Mal richtig mit, als mein Freund Siegfried Lorenz, zu jener Zeit Leiter der Abteilung Jugend des ZK, seinen vierzigsten Geburtstag feierte.

Das Sekretariat des Zentralrates war zur Gratulation gekommen. Plötzlich klingelte das Telefon. Siegfried Lorenz sah, daß es die Direktleitung zu Erich Honecker war und bat uns durch Zeichen um Ruhe. Wenn er geglaubt hatte, Erich Honecker werde ihm zu seinem Geburtstag gratulieren, so sah er sich getäuscht. Honecker stellte vielmehr schroff eine Frage und zwar so laut, daß wir mithören konnten: Warum hat die »Junge Welt«, die Zeitung der FDJ, so ausführlich über einen Besuch Walter Ulbrichts auf der Zentralen Messe der Meister von morgen in Leipzig berichtet und noch dazu dessen Rede veröffentlicht? Und warum war in der gleichen Nummer der »Jungen Welt« ein so unerhörter Artikel von Egon Krenz über den 20. Jahrestag der Funktionärskonferenz der FDJ von 1950 erschienen? Was dort stehe, entspreche nicht dem historischen Verlauf, das sei ja ein Artikel für Walter Ulbricht. Was denke sich Krenz eigentlich? Und versöhnlich fügte er hinzu: »Siegfried, du mußt doch an die Zukunft denken!« Dieser Telefonanruf war für viele von uns ein Beweis, daß es tiefe Meinungsverschiedenheiten zwischen Walter Ulbricht und Erich Honecker geben mußte.

Was wirklich passiert war, erfuhren wir erst später. In Vorbereitung auf die 14. Tagung des Zentralkomitees der SED im Herbst 1970 hatte es massive Kritik an der Wirtschaftspolitik der Partei gegeben, die maßgeblich von Walter Ulbricht beeinflußt worden war. Dies kam in der außergewöhnlich klingenden, aber von honorigen Wissenschaftlern vorgeschlagenen Losung

»Überholen ohne einzuholen« zum Ausdruck. Gemeint war damit, neue Wege zu beschreiten und zu Technologien zu kommen, die eine bedeutende Steigerung der Arbeitsproduktivität ermöglichten. Erich Honecker scharte jene Mitglieder des Zentralkomitees und die 1. Sekretäre der Bezirksleitungen der SED um sich, die sich gegen die von Walter Ulbricht vertretene Politik aussprachen. In dieser Zeit konnte er natürlich kein Treuebekenntnis der FDJ zu Walter Ulbricht gebrauchen. Deshalb die Kritik an den Veröffentlichungen in der »Jungen Welt«.

Der VIII. Parteitag der SED im Juni 1971 stand dann schon im Zeichen der Politik Erich Honeckers. Bald sprach man davon, daß dieser Parteitag eine neue Etappe in der Entwicklung der DDR markiere. Tatsächlich gab es so etwas wie einen gesellschaftlichen Aufschwung. Es wurde der Begriff der Einheit von Wirtschafts- und Sozialpolitik geprägt. Die Arbeiter und Bauern spielten im Kalkül der Partei wieder eine größere Rolle. Einige luxuriöse Interhotels wurden auch für FDGB-Urlauber zur Verfügung gestellt. Sozialpolitische Maßnahmen für die Jugend wurden beschlossen. Es gab ein neues Jugendgesetz. Die Frauen sollten künftig selber bestimmen, wann sie ein Kind bekommen wollten und wann nicht. Das Wohnungsbauprogramm wurde ins Leben gerufen. Und ein großer Satz machte die Runde: »Die Partei ist für das Volk da und nicht das Volk für die Partei.« Damals waren wir alle überzeugt: Diesem Grundsatz würden wir ewig treu bleiben.

Auf dem VIII. Parteitag wurde ich Kandidat des Zentralkomitees, und ich betrachtete das als Beginn eines neuen Lebensabschnittes. Jetzt sah ich Erich Honecker öfter. Ich spürte bei ihm Interesse und eine gewisse Sympathie für meine Arbeit. Als Vorsitzender der Pionierorganisation »Ernst Thälmann« hatte ich viel mit seiner Frau Margot, der Ministerin für Volksbildung, zu tun. Möglicherweise hatte sie Anteil daran, daß mich Erich Honecker zur Wahl als Kandidat des ZK vorschlug. Genau weiß ich das nicht, aber ihre lauteren Motive sind über jeden Zweifel erhaben. Ich bin oft gefragt worden: Was ist das für eine Frau, diese Margot Honecker? Ich habe sie 1952 das erste Mal gesehen. Sie war damals Vorsitzende der Pionierorganisation »Ernst Thälmann«, und ich nahm an einer zentralen Veranstaltung der Pioniere in Berlin teil, auf der sie sprach. Sie besaß die Fähigkeit, andere mit ihren Worten zu überzeugen. Ihre Aktivität im Jugendverband und später in verschiedenen Funktionen im Volksbildungsministerium veranlaßten die Parteiführung noch unter Walter Ulbricht, Margot Honecker Anfang der sechziger Jahre zum Volksbildungsminister vorzuschlagen. Meines Wissens war sie damals das jüngste Mitglied des Ministerrates. In dieser Zeit entstand viel Neues in der Volksbildung. Es wurde das Gesetz über das einheitliche sozialistische Bildungssystem geschaffen. Es sieht vor, daß vom Kindergarten bis zur Berufsbildung die einzelnen Stufen der Aus- und Weiterbildung inhaltlich aufeinander abgestimmt sind. Es sollte Chancengleichheit für alle Kinder des Volkes schaffen.

In meiner Zusammenarbeit mit Margot Honecker gab es viele gute Jahre, an die ich mich gern erinnere. Dies änderte sich im Frühsommer 1989, als der letzte Pädagogische Kongreß vorbereitet wurde. Es entstand nicht wenig Streit zwischen dem Volksbildungsministerium und dem Zentralrat der FDJ über eine höhere Selbständigkeit der Schüler. Auch meinten die Funktionäre der FDJ, man müsse in der Volksbildung stärker auf die Anforderungen der Zeit reagieren. Ich unterstützte den 1. Sekretär des Zentralrates der FDJ, Eberhard Aurich, und den Vorsitzenden der Pionierorganisation »Ernst Thälmann«, Wilfried Poßner, in ihren Positionen. Leider wurden diese auf dem Pädagogischen Kongreß nicht berücksichtigt. Viele geben Margot Honecker dafür die Schuld. Schon früher hatten Lehrer darüber geklagt, daß das schöpferische Klima im Pädagogen-Kollektiv nicht genügend gefördert und die Kreativität der Schüler ungenügend gefordert wurden.

Ich müßte die Unwahrheit sagen, würde ich behaupten, meine Zusammenarbeit mit Margot Honecker wäre schlecht gewesen. Sie konnte zwar in Diskussionen sehr heftig werden. Wer es sich mit ihr verscherzt hatte, brauchte lange, um dies wieder in Ordnung zu bringen. Ich aber kann nur sagen: In ihrer Art war sie eine starke Persönlichkeit. Zweifellos hat sie ihren Mann nicht unwesentlich beeinflußt.

Im Oktober 1973 wurde ich Vollmitglied des Zentralkomitees. Den Grund sollte ich bald erfahren. Erich Honecker gratulierte mir sehr herzlich zur Wahl und sagte: »Nun, Egon, du wirst wohl bald die FDJ übernehmen.« Am 9. Januar 1974 wählte mich der Zentralrat der FDJ zu seinem 1. Sekretär. Schon zwei Tage später empfing Erich Honecker die neue Führungsmannschaft der

FDJ zu einem Gespräch. Ich habe es noch in bester Erinnerung. Übrigens ließ er solche Zusammenkünfte mit dem Sekretariat des Zentralrates zu einer Tradition werden. Bei diesen Treffen war er aufgeschlossen und gab viele politische und praktische Ratschläge für die Arbeit unter der Jugend. Als ich ihn bei der ersten Begegnung bat, auf einer Jugendkundgebung im alten Friedrichstadtpalast anläßlich der Verabschiedung des Jugendgesetzes von 1974 zu sprechen, meinte er: »Das ist schon deine Sache!« Er hatte Vertrauen in die FDJ, und es gab eine angenehme Atmosphäre der Zusammenarbeit in dieser Zeit. Sie sollte viele Jahre dauern. Erich Honecker nahm regen Anteil an unserer Arbeit und ließ uns deutlich wissen, daß die Anleitung der FDJ in seiner Hand liege und nicht etwa Angelegenheit von Paul Verner sei, dem als Sekretär des ZK die Abteilung Jugend formal unterstand.

Auf dem IX. Parteitag der SED im Jahre 1976 wurde ich Kandidat des Politbüros des Zentralkomitees der SED. Das war für mich eine Überraschung, obwohl ich einen Tag zuvor schon etwas hatte läuten hören. In einem Telefonat erfuhr ich von Harry Tisch, daß Erich Honecker mit ihm über diese Angelegenheit gesprochen hatte. Die Arbeit im Politbüro war für mich neu. Zunächst imponierte mir, wie schnell Erich Honecker seine Entscheidungen traf. Andererseits unterschied sich die Arbeitsweise des Politbüros doch sehr von meiner früheren Tätigkeit in der FDJ. Dort waren wir gewohnt, daß Sitzungen des Sekretariats wirklich zum Meinungsstreit genutzt wurden. Da war es oft heiß und äußerst konträr zugegangen. Die Sitzungen des Politbüros dagegen waren in der Regel nur kurz. Sie dauerten selten länger als eineinhalb bis zwei Stunden. Die Vorlagen schienen gut vorbereitet und allseitig abgestimmt zu sein. Offene, kollektive Diskussionen waren dann nicht mehr gefragt. Nur wenn einer noch den Stachel löckte, gab es Diskussionen. Zu den Leuten, die sich das trauten, gehörten Kurt Hager, Alfred Neumann oder auch Werner Felfe. Erich Honecker liebte unbequeme Nachfragen nicht und ließ es die »Querdenker« auch spüren. Ich empfand den zügigen Arbeitsstil des »Chefs« zu diesem Zeitpunkt noch nicht als Nachteil, sondern als Ausdruck von Effektivität.

Gelegentlich machte Erich Honecker Andeutungen über meine künftige politische Laufbahn. Als wir das X. Parlament der FDJ vorbereiteten, im Mai 1976, bat ich Erich Honecker um ein Gespräch. Ich wollte mit ihm Kaderfragen abstimmen. Es dauerte einige Tage, dann lud er mich ein und bat mich in sein Arbeitszimmer. Dort sprach er länger als zwei Stunden mit mir. Ich sagte ihm unumwunden, daß ich bereits auf die Vierzig zuginge und möglicherweise auf dem Parlament ein neuer, jüngerer 1. Sekretär gewählt werden könnte. Ich dachte zum Beispiel an Helga Labs, die damalige Vorsitzende der Pionierorganisation »Ernst Thälmann«. Erich Honecker hörte mir aufmerksam zu, schüttelte aber den Kopf. Keine Experimente. »Bleib bei der FDJ, bis wir dich in der Partei brauchen.« Ich ließ es gut sein, denn die Arbeit im Jugendverband machte mir Spaß.

Viele Freundschaften entstanden in dieser Zeit. Fast alle, die damals dem Sekretariat des Zentralrates der FDJ angehörten, übernahmen später wichtige Partei- und Staatsfunktionen. In diesem Zusammenhang fallen mir Namen wie Wolfgang Herger, Erich Postler, Helga Labs, Hartmut König, Frank Bochow, Gunter Rettner, Günter Böhme, Günter Schneider, Klaus Eichler, Ellen Brombacher und Jochen Willerding ein. Leider sind die meisten von ihnen, obwohl sie sich sehr engagiert für die Wende eingesetzt haben, inzwischen aus ihren Funktionen abberufen. Ich kann nur hoffen, daß hier die Zeit Gerechtigkeit walten läßt.

Seit ich Kandidat des Politbüros war, trug ich schwer an der Last, die mir von anderen aufgebürdet worden war. Es hieß, mit meiner Wahl wollte Erich Honecker ein personelles Zeichen setzen. Aus dieser Zeit stammt auch das Etikett »Kronprinz«. Die westlichen Medien bliesen kräftig in dieses Horn, setzten jedoch bald ein Attribut dazu: Hardliner.

Mit Interesse verfolgte ich, wie Erich Honecker Geschichte betrachtete. Wir bereiteten im Sekretariat des Zentralrates gemeinsam mit der Rostocker Universität das Buch »Geschichte der FDJ« vor. Natürlich interessierte sich der langjährige Vorsitzende der FDJ für das Manuskript, zückte den Federhalter und korrigierte vor allem das Bild über J. W. Stalin, der im Manuskript kaum berücksichtigt war. Und als wenn er die Bedeutung seiner Worte dadurch unterstreichen wollte, benutzte Erich Honecker einen dicken schwarzen Filzstift, als er über das Deckblatt unseres 1000seitigen Manuskriptes schrieb: »Geschichte bleibt Geschichte. Dies kann man im nachhinein nicht ändern.« Diese Konsequenz überraschte mich, hatten wir doch unsere Erfahrungen, wie sich von Parteitag zu Parteitag Geschichtsbilder verändern konnten. Mit zunehmendem Alter wertete aber auch Erich

Honecker geschichtliche Ereignisse persönlich um. Wie anders hätte man es sich sonst erklären können, daß das Saarland in seinen Darlegungen zu einem bedeutenderen Zentrum der Arbeiterbewegung avancierte als Sachsen oder Berlin?

Die Jahre vergingen, und schon bald hatte ich den Eindruck, das Wort »Berufsjugendlicher« sei für mich erfunden worden. Wie konnte man mich mit meinen sechsundvierzig Jahren noch für einen Jugendfunktionär halten? Im Oktober 1983 ging ich also zu Erich Honecker und sagte: »Wenn du mich noch weiter in der FDJ läßt, werde ich länger Vorsitzender sein, als du es je gewesen bist.« Das machte Erich Honecker nachdenklich. Natürlich wußte er aus eigener Erfahrung, daß es von einem bestimmten Alter nicht mehr einfach ist, den Zugang zu Jugendlichen zu finden, ihre Sprache zu sprechen und zu verstehen. Aber wahrscheinlich störte ihn auch die Vorstellung, jemand wäre länger Vorsitzender der FDJ gewesen als er. Zählt man seine Arbeit als Vorsitzender des antifaschistischen Jugendausschusses seit 1945 dazu, hatte Erich Honecker zehn Jahre an der Spitze der neuen Jugendbewegung gestanden. Mir fehlten dazu noch drei Monate. »Gut«, sagte Erich Honecker, »ich schlage vor, du wirst Mitglied des Politbüros und Sekretär des Zentralkomitees.«

Das kam mehr als überraschend. Ich hatte damit gerechnet, zunächst in einem Bezirk eingesetzt zu werden, wie Siegfried Lorenz (Karl-Marx-Stadt) oder Günther Jahn (Potsdam) zuvor. Ich sah für mich schon wieder die Nordlichter angehen: Rostock vielleicht? Aber Honecker hatte etwas anderes mit mir vor. Ich sollte es am 21. Oktober 1983 in der dienstäglichen Politbürositzung erfahren.

Tags zuvor wartete auf mich aber noch eine knifflige Abschiedsaufgabe bei der FDJ. Am Abend des 20. Oktober fand im Palast der Republik ein großes Friedenskonzert gegen die Stationierung neuer Mittelstreckenraketen in Europa statt. Der Zentralrat der FDJ hatte Harry Belafonte und Udo Lindenberg dazu eingeladen. Schon mittags begann es vor dem Palast der Republik zu brodeln, einem sensiblen Ort, wenn man unsere Stadtmitte vor Augen hat. Fans von Udo Lindenberg, die keine Karten bekommen hatten, machten ihrem Ärger Luft und reizten die Volkspolizei. Ich schaute aus dem Fenster des Palastes und machte mir Sorgen. Ein Zusammenstoß mit der Volkspolizei hätte all jenen in der Parteiführung recht gegeben, die in der Einladung von

Udo Lindenberg ein Abgleiten der FDJ in westliche Unkultur sahen. Natürlich betrachteten die Jugendlichen dies alles lockerer, und die befürchteten Krawalle blieben aus. Wir sammelten Erfahrungen, die uns später bei viel größeren Rockkonzerten, mit Bob Dylan oder Bruce Springsteen, zugute kamen.

Als ich am nächsten Morgen kurz vor 10.00 Uhr in die Sitzung des Politbüros kam, fand ich eine kurze Vorlage, die Erich Honecker unterschrieben hatte, vor. Darin wurde meine Abberufung von der Funktion des 1. Sekretärs des Zentralrates und die Berufung zum Mitglied des Politbüros und Sekretär des Zentralkomitees vorgeschlagen. Außerdem sollte ich mit dem höchsten Orden der DDR, dem Karl-Marx-Orden, ausgezeichnet werden. Ich war ehrlich überrascht. Aber mindestens genauso verblüfft war ich über meine zukünftigen Tätigkeitsbereiche. Erich Honecker schlug vor, daß ich für die Abteilungen Staat und Recht, Sicherheitsfragen, Jugend sowie Sport zuständig sein sollte. Manches hatte ich mir zwar denken können, aber daß Erich Honecker die von ihm direkt geleitete Sicherheitsabteilung abgab, war — natürlich nicht nur für mich — eine mittlere Sensation. Die »Kronprinz«-Rufe nahmen zu.

Die 7. ZK-Tagung Ende November bestätigte diese Vorschläge des Politbüros. Diese Tagung erlangte übrigens, auch wenn das nicht sofort für jedermann erkennbar war, eine besondere Bedeutung. Auf die Stationierung der NATO-Raketen in der BRD hatte Erich Honecker moderat geantwortet: »Jetzt erst recht alles für den Frieden.« Und dies, obwohl der damalige Generalsekretär des ZK der KPdSU, Andropow, kurz vorher davon gesprochen hatte, daß sich »die Deutschen nach der Raketenstationierung nur noch über Raketenzäune unterhalten« könnten. In dieser komplizierten Zeit, als viele Menschen bei uns Angst um die Zukunft hatten, setzte Erich Honecker auf den politischen Dialog, zweifellos ein souveräner, mutiger Schritt.

Der Auftakt für meine Arbeit: Erich Honecker räumte seine Panzerschränke und übergab mir die Unterlagen, die die bisher ihm unterstehende ZK-Abteilung für Sicherheitsfragen betrafen. Ich erhielt Einblick in Dinge, die ich bisher so detailliert nicht kannte: Verteidigungsausgaben, personelle Stärke unserer Armee, Unterlagen über den Verteidigungszustand. Es dauerte seine Zeit, bis ich mich eingearbeitet hatte.

Als Erich Honecker im Februar 1984 zu den Trauerfeierlichkeiten für den verstorbenen KPdSU-Generalsekretär Andropow nach Moskau flog, nahm er mich in die Delegation auf. Ich war ihm dafür dankbar, denn in Andropows kurzer Amtszeit waren neue, ungewohnt dynamische Akzente gesetzt worden. Wenn er über Gegenwärtiges und Zukünftiges sprach, klang es selten nach einer bloßen Beschreibung des Status quo. Zumeist stand die zu lösende Aufgabe im Vordergrund. Ich erinnere mich an seine bekannte Kreml-Rede zum 60. Jahrestag der UdSSR, als er mit Blick auf die Integration der sozialistischen Länder bemerkt hatte: »Natürlich können wir auch jetzt nicht sagen, daß alle Schwierigkeiten hinter uns liegen, daß das Ideal erreicht worden ist. Was gestern noch tragbar war, bedarf heute einer Verbesserung. Die Länder unserer Gemeinschaft sehen sich vor viele ernste Aufgaben gestellt.« Ich wußte damals nicht, daß ein Gorbatschow kommen und diesen Gedankenansatz konsequent weiterführen würde. Und noch viel weniger ahnte ich, als wie unfähig wir uns erweisen würden, den angedeuteten Aufgaben, eine Gesellschaft des demokratischen Sozialismus zu errichten, gerecht zu werden. Ich wußte nur, daß uns mit Andropow ein scharfer Beobachter des realen Sozialismus, ein Mann mit erstaunlichen Visionen verlassen hatte.

Persönlichkeiten aus aller Welt erwiesen Juri Andropow die letzte Ehre. Ich stand vor dem Lenin-Mausoleum und bemerkte, als der Sarg Andropows in die Erde gelassen wurde, welche gesundheitlichen Schwierigkeiten der gerade erst gewählte Nachfolger, Konstantin Tschernenko, hatte. Er wollte seine Hand zum Gruß heben, aber man spürte, daß ihm bereits die Kraft fehlte. Ich erinnerte mich an die letzten Amtsjahre Leonid Breschnews und glaubte, diese Bilder vor Augen, so etwas würde es bei uns niemals geben...

Aber das blieb in jenem Jahr nicht die einzige Reise, auf der ich Erich Honecker begleitete. Ich war Teilnehmer an der Junitagung des Rates für Gegenseitige Wirtschaftshilfe (RGW), die auf höchster Ebene stattfand. Hier erfuhr ich, mit welcher Härte die Wirtschaftsverhandlungen unter uns Verbündeten geführt wurden. Bisher hatte ich nur an Zusammenkünften teilgenommen, wo es um die Bekräftigung der Freundschaft ging. Hier aber standen handfeste ökonomische Interessen auf der Tagesordnung, und es war manches Mal fast unmöglich, sie unter einen Hut zu bringen. In diesen Tagen verlor ich manche Illusion.

Im Juli nahm ich im Auftrag Erich Honeckers an den Feierlichkeiten zum 40. Jahrestag der Befreiung Volkspolens teil. Meine Rede hatte ich besonders gründlich vorbereitet, war es doch mein erstes internationales Auftreten außerhalb der Jugendbewegung. Ich hatte das Manuskript auch an Erich Honecker geschickt, der es mit seinem »Einverstanden« auf dem Deckblatt absegnete. Da ich um die Betroffenheit vieler Polen angesichts des wachsenden Rechtsradikalismus und erstarkender neonazistischer und revanchistischer Tendenzen in der Bundesrepublik wußte, hatte ich zu diesem Thema einige recht scharf formulierte Passagen aufgenommen. Zu meinem Erstaunen fand ich sie in der DDR-Presse nicht wieder, während sie in den polnischen Massenmedien sehr stark hervorgehoben wurden. Erst später begriff ich den Hintergrund. Erich Honecker bereitete seinen Besuch in der BRD vor und hatte kein Interesse an Äußerungen, die seiner Meinung nach die bevorstehenden Gespräche belasten könnten. Zum ersten Mal tauchten in den Westmedien Gerüchte über angebliche Meinungsverschiedenheiten in der SED-Führung auf. Das ging so weit, daß ich bei einem Besuch in Griechenland im Sommer 1984, nachdem ich Ministerpräsident Papandreou eine Botschaft Erich Honeckers überbracht hatte, von Journalisten gefragt wurde, wie tief eigentlich die Differenzen zwischen mir und Erich Honecker seien. Erschrocken wies ich das als blanken Unsinn zurück und war nur froh, daß mich das keine Journalisten von Boulevardblättern der BRD gefragt hatten. Ihre Zeitungen wurden nämlich auf der Berliner Chefetage zuerst gelesen und häufig auch für glaubhaft gehalten.

Die Vorbereitungen Erich Honeckers auf seine BRD-Reise wurden 1984 in Moskau noch mit Skepsis verfolgt. Das kam deutlich in einem Vorgang zum Ausdruck, den ich bis dahin in den Beziehungen zwischen der UdSSR und der DDR für kaum möglich gehalten hätte. Die »Prawda« hatte im Sommer 1984 zwei Artikel zu revanchistischen Tendenzen in der BRD veröffentlicht. Vordergründig waren sie an die Adresse der Bundesrepublik gerichtet. Zugleich stellten sie eine ziemlich unverhüllte Attacke auf die Politik des Dialogs und des Realismus dar, die von Erich Honecker auf der 7. Tagung des Zentralkomitees vorgeschlagen worden war. Es gab in der Partei viel Unverständnis über diese Reaktion in Moskau, auch bei mir. Aber man darf nicht vergessen: Es war die Zeit Tschernenkos. Was half es? Erich Honecker,

Hermann Axen, Kurt Hager und Erich Mielke fuhren zu Gesprächen mit Konstantin Tschernenko und weiteren Genossen der KPdSU-Führung nach Moskau.

In der deutschlandpolitischen Hellhörigkeit von heute stößt man bei der Rekapitulation damaliger Diskussionen in der sowjetischen Führung auf einen interessanten, häufig übergangenen Punkt. Die sowjetischen Deutschland-Experten sahen zu jener Zeit wohl, daß wir Vorstellungen über die Zusammenarbeit mit der BRD auf Einzelgebieten hatten. Aber sie monierten, daß wir über kein Konzept für die Behandlung der nationalen Frage verfügten. Und sie hatten recht. Daß die deutschen Kommunisten und Sozialisten in der SED diese Frage als abgeschlossen aus der Hand gegeben hatten, anstatt sie linken demokratischen Visionen offenzuhalten, war einer der größten Fehler in der jüngeren DDR-Geschichte. Wir hießen »Sozialistische Einheitspartei Deutschlands« und lasen das »Neue Deutschland«, sangen aber die Vision, die uns der kommunistische Dichter Becher in die Nationalhymne geschrieben hatte — »Deutschland, einig Vaterland« — nicht mehr. Diesen Slogan hefteten sich dann andere auf die Fahnen. Wollten uns die sowjetischen Genossen damals sagen: Was soll denn herauskommen bei einer solchen Reise, wenn Grundfragen nicht geklärt sind? Ich glaube, sie fürchteten Alleingänge der DDR.

Im Juni 1984 unterbreitete Erich Honecker dem Politbüro den Vorschlag, mich zum Stellvertretenden Vorsitzenden des Staatsrates zu wählen. Seine knappe Begründung lieferte wiederum Stoff für Spekulationen: »Das ist eine Frage der Perspektive.« Zum Jahreswechsel 1984/1985 bat mich Erich Honecker erstmals, ihn in seiner Abwesenheit zu vertreten. Er gab dafür aber keine Begründung.

Mit der Wahl Gorbatschows konnte Erich Honecker wenig anfangen. Er kannte den neuen KPdSU-Generalsekretär zwar flüchtig aus einer Begegnung Anfang der sechziger Jahre, als dieser mit einer Delegation von Parteiarbeitern der KPdSU die DDR besuchte. Aber wer »der Neue« wirklich war, welche Politik er betreiben und wie er an die Beziehungen zwischen der DDR und der UdSSR herangehen würde, dafür gab es noch keine schlüssige Antwort. Ein kurzes Telefongespräch zwischen Honecker und Gorbatschow unmittelbar nach der Ankunft unserer Delegation zu den Moskauer Trauerfeierlichkeiten und ein Gespräch mit den Leitern der Delegationen aus den Warschauer Vertragsstaaten am gleichen Tage vermittelten Erich Honecker zunächst nur den Eindruck, daß mit Gorbatschow die Zeit der Sprachlosigkeit in der sowjetischen Führung vorbei war. Ich weiß nicht genau, warum sich bei Erich Honecker — im Gegensatz zur übrigen Welt — darüber keine rechte Freude einstellen wollte. Er blieb merklich reserviert. Wie oft hatte er in den vergangenen Wochen darüber geklagt, daß man sich mit der sowjetischen Führung nicht mehr beraten könne, hatte bestimmte außenpolitische Schritte der UdSSR kritisiert. Nun aber, als man in der Sowjetunion selbst von Stagnation sprach und Gorbatschow eine Beschleunigung der sozialökonomischen Entwicklung forderte, wurde Erich Honecker mißtrauisch und ging auf Distanz. Nicht in außenpolitischen Fragen, die Honeckers weitestgehende Unterstützung fanden, wohl aber in der Innenpolitik. Aber nur in der Ganzheitlichkeit von Innen- und Außenpolitik war der von Gorbatschow geprägte neue Kurs der KPdSU zu verstehen. Was überall in der Welt, nicht nur in den kommunistischen und Arbeiterparteien, mit Sympathie, mit Hoffnung aufgenommen wurde, war für Erich Honecker nicht nachvollziehbar. »Was sollen wir denn eigentlich beschleunigen?« fragte er mit demagogischem Unterton. »Unser Wohnungsbauprogramm? Wir würden nur Disproportionen schaffen! Unseren Fleisch- und Butterverbrauch? Wir haben ohnehin einen der höchsten in Europa.« Jede Argumentation gegen die Perestroika gipfelte direkt oder indirekt in der Frage: »Welchem sozialistischen Land in der Welt geht es besser als uns? Wollt ihr Perestroika und Glasnost oder volle Regale?«

Begriffe wie »Selbstverwaltung« wurden unter Revisionismus verbucht. Diskussionen gegen übertriebenen Zentralismus und für mehr Demokratie waren ihm suspekt. So entstand — mosaikartig — das immer deutlicher werdende Bild jener Distanz zur neuen Entwicklung in der Sowjetunion, die für unser Volk katastrophale Folgen haben sollte.

Oft denke ich: Hätte unsere Führung damals die Zeichen der Zeit erkannt! Hätten wir doch nur besser verstanden, daß Gorbatschow nicht gegen die Werte, sondern gegen die Entstellungen der Werte des Sozialismus ankämpfte! Hätten wir rechtzeitig unsere Schlußfolgerungen gezogen, sicher wäre der Souveränität unseres Landes besser gedient gewesen. Im Bewußtsein vieler wäre

Mit der Mutter:
Sommer 1937 *(1)*.

Erika Krenz mit Sohn Torsten, 1961 *(2)*.

Egon Krenz mit jüngstem Sohn Carsten, 1971 *(3)*.

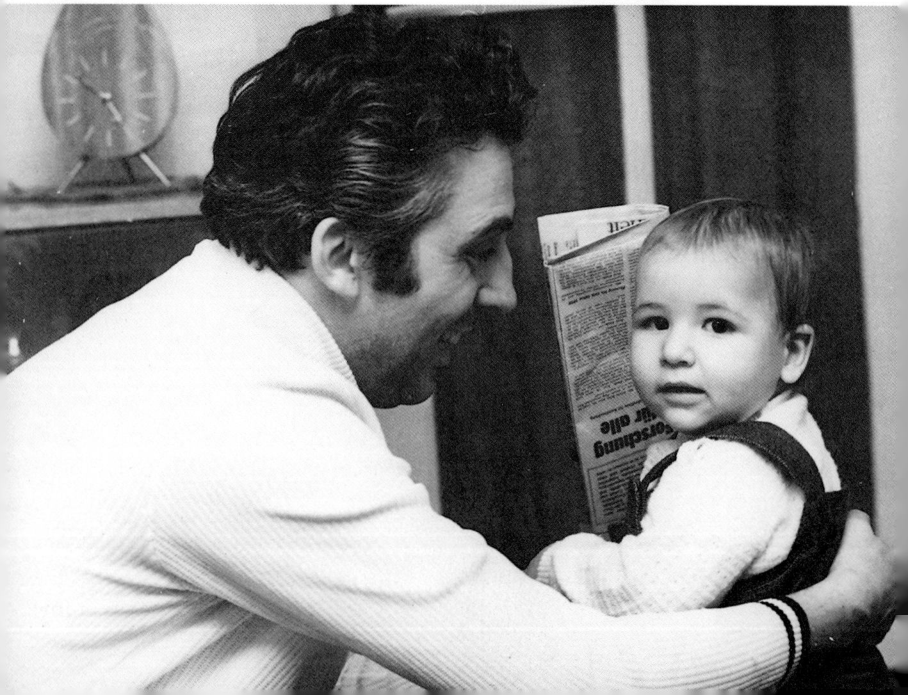

Egon Krenz (vorne, Mitte) im Pionierlager Tollense-See bei Neubrandenburg, Juli 1950 *(4)*.

Lehrerpraktikum 1957 *(5)*.

Marschall der UdSSR Wassilij Tschuikow besuchte zum 25. Jahrestag der Deutschen Demokratischen Republik, 1974, die DDR. Hier im Gespräch mit Erich Honecker und Egon Krenz *(6)*.

Erika und Egon Krenz mit dem sowjetischen Fliegerkosmonauten Andrian Nikolajew, der im Oktober 1967 die DDR besuchte *(7)*.

Erich Honecker empfängt das Sekretariat des Zentralrates der FDJ, 1976 *(8)*.

1980 fanden in der Volksrepublik Mosambik Tage der Freundschaft zwischen der Jugend der DDR und Mosambiks statt. Samora Machel, der Präsident der Frelimo-Partei und Präsident des gastgebenden Landes, begrüßt Egon Krenz, Kandidat des Politbüros des ZK der SED und 1. Sekretär des Zentralrates der FDJ, der seine Delegation leitete *(9)*.

Während der XI. Weltfestspiele der Jugend und Studenten 1978 empfängt Fidel Castro den Leiter der DDR-Delegation, Egon Krenz *(10)*.

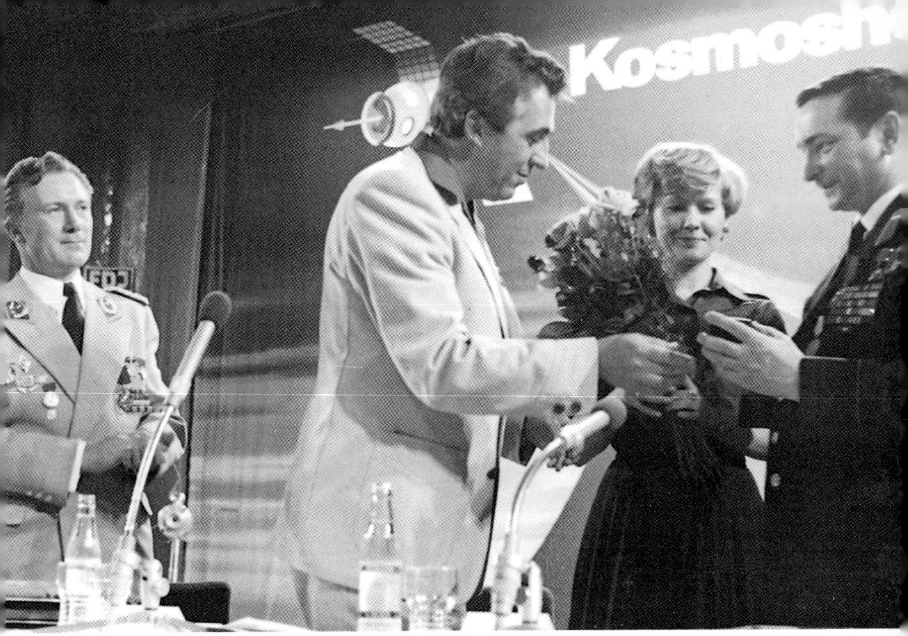

Der erste Deutsche im Kosmos. Siegmund Jähn und sein Kommandant Waleri Bykowski werden nach gemeinsamem Weltraumflug durch Egon Krenz mit der höchsten Auszeichnung der FDJ geehrt *(11)*.

Zum 25. Jahrestag der Pionierorganisation erhalten die Thälmann-Pioniere das rote Halstuch, das von Erich Honecker, Willi Stoph (2. v. r.), Horst Sindermann (links) und anderen Politbüro-Mitgliedern überreicht wird. Im Hintergrund Friedrich Ebert, der Sohn des Reichspräsidenten der Weimarer Republik Friedrich Ebert *(12)*.

Margot Honecker spricht zur Einweihung des Pionierpalastes in Berlin. Erich Honecker (rechts); (links neben Margot Honecker) Irma Gabel-Thälmann, die Tochter Ernst Thälmanns *(13)*.

1984 nimmt Egon Krenz zum ersten Mal als Mitglied einer Partei- und Staatsdelegation der DDR an einer Wirtschaftsberatung der Mitgliedsländer des RGW im Georg-Saal des Großen Kreml-Palastes in Moskau teil. (v. l. n. r.) Hermann Axen, Willi Stoph, Erich Honecker, Egon Krenz, Günter Mittag, Gerhard Schürer *(14)*.

Die FDJ-Fraktion der Volkskammer, Wahlperiode 1976 bis 1981 *(15)*.

Harry Belafonte und Udo Lindenberg im Gespräch mit Egon Krenz. Die beiden Künstler gestalteten das Konzert »Für den Frieden der Welt« im »Palast der Republik« mit *(16)*.

Egon Krenz heißt die aus Calgary zurückkommende erfolgreiche Olympiamannschaft der DDR auf dem Flughafen Berlin-Schönefeld herzlich willkommen. Hier begrüßt er die zweifache Olympiasiegerin Katarina Witt *(17)*.

Egon Krenz mit Miep Gies, die anläßlich des Erscheinens ihres Buches »Meine Zeit mit Anne Frank« in Berlin weilte *(18)*.

Während eines Aufenthaltes in Berlin: Michail Gorbatschow begrüßt Erika Krenz. (links) Raissa Gorbatschowa; (rechts) Egon Krenz *(19)*.

Egon Krenz besucht seinen Heimatort Damgarten. Hier im Gespräch mit Teilnehmern der Jugendweihe *(20)*.

Kinder- und Jugend-Spartakiade in Oberwiesenthal. Egon Krenz mit einem jungen Teilnehmer *(21)*.

Eröffnungsveranstaltung zu den XIII. Weltfestspielen der Jugend und Studenten, Sommer 1989 in Pjöngjang; (v. r. n. l.) Julius Nyerere, Kim Il Sung, Robert Mugabe, Egon Krenz und weitere Gäste *(22)*.

Sitzung der zentralen Wahlkomission zu den Kommunal-Wahlen 1989 *(23)*.

Egon Krenz beim Betriebsbesuch im VEB Werkzeug-Maschinenkombinat »7. Oktober«, Berlin *(24)*.

Auf Schloß Hubertusstock bei Berlin trifft Egon Krenz, der neue SED-Generalsekretär, am 19. Oktober 1989 den Vorsitzenden der evangelischen Kirchenleitungen in der DDR, Landesbischof Dr. Werner Leich *(25)*.

Egon Krenz bei seiner Rede am 24. Oktober 1989 vor der Volkskammer der DDR nach seiner Wahl zum Vorsitzenden des Staatsrates der DDR *(26)*.

Egon Krenz leitet als stellvertretender DDR-Staatsratsvorsitzender die Delegation seines Landes bei den deutsch-deutschen Gesprächen in Saarbrücken (Juni 1989). Hier mit Oskar Lafontaine *(27)*.

Im Amtssitz des Staatsrates empfängt Egon Krenz in seiner Eigenschaft als neuer DDR-Staatsratsvorsitzender am 3. November 1989 das Diplomatische Korps; (v. l. n. r.) Manfred Gerlach, Willi Stoph, Egon Krenz, Horst Sindermann *(28)*.

Nach seiner Wahl zum Staatsratsvorsitzenden schreitet Egon Krenz die Ehrenformation der Nationalen Volksarmee (NVA) ab (24. Oktober 1989) *(29)*.

Erster Arbeitsbesuch in Moskau nach der Wahl zum Staats- und Parteichef: Egon Krenz wird von Michail Gorbatschow begrüßt und beglückwünscht (1. November 1989) *(30)*.

Anläßlich seiner Reise nach Moskau gibt Egon Krenz an Bord des Flugzeuges dem Reporter vom Jugendfernsehen »elf 99« ein Interview (1. November 1989) *(31)*.

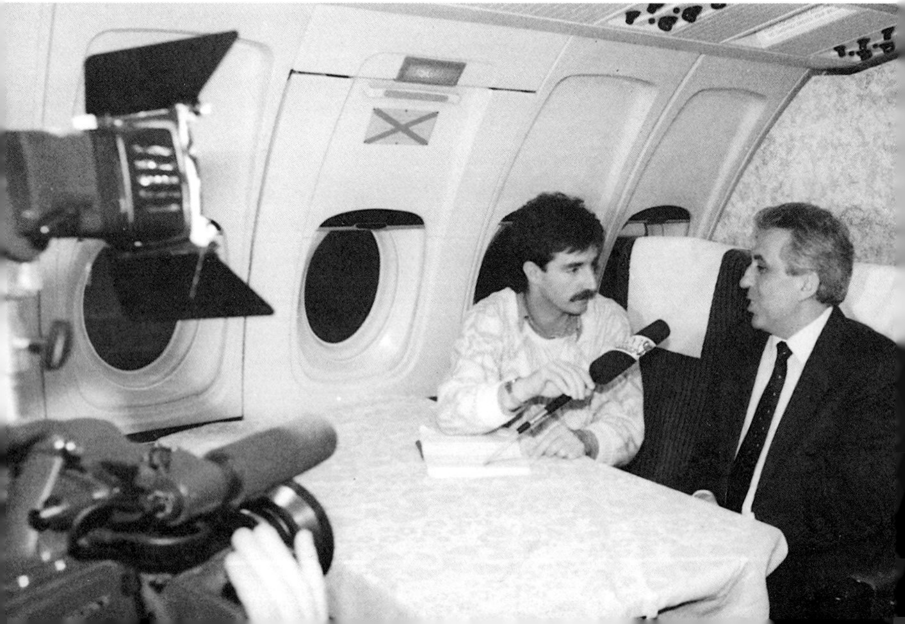

Bei der ersten geheimen Abstimmung in der DDR-Volkskammer wird am 13. November 1989 der Vorsitzende der Demokratischen Bauernpartei Deutschlands, Günther Maleuda, zum neuen Präsidenten des Parlaments der DDR gewählt. Egon Krenz applaudiert Günther Maleuda *(32)*.

Kurzer Arbeitsbesuch in Warschau. Egon Krenz mit Staatspräsident Wojciech Jaruzelski (Mitte) und mit Ministerpräsident Tadeusz Mazowiecki (2. November 1989) *(33)*.

Am Ende der 12. Tagung der Volkskammer vereidigt der Staatsratsvorsitzende Egon Krenz das neue Kabinett unter Führung von Ministerpräsident Hans Modrow (18. November 1989) *(34)*.

Egon Krenz leitet die Sitzung des Staatsrates der DDR am 24. Oktober 1989 *(35)*.

Als erster Bonner Politiker trifft der Vorsitzende der FDP-Bundestagsfraktion Wolfgang Mischnick mit Egon Krenz zusammen (25. Oktober 1989) *(36)*.

Bei seinem Besuch in der DDR überreicht Nordrhein-Westfalens Ministerpräsident Johannes Rau dem DDR-Staats- und Parteichef Egon Krenz den Bildband »Zeitzeichen« (9. November 1989) *(37)*.

Mit Martin Bangemann, dem Vizepräsidenten der EG-Kommission, trifft Egon Krenz am 2. November 1989 zu einem Meinungsaustausch zusammen *(38)*.

Vorbereitende Gespräche für den Besuch von Bundeskanzler Helmut Kohl in der DDR: Kanzleramtsminister Rudolf Seiters (Mitte) mit DDR-Ministerpräsident Hans Modrow (links) und Egon Krenz (November 1989) *(39)*.

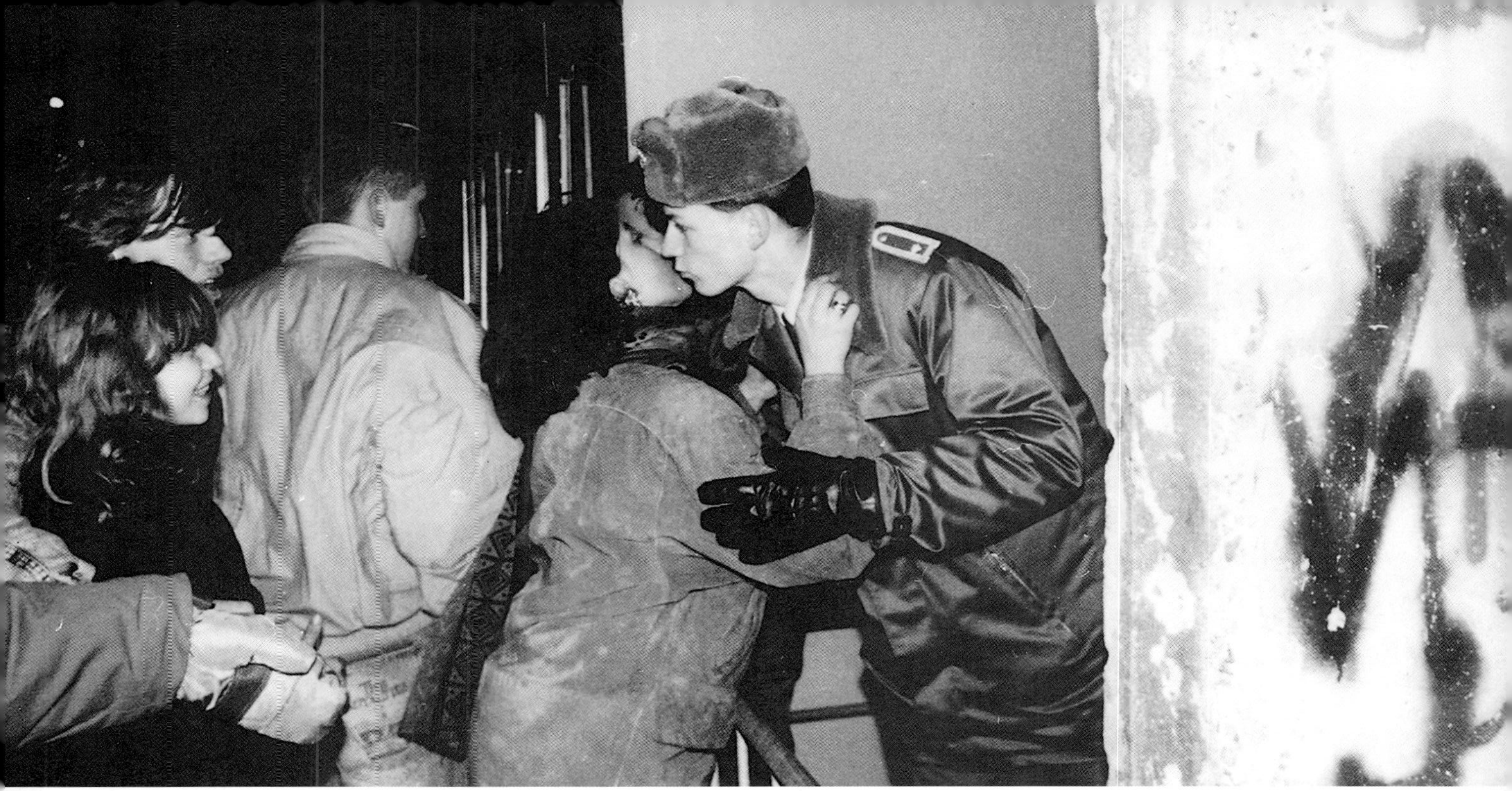

Was Egon Krenz mit der Öffnung der Mauer – hier küßt eine West-Berlinerin einen DDR-Grenzpolizisten – einleitete … *(40)*

. . . führte im Dezember 1989 auch zur Öffnung des Brandenburger Tors. Silvesterfeier 1989/1990 vor dem Berliner Wahrzeichen *(41)*.

. . . führte im Dezember 1989 auch zur Öffnung des Brandenburger Tors. Silvesterfeier 1989/1990 vor dem Berliner Wahrzeichen *(41)*.

Sozialismus a priori als demokratisch verstanden worden. Eine solche Gesellschaftsqualität hätten wohl mehr Leute vor kapitalistischer Vereinnahmung schützen wollen.

Wie gesagt, am Thema »Perestroika«, an der Politik Gorbatschows ging das einst sehr enge und vertrauensvolle Verhältnis Erich Honeckers zu mir in die Brüche. Dafür gibt es auch eine Episode. Im Dezember 1985 mußte ich mir einen Gallenstein entfernen lassen und lag einige Tage im Krankenhaus. In dieser Zeit nahmen Willi Stoph und Günter Mittag an einer RGW-Tagung in Moskau teil, an deren Rande es bilaterale Gespräche mit Genossen der KPdSU-Führung gegeben hatte. Dabei wurde indirekt eine bessere Abstimmung außenpolitischer Schritte der DDR angemahnt. Als mich Erich Honecker im Krankenhaus besuchte, zeigte er sich äußerst verärgert über diese Moskauer Reaktion. Als ich entgegnete, es sei bestimmt zweckmäßig, sich einmal mit Gorbatschow unter vier Augen auszusprechen, seine Politik sei doch vernünftig, zeigte Erich Honecker offene Enttäuschung. Ich weiß genau, das war der Moment, an dem die guten Beziehungen zwischen ihm und mir zerbrachen. Obwohl er mir noch im November angekündigt hatte, ich würde der SED-Delegation zum XXVII. Parteitag der KPdSU angehören, wurde ich von der Liste gestrichen. War ich im November 1985 von Erich Honecker noch über beabsichtigte Kaderveränderungen im Politbüro konsultiert worden, so unterließ er das bereits bei der Vorbereitung des XI. Parteitages der SED. War ich jemals Kronprinz gewesen, so deutete jetzt alles auf einen Widerruf hin. Ob er endgültig war, wußte ich nicht. Das war auch nicht mein Hauptproblem. Ich spürte nur zu deutlich: Es werden harte Auseinandersetzungen kommen. Ich war bereit, sie durchzustehen, aber um welchen Preis? Rausschmiß oder Resignation waren die möglichen Extreme. Nicht aus Opportunismus hoffte ich, es werde einen Mittelweg geben.

2.

MIT UND GEGEN HONECKER

Für mich war eine komplizierte Situation entstanden. Jede Vorlage, jedes Wort, jede Geste wollten reiflich überlegt sein, um das Mißtrauen des »Chefs« nicht zu vergrößern. Ich mußte selbst Veröffentlichungen fürchten, auf die ich nachweislich keinen Einfluß haben konnte. In den Augen mißtrauischer Leute sind selbst offensichtliche Kolportagen immer gleich halbe Wahrheiten.

Manchmal, meine Familie und meine Freunde wissen das, war ich der Resignation sehr nahe. Nicht nur Erich Honecker selbst, sondern auch seine engeren Vertrauten schossen nun ihre Pfeile auf mich ab, wenn es sich ergab. Manchmal dachte ich daran, auf sowjetische Weise »Klartext« zu reden, und manche meiner Freunde werfen mir heute vor, daß ich es nicht rechtzeitig tat.

Ich wollte unbedingt dazu beitragen, daß sich in unserer Parteiführung eine realistischere Haltung zur Entwicklung des Sozialismus im eigenen Land und zu den Vorgängen in der Sowjetunion herausbildete. Ich glaubte, dazu mußte man »im Boot bleiben«. Außerdem war ich anfangs der Auffassung, daß dies *mit* Erich Honecker zu erreichen wäre. Deshalb mein ergebnisloser Versuch, ihm eine akzeptable Einschätzung des Januarplenums der KPdSU 1987 in den Mund zu legen.

Ich hatte natürlich auch einen guten Draht zu den der Sowjetunion eng verbundenen Genossen der Internationalen Abteilung des ZK. Da hörte man viel und konnte den sowjetischen Freunden auch manches signalisieren.

Ich ermutigte die Jugendabteilung des ZK und den Zentralrat der FDJ zu einer differenzierten Einschätzung der Probleme in der jungen Generation. Bekanntlich blieben wir von Punk und Heavy Metal, von Skins und Grufties keinesfalls verschont.

Die Zahl der Jugendlichen, die in der Kirche Antworten auf ihre Fragen suchten, Antworten, die sie woanders nicht bekamen, stieg drastisch. Das alles hatte seine Ursachen im Zustand der Gesellschaft. Aber der »Chef« wischte solche Analysen, so verhalten, so vorsichtig sie damals auch waren, vom Tisch. Neulich war ich bei der »Jungen Gemeinde« eingeladen. Als ich mir die intelligenten Pro-DDR-Fragen anhörte und das Bemühen um aufrichtige, unvoreingenommene Konfliktbewältigung vor Augen hatte, schämte ich mich für das geringe Maß an Verständnis, das wir seinerzeit den manchmal nur etwas Andersdenkenden entgegenbrachten. Wahr ist auch: Wir mußten einige Formen der Jugendkultur im Politbüro erst durchsetzen. Wollten wir Rock- und Popkonzerte mit westlichen Stars »durchkriegen«, galt es einen psychologisch günstigen Moment abpassen. Nicht selten bemühte ich im Politbüro die aus dem Munde Erich Honeckers stammende Frage: »Beurteilen wir einen jungen Menschen nach seinem Äußeren oder nach seinem Denken und Handeln?« Das war natürlich eine Suggestivfrage. Aber sie zog. So ließen sich auch bis dato ungewöhnliche Projekte durchsetzen.

Als ich von Erich Honecker die Abteilung für Sicherheitsfragen übernahm, suchte ich mir einen neuen Abteilungsleiter. Meine Wahl fiel auf Wolfgang Herger, und sie war nicht unumstritten. Es handelte sich nicht um einen altgedienten Militärspezialisten, sondern um einen Zivilisten, Philosoph noch dazu. Die einen erkannten meine Absicht und waren verstimmt. Die anderen erkannten meine Absicht ebenfalls und sahen es als eine zeitgemäße Erscheinung an. Ich wollte einfach, daß sich diese sehr traditionelle, für viele undurchsichtige Militärarbeit dem prüfenden Sachverstand eines Zivilisten stellte. Mit den in dieser Zeit tätigen Ministern für Nationale Verteidigung, Heinz Hoffmann, einem ehemaligen Spanienkämpfer, und Heinz Keßler, einem Mitbegründer des Nationalkomitees »Freies Deutschland«, hatte ich eine gute Zusammenarbeit.

Der Minister für Staatssicherheit, Erich Mielke, war bemüht, mir von Anfang an das Gefühl zu geben, er würde mich offen und ehrlich in alle wichtigen Sicherheitsüberlegungen einbeziehen. Aber ich sah auch, daß sich Erich Honecker und Erich Mielke nach den dienstäglichen Politbürositzungen zu Gesprächen unter vier Augen zurückzogen. Was dort tatsächlich besprochen worden ist, entzieht sich meiner Kenntnis.

Wie sich nach der Auflösung des Amtes für Nationale Sicherheit und durch die Untersuchungen des Rundes Tisches zeigte, hatte sich vieles in diesem Ministerium der Volks- und der Regierungskontrolle entzogen. Das MfS war ein Staat im Staate. Die wahre Zahl seiner Mitarbeiter habe selbst ich erst erfahren, als es das Ministerium für Staatssicherheit nicht mehr gab. Aufgaben und Abteilungsstrukturen in sehr sensiblen Bereichen waren ein streng gehütetes Geheimnis. Da war auch ich nicht eingeweiht. Ich bin oft gefragt worden, ob ich in meiner Zeit als Mitglied des Politbüros und Sekretär des Zentralkomitees abgehört wurde. Ich habe das immer scharf zurückgewiesen. Heute bin ich mir dessen nicht mehr so sicher.

Die Informationen des Ministeriums für Staatssicherheit wurden nach inhaltlichen Gesichtspunkten gestreut. Während der Generalsekretär, Erich Honecker, alle wesentlichen Informationen erhielt, wurde bei den Mitgliedern des Politbüros ausgewählt. Die Entscheidung darüber, wer welche Information erhielt, traf Erich Mielke. Immer wieder ist das MfS und bin auch ich gefragt worden, ob denn im Frühling und Sommer des vergangenen Jahres die Staatssicherheit geschlafen und nicht über die konkrete Lage im Lande nach oben berichtet hat. Sie hat darüber berichtet, ziemlich exakt und ausführlich sogar. Ich persönlich habe viele Argumente daraus für meine Arbeit gezogen. Andere taten das leider nicht. Es war wie bei der Analyse der Situation unter der Jugend. Was man nicht zur Kenntnis nehmen wollte, das gab es eben nicht.

Dennoch hatte ich, nach Rücksprache mit Erich Honecker, in Einzelfällen gewisse Einflußmöglichkeiten. Ich erinnere mich an einen konkreten Fall, der auf das Jahr 1987 zurückgeht. Damals waren kritische Geister verhaftet worden, die zur schon traditionellen Januardemonstration für Karl Liebknecht und Rosa Luxemburg ein Plakat mit dem Luxemburg-Wort mitgetragen hatten, daß Freiheit immer auch die Freiheit des Andersdenkenden ist. Unter den Inhaftierten war auch die Malerin und Grafikerin Bärbel Bohley, die später zu den Mitbegründern des »Neuen Forum« gehörte. Sie war aus der Haft nach Großbritannien entlassen worden und hatte den Wunsch, in die DDR zurückzukehren. Am 30. Juni 1988 hatte sich Bischof Forck deshalb an Erich Honecker mit der Bitte gewandt, ihr und Werner Fischer, einem ebenfalls Ausgewiesenen, die Wiedereinreise zu ermöglichen. Da

Erich Honecker im Urlaub war, schrieb ich ihm einen Brief und schlug vor, der Bitte Bischof Forcks zu folgen. Der Vorsitzende des Staatsrates stimmte daraufhin einer Einreise zu.

Als Rechtsanwalt Henrich im Westen sein Buch »Der vormundschaftliche Staat« veröffentlicht hatte, gab es große Verstimmungen. Aber ich konnte verhindern, daß eine strafrechtliche Verfolgung stattfand. Das waren Möglichkeiten der Einflußnahme, die ich sah und auch wahrnahm.

Ich muß mir allerdings die Frage stellen: Warum wußtest du so vieles nicht, was du hättest wissen müssen? Vielleicht, weil ich mich vor Antworten fürchtete, die ich unweigerlich gefunden hätte. Auch ich hatte gelernt, Beunruhigungen zu verdrängen. Allerdings bin ich auch heute noch der Auffassung, daß viele Mitarbeiter des MfS im besten Glauben gearbeitet haben, einer guten Sache zu dienen. Zum Beispiel in der Aufklärungsarbeit nach draußen. Das waren doch Dienste, die es auch in anderen Ländern gab. Wir konnten darauf ebensowenig verzichten wie andere Staaten. Ich habe die Arbeit der Bürgerbewegungen so verstanden, daß sich ihr Protest auch nicht gegen diese Tätigkeit, sondern vielmehr gegen die Ausspitzelung und die entwürdigende Behandlung von DDR-Bürgern richtete. Für solche Handlungen der Staatssicherheitsorgane habe ich mich gemeinsam mit Wolfgang Herger beim Volk der DDR entschuldigt. Mich hat tief bewegt, mit welcher Fairneß der Christ Dr. Ullmann von der Bewegung »Demokratie jetzt« am Runden Tisch unsere Entschuldigung angenommen hat. Das war eine nachträgliche Lektion in Sachen »Toleranz«.

In dieser Zeit wurde ich mit drei sehr diffizilen Problemkreisen konfrontiert, die bei der späteren Bewertung der Ereignisse vor der »Wende« immer wieder eine Rolle spielten: Meine Tätigkeit als Vorsitzender der Zentralen Wahlkommission der Republik bei den Kommunalwahlen in der DDR am 7. Mai 1989; meine Stellungnahme zu den Ereignissen in der Volksrepublik China und meine Einflußnahme auf einen friedlichen Verlauf der Montagsdemonstrationen am 9. und 16. Oktober 1989 in Leipzig.

Darüber ist viel spekuliert worden. Was hat sich wirklich zugetragen?

Die Wahlkommission hatte offiziell mitgeteilt, daß die Wahlbeteiligung bei 98,78 Prozent und die Anzahl der gültigen Stimmen für den Wahlvorschlag bei 98,85 Prozent gelegen hatten.

Nachrichten, daß die Wahl gefälscht sei, liefen schon in der Nacht des 7. Mai in den Westmedien. Ich hielt das zunächst für eine der üblichen Ohrfeigen, die unserem — zugegeben — dringend veränderungsbedürftigen Wahlsystem immer wieder verpaßt wurden. Nach Bekanntgabe des offiziellen Ergebnisses und seiner Bestätigung durch den Staatsrat mehrten sich aber Hinweise und Eingaben von einzelnen Bürgern und Bürgerbewegungen, die die veröffentlichten Wahlergebnisse mit ihren eigenen Beobachtungen und Prüfungen verglichen. Auch Mitglieder meiner eigenen Partei äußerten Zweifel an der Korrektheit der Wahlergebnisse. Mich als Vorsitzenden der Wahlkommission traf der in der Gesellschaft immer stärker erhobene Vorwurf hart. Auf den Demonstrationen der Wendezeit wurde ich Wahlfälscher genannt. Es war die Zeit der großen Aufbrüche, manchmal aber auch der mangelhaften Recherchen. Ich bin später, als die Anschuldigung immer noch latent vorhanden war, gemeinsam mit Minister Pfarrer Eppelmann und dem stellvertretenden Generalstaatsanwalt der DDR vor die Fernsehkameras getreten und habe wörtlich erklärt:

»In einem Moment, da immer mehr Beweise für Fälschungen der Wahlergebnisse bei den vergangenen Kommunalwahlen offenbar werden und eine unerträgliche Belastung für das demokratische Denken unseres Volkes entstanden ist, möchte auch ich als damaliger Vorsitzender der Wahlkommission der Republik nochmals zu diesen Vorgängen Stellung nehmen.

Ich kann anhand von Unterlagen vor dem Volk der DDR dafür geradestehen, daß ich in Übereinstimmung mit der Wahlkommission, in der Vertreter der Parteien und Organisationen sowie Einzelpersönlichkeiten mitgewirkt haben, auf eine unbedingt korrekte Wahldurchführung gedrungen habe. Als die aus den Kreisen übermittelten Wahlergebnisse eingingen, wurden sie ordnungsgemäß zusammengefaßt, von der Zentralen Wahlkommission ohne Veränderungen bekanntgegeben und dem Staatsrat mit Unterschrift aller Mitglieder der Wahlkommission zur Bestätigung vorgelegt.

Zugleich kann ich es bei dieser Feststellung nicht bewenden lassen. Die politische Verantwortung für gesellschaftliche Zustände, in denen eine kritische Auseinandersetzung mit der Wirklichkeit immer mehr verlorenging und bei Wahlen eine Welle von undifferenzierter Zustimmung demokratische Willensbildung ersetzen konnte und dieser Vorgang auch noch mit sozialistischer Demokratie in Verbindung gebracht wurde, diese Verantwortung tragen wir alle, die wir in der damaligen Partei- und Staatsführung auf die Gestaltung politischer Verhältnisse prägenden Einfluß hatten.

In dieser Frage wiederhole ich, was ich bereits am Runden Tisch gesagt habe: Ich bekenne mich zu meiner politischen Mitverantwortung an der Politik der damaligen SED-Führung. Ich habe weder heute noch in Zukunft die Absicht, diese auf andere Schultern zu delegieren. Ich habe mit meinen politischen Freunden zu spät versucht, andere Verhältnisse in der SED herbeizuführen. Wir sind daran gescheitert, wohl auch, weil wir nicht den genügenden Mut hatten, rechtzeitig mit einer Politik zu brechen, die den Sozialismus deformierte und auch mit Scheinwahlen unser Land in den Augen der Welt diskreditierte.

Die Ursachen für die festgestellte Wahlmanipulation liegen nach meiner Meinung weniger im Fehlverhalten einzelner — erst recht nicht auf örtlicher Ebene — als in dem seit vierzig Jahren herausgebildeten Wahlsystem, das eine wirkliche demokratische Entscheidung nicht zuließ. Der Verlust an Realitätssinn der Partei- und Staatsführung war verbunden mit dem Glauben, daß eine nahezu 100%ige Zustimmung zur Politik zu erreichen wäre. Dies bildete den Ausgangspunkt für Zahlenhascherei auf allen Gebieten des gesellschaftlichen Lebens, so auch bei den Wahlen, wo sich ein regelrechter Wettbewerb um bessere Zahlen entwickelte. Heute wissen wir, daß dies nicht mit der politischen Stimmung im Land übereinstimmte.«

Wie war der Sachverhalt? Bis zur Bekanntgabe des Stimmergebnisses und des Berichtes der Wahlkommission vor dem Staatsrat wurden mir keinerlei Unkorrektheiten mitgeteilt. Als Belege für die Wahlergebnisse lagen die Schlußberichte der Wahlkommissionen aller 227 Wahlkreise vor. Diese waren von den Mitgliedern der Wahlkommissionen unterzeichnet. Entsprechend dem Gesetz hat die Wahlkommission der Republik die ihr von den örtlichen Wahlkommissionen übermittelten Ergebnisse ohne jegliche Veränderungen zusammengefaßt und veröffentlicht sowie darüber dem Staatsrat berichtet.

Mir liegt eine Erklärung vor, die von Prof. Dr. Donda, Leiter der Staatlichen Zentralverwaltung für Statistik, von Prof. Dr. Funke, Generaldirektor des VE-Kombinates Datenverarbeitung, und vom Betriebsdirektor des VEB Datenverarbeitungszentrum Berlin, Müller, unterzeichnet ist. Sie hat folgenden Wortlaut: »Es wird bestätigt, daß am 7. 5. 1989 und am 8. 5. 1989 im VEB Datenverarbeitungszentrum Berlin als Rechenzentrum der Wahlkommission der DDR die von den Wahlkommissionen der Kreise und der Bezirke übergebenen Ergebnisse der Wahlen zu den Volksvertretungen der Gemeinden, Stadtbezirke, Städte und Kreise über die EDV-Anlagen ordnungsgemäß, exakt, ohne jegliche Fehler oder Manipulationen aufbereitet und der Wahlkommission der DDR übergeben wurden. Die verwandten EDV-Programme sind archiviert, sie sowie dem Rechenzentrum übergebene Meldedaten stehen zur Nachprüfung bereit.« Folglich konnte die Wahlkommission weder am Wahlabend noch zur Zeit der Berichterstattung vor dem Staatsrat zu einem anderen als dem übergebenen Ergebnis gelangen. Alles andere hätte bedeutet, die Berichte aus 227 Kreisen für ungültig zu erklären. Dazu aber gab es zum damaligen Zeitpunkt keine Veranlassung.

Die Wahlkommission hat eindeutige Festlegungen zur exakten Durchführung der Wahlen getroffen. Am 15. April 1989 schrieb ich in einer Hausmitteilung an Erich Honecker, daß wir nichts dringender brauchen als ein reales Wahlergebnis, das »nicht von Wettbewerbsüberlegungen zwischen Kreisen und Bezirken und falschem Übereifer diktiert wird«. Die Partei sollte ihren Einfluß geltend machen, daß bei der Stimmenauszählung durch die Wahlvorstände ein absolut korrektes Vorgehen garantiert würde. Diese Prämissen finden sich zugleich in einem Brief wieder, den ich an die Vorsitzenden der Wahlkommissionen der Kreise und Bezirke schrieb und in dem es wörtlich heißt: »Insbesondere sollte darauf orientiert werden, daß die wahlrechtlichen Bestimmungen über die Einrichtung der Wahllokale, den Verlauf der Wahlhandlung und die Ergebnisermittlung strikt einzuhalten sind.« Formal hatten wir uns in der Wahlkommission der Republik nichts vorzuwerfen.

Wenn wir den Dingen aber wirklich auf den Grund gehen wollen, dann müssen wir uns mit dem Wahlsystem in unserem Lande seit Anbeginn der Republik beschäftigen. Das waren keine wirklich freien Wahlen gewesen, denn in einem Klima des Zettelfaltens verkümmert die Suche nach inhaltlicher Orientierung, ist die Abwägung von Alternativen nicht vorgesehen. Wir haben Wahlen praktiziert, die den Sozialismus seines demokratischen Wesens beraubten. Deshalb war ich mir mit den Vertretern der evangelischen Kirchen während unseres Gespräches am 19. Oktober einig, daß man alle Erfahrungen, in diesem Falle besonders die negativen, bei den Wahlen analysieren und bei der Ausarbeitung eines neuen Wahlgesetzes beachten muß. In diesem Sinne behandelte ich das Thema auch in meiner Rede anläßlich meiner Wahl zum Vorsitzenden des Staatsrates der DDR am 24. Oktober.

Beim Schreiben dieser Zeilen liegt mir bereits das neue Wahlgesetz vor, das in der Volkskammer beschlossen wurde. Ich bin fest davon überzeugt, daß sich unsere bitteren Erfahrungen nie wiederholen werden. In meinem Fernseh-Statement habe ich weiter gesagt:

»Heute hat das Volk andere Verhältnisse erzwungen. Es hat sich sein Recht auf freie Selbstbestimmung zurückgeholt. Freie Wahlen stehen vor der Tür, und ich hoffe, wir werden vor allem Blicke nach vorn tun. Dies ist um so erforderlicher, weil das kommunale Leben funktionieren und von Räten geleitet werden muß, die nicht die Erblast der alten Führung zu tragen haben. Ich bin für ein geschichtlich korrektes, menschlich aber auch verzeihendes Zurücklassen unserer Fehler und Schwächen, für eine wirkliche Erneuerung unserer Gesellschaft, für die Werte, die zum guten Erbe der DDR-Geschichte gehören und die auch beim friedlichen Zusammenwachsen der deutschen Staaten nicht verlorengehen sollten.« Könnte man nicht so einer Zukunft entgegengehen?

Jedes Volk hat seine Zukunft. Und von der Art eines jeden Volkes, diese zu gestalten, hängt die Zukunft unseres ganzen Planeten ab. Die Schicksale der Völker berühren sich. Gorbatschow spricht von »der widersprüchlichen, aber durch enge Wechselbeziehungen und gegenseitige Abhängigkeit gekennzeichneten, im Grunde ganzheitlichen Welt«. In diesem Zusammenhang sehe ich auch die internationale Reaktion auf die Vorgänge in der Volksrepublik China, die uns im Juni vergangenen Jahres so tief berührt haben. Ich erinnere mich daran, daß Michail Gorbatschow seinen historischen Besuch in der Volksrepublik gerade noch rechtzeitig beenden konnte, bevor die Studentenunruhen ihren Höhepunkt erreichten. Ich nenne diesen Besuch Gorbatschows historisch, weil dieser nach so langen Jahrzehnten der Entzweiung und Entfremdung die einstmals sehr enge Freundschaft wieder neu aufleben ließ. Ich glaube, diese Wertung hat auch noch heute Bestand.

Einer der engagiertesten Architekten für eine Verbesserung des Klimas zwischen den im Rat für Gegenseitige Wirtschaftshilfe verbundenen sozialistischen Ländern und China war übrigens Erich Honecker. Sehr früh hatte die DDR ihre Kontakte mit der Volksrepublik wieder ausgebaut. Höhepunkte dieser Kontakte waren ein Staatsbesuch Erich Honeckers 1986 in China, und der Gegenbesuch, wobei die chinesische Delegation noch von Zhao Ziyang, dem nach den Studentenunruhen seines Amtes enthobenen Generalsekretär des ZK der KP Chinas, angeführt wurde.

Von der Vernunft geleitet, hatten Erich Honecker und das Politbüro Wert darauf gelegt, die Beziehungen zu China zu verbessern. Es wäre unverzeihlich gewesen, länger auf die großen Möglichkeiten zu verzichten, die in der Zusammenarbeit mit dem einflußreichen sozialistischen Land Asiens, das sich vom Erbe der maoistischen Kulturrevolution befreit hatte, lagen. Die tiefgreifenden Meinungsverschiedenheiten zwischen der Sowjetunion und China, die in den sechziger Jahren zum Bruch zwischen China und den meisten sozialistischen Ländern führten, hatten keine Basis mehr. Geschickt knüpfte Erich Honecker an die Freundschaft der endvierziger und fünfziger Jahre an. Freunde berichteten, daß er während seines Staatsbesuches auf einem Empfang in Shanghai an die III. Weltfestspiele der Jugend und Studenten 1951 in Berlin erinnerte. Er tat das in sehr kluger Manier, indem er sein Lieblingslied »Im August blühn die Rosen« sang, ein Lied, das damals anläßlich des Festivals geschrieben wurde und in dem erzählt wird, wie »das siegreiche China« an der Seite der Warschauer Maurerkolonnen ins Stadion einzieht. Erich Honecker sang mit lauter Stimme, mit der Hand den Takt dazu schlagend. Schon bei diesem Festival war die Atmosphäre zwischen chinesischen und DDR-Jugendlichen von Freundschaft und Herzlichkeit geprägt. 1989, als die chinesische Jugend- und Studentenbewegung nach jahrzehntelanger Unterbrechung erstmals wieder an Weltjugendfestspielen in Pjöngjang, der Hauptstadt der Koreanischen Volksdemokratischen Republik, teilnahm, lebte diese Herzlichkeit wieder auf. Natürlich hatten die Ereignisse auf dem »Platz des Himmlischen Friedens« ihre

Schatten geworfen. Aber sie beeinflußten die Jugendlichen beider Länder nicht, die ja für uns die Hoffnung auf Frieden und Versöhnung unter den Völkern verkörpern. Beide Seiten bemühten sich um Sachlichkeit, man stellte Fragen und gab Antworten. Und all das geschah in der Absicht, die wieder auflebende Freundschaft nicht zu gefährden.

Ähnliches bewegte mich, als ich am 7. und 8. Juni 1989, während eines Besuches beim saarländischen Ministerpräsidenten Oskar Lafontaine mit diesem Problem konfrontiert wurde.

Oskar Lafontaine, den ich seit geraumer Zeit durch mehrere Gespräche in der DDR gut kannte, hatte mich und eine Spezialistendelegation zu einem Seminar über Sicherheitsfragen nach Saarbrücken eingeladen. Als wir auf dem kleinen Flughafen landeten, begleitete mich zum ersten Mal in der Geschichte der Zusammenarbeit zwischen beiden deutschen Staaten der Chef des Hauptstabes der Nationalen Volksarmee, Generaloberst Fritz Streletz. Oskar Lafontaine hatte in der Öffentlichkeit bedauert, daß die Führung der Bundeswehr es nicht für angebracht hielt, zu diesem Seminar einen gleichermaßen kompetenten Vertreter zu entsenden. Zur bundesdeutschen Delegation gehörten u.a. die SPD-Politiker Egon Bahr, Horst Ehmke und Karsten Voigt.

Bevor das Seminar begann, bereitete mich Oskar Lafontaine unter vier Augen darauf vor, daß es in seiner Rede zur Sicherheitspolitik eine scharfe Erwiderung auf offizielle Äußerungen der DDR zu den Ereignissen in China geben werde. Ich reagierte darauf zurückhaltend und sagte, daß ich meine Rede so halten werde wie vorbereitet. Oskar Lafontaine machte seine Ankündigung wahr und kritisierte beim Thema Menschenrechte diejenigen in der DDR, die die Demokratiebewegung in China als konterrevolutionären Aufruhr bezeichneten. Ich ging auf diese Bemerkungen nicht ein, und das Seminar verlief entsprechend dem vorgegebenen Thema. Die Meldungen der westlichen Nachrichtenagenturen klangen später jedoch so, als wäre auf diesem Seminar ausschließlich die chinesische Frage behandelt worden. Sie meldeten die Bemerkungen von Oskar Lafontaine, gaben jedoch in keinerlei Hinsicht objektiv wieder, welche konstruktiven Vorschläge die DDR-Delegation zu Fragen der Abrüstung und der Entspannung unterbreitet hatte.

Nach Beendigung des ersten Konferenztages sprach mich ein Reporter des Saarländischen Rundfunks an, warum ich nicht zu den Vorgängen in der Volksrepublik China Stellung genommen hätte. Ich habe ihm dazu sinngemäß folgendes geantwortet: Ich gehe davon aus, daß man sich heutzutage in innere Angelegenheiten eines anderen Staates nicht einmischen darf. Wir haben die Verlautbarungen des Staatsrates, der Parteiführung, des Oberbürgermeisters von Peking so veröffentlicht, wie sie uns gegeben worden sind. Jeder kann sich sein eigenes Bild daraus machen. Das Schlimmste, was uns passieren könnte, wäre, daß durch Entstellungen, Gerüchte, durch Behauptungen, durch Weglassen von Fakten eine Stimmung erzeugt wird, die neue Gegensätze aufbaut. Notwendiger denn je brauchen wir heute eine Atmosphäre, die dazu beiträgt, überall in der Welt den Frieden zu schaffen und zu erhalten.

Das habe ich gesagt, alles andere, was die Zeitungen daraus gemacht haben, habe nicht ich zu verantworten. Meine Stellungnahme in Saarbrücken war, nebenbei gesagt, lange nicht so scharf wie die, die am Donnerstag, dem 8. Juni, von allen Fraktionen der Volkskammer einstimmig beschlossen wurde. Zu keiner Zeit habe ich den Einsatz von Gewalt gegen Demonstranten, der auf beiden Seiten viele Opfer gekostet hat, gerechtfertigt. Allerdings teilte ich mit vielen internationalen Politikern die Besorgnis, im volkreichsten Land der Welt könnte es zu bürgerkriegsähnlichen Zuständen kommen, was ja nicht ohne Auswirkungen auf die übrige Welt geblieben wäre. In diesem Sinne wollte ich meine Bemerkungen über Ordnung und Stabilität verstanden wissen.

Die Position der DDR-Führung, der ich angehörte, zu den Ereignissen in China war klar festgelegt. Am 6. Juni hatten die Tageszeitungen der DDR auf der ersten Seite einen »Brief des ZK der KP Chinas und des Staatsrates an alle Mitglieder der Kommunistischen Partei und an das Volk«, einen »Brief des Generalstabs, der Politischen Hauptverwaltung und der Verwaltung Rückwärtige Dienste an die mit der Durchsetzung des Ausnahmezustandes beauftragten Truppen« sowie ein Schreiben des Pekinger Oberbürgermeisters an die Einwohner der Stadt unter der Überschrift »Konterrevolutionäre Unruhen entschlossen unterbinden« veröffentlicht.

Faktisch hatte sich unsere Parteiführung die chinesischen Positionen zu eigen gemacht, und zwar in dem Sinne, daß die Aktionen von konterrevolutionären Aufrührern geschürt worden waren und daß man der Konterrevolution entschlossen begegnen müsse, um so Ruhe und Ordnung wiederherzustellen. Abgesehen davon, daß auch ich zum damaligen Zeitpunkt viele der später bekanntgewordenen Hintergründe der Situation in China noch nicht kannte, war ich — und darauf bestehe ich — gegen jegliches Blutvergießen auf beiden Seiten. Man mag mir den Vorwurf machen, daß ich mich »objektivistisch« verhalten habe und auf die chinesischen Verlautbarungen verwies, um keine eigenen abgeben zu müssen, aber ich hielt es für das vernünftigste, mich in dieser Hinsicht zurückzuhalten. Andere Politiker haben sich mit der Verurteilung der Vorgänge sehr beeilt, um schneller den Tag zu erreichen, an dem die natürlich auch für sie unverzichtbaren Beziehungen zu China wieder normalisiert werden konnten.

Offensichtlich war die Erklärung, die ich am Vorabend über den Saarländischen Rundfunk abgegeben hatte, zu Hause als »zu schwach« angesehen worden. Deshalb schickte man mir nach Saarbrücken über ADN eine schärfere Version, die sich auch direkt mit Oskar Lafontaines Stellungnahme auseinandersetzte. Diese Version stammte aber offensichtlich nicht von einem Journalisten; sie sollte abends im DDR-Fernsehen verlesen werden. Es war ja bei uns üblich geworden, Auffassungen des Politbüros als ADN-Meinungen zu verkleiden und deren Veröffentlichung anzuweisen. Ebenso war es nicht ungewöhnlich, Politikern oder Journalisten ihre Verlautbarungen vorzugeben. Die Schuld trifft nicht die Journalisten, das habe ich bereits auf dem 9. Plenum des ZK der SED sehr deutlich gesagt, sondern die Schuld liegt in dem auch und gerade auf die Medien ausgedehnten Kommandosystem der Parteiführung.

Nachdem ich den Auftrag erhalten hatte, rief ich Oskar Lafontaine, der sich gerade auf einer Wahlversammlung befand, über sein Autotelefon an. Ich sagte ihm: »Oskar, ich habe den Auftrag, etwas zu deiner Erklärung zu sagen.« Lafontaine meinte nur: »Das ist deine Angelegenheit!« Er schien so etwas erwartet zu haben. Ich schimpfte über den unmöglichen Stil — sowohl der Meldung als auch der Art, mich zu Statements zu bewegen, die ich nicht geschrieben hatte.

Am Abend verlas der Journalist über das Fernsehen »meine« Erklärung, die ich gar nicht abgegeben hatte. Und am Morgen konnten die Leute sie in den Zeitungen lesen.

Es gibt für mich nur eine Erklärung dafür, warum meine damaligen Äußerungen immer wieder entstellt wiedergegeben wurden und warum über meine lange geplante und dann verschobene Chinareise, die ich schließlich zum 40. Jahrestag der Volksrepublik nachholte, verbreitet wurde, ich hätte »den blutigen Machthabern« zu ihrem Eingreifen gratuliert. Es war ein Versuch der Diskreditierung der von mir vertretenen Politik der Wende. Es sollte die Angst geschürt werden, meine Person stehe für chinesische Lösungen eventuell auch in der DDR noch zur Verfügung. Aber ich habe das Blutvergießen nicht verteidigt. Ich habe in Peking die mir übertragene politische Pflicht erfüllt und dem chinesischen Volk zum 40. Jahrestag seiner Republik gratuliert, so wie die Vertreter anderer Länder auch. Manfred von Ardenne sagte später in der Volkskammer dazu, vielleicht hätte ich gerade in China begriffen, welche »Lösung« bei Auseinandersetzungen in der DDR niemals in Frage kommen dürfe. Er kam damit meinen wirklichen Gedanken sehr nahe.

Als der Schriftsteller Christoph Hein am 4. November auf dem Berliner Alexanderplatz vor einer halben Million Demonstranten sprach, machte er einen ungewöhnlichen Vorschlag. »Unser Gedächtnis«, sagte er, »ist nicht so schlecht, daß wir nicht wissen, wer damit begann, die übermächtigen Strukturen aufzubrechen, wer den Schlaf der Vernunft beendete. Es war die Vernunft der Straße, die Demonstration des Volkes ... Und da ist an erster Stelle Leipzig zu nennen. Der Oberbürgermeister unserer Stadt sollte im Namen der Bürger Berlins, die wir alle gerade mal hier zusammenstehen, dem Staatsrat, der Volkskammer vorschlagen, die Stadt Leipzig zur Heldenstadt der DDR zu ernennen.« Ich weiß nicht, ob Christoph Hein angesichts der reaktionären Umtriebe, die heute auf den Leipziger Montagsdemos an der Tagesordnung sind, bei dieser Meinung bleibt. Damals jedoch, in den Novembertagen, kurz nach der Wende, erhielt sein Vorschlag viel Beifall.

Tatsächlich hatten Protestdemonstrationen in Leipzig einen prägenden Einfluß auf das, was wir später die Friedliche Revolution in der DDR nennen sollten. Aber gerade hier in Leipzig stand auf des Messers Schneide, ob die revolutionären Veränderungen in unserem Lande wirklich friedlich erreicht werden konnten. Die Demonstranten riefen: »Wir sind das Volk!« und

»Keine Gewalt!« Würden die für Ordnung und Sicherheit zuständigen bewaffneten Kräfte ebenso reagieren und signalisieren: »Auch wir sind das Volk. Auch wir wollen keine Gewalt!«?

Ich wußte genau, daß das maßgeblich »von uns da oben« abhing. Angesichts der inzwischen tröpfchenweise auf den Tisch gelangenden Meldungen über die Vorfälle zum 40. Jahrestag der DDR in Berlin konnte es nur ein Ziel für uns geben: Jede Eskalation der Gewalt zu vermeiden, kein Blutvergießen zuzulassen.

Ich wußte, daß die 1. Sekretäre der SED-Bezirksleitungen ein Fernschreiben erhalten hatten, in dem es hieß, daß »feindliche Aktionen im Keim erstickt werden müssen«, und angewiesen wurde, »dafür Sorge zu tragen, daß die Organisatoren der konterrevolutionären Tätigkeit isoliert werden«. In der bundesdeutschen Illustrierten »Stern« wird behauptet, der vom Stabschef der Volkspolizei in Leipzig ausgegebene Tagesbefehl hätte gelautet: »Antisozialistische Elemente, Asoziale, Skins, Grufties, Punks und andere Rowdies, angeführt von Konterrevolutionären, gesteuert aus der BRD, sind zu einer Gefahr für unser sozialistisches Vaterland geworden. Heute wird es endgültig die letzte Demonstration in Leipzig geben. Genossen, dies ist der Tag, an dem wir mit der Konterrevolution Schluß machen. Wir haben die Mittel dazu.« Ich kann den Wahrheitsgehalt dieser Recherche im nachhinein nicht mehr überprüfen. Ich bezweifele aber zumindest den Wortlaut, denn in dieser Art wurden derlei Befehle nicht formuliert. Allerdings nehme ich schon an, daß das Fernschreiben aus Berlin gerade in Leipzig bei der Ausarbeitung von politischen Maßnahmen zur Verhinderung der Montagsdemonstrationen eine Rolle gespielt hat.

Andererseits hatte ich mich nach meiner Rückkehr aus China mit den für die bewaffneten Organe zuständigen Ministern, Erich Mielke, Heinz Keßler und Friedrich Dickel, darüber verständigt, daß Zusammenstöße mit den Demonstranten unbedingt zu vermeiden seien. Wenn keine Gewalt gegen die bewaffneten Organe eingesetzt würde, sollten diese sich zurückhalten.

Das sagte ich auch meinem langjährigen Freund Walter Friedrich, als er am Vormittag des 9. Oktober, einem Montag, aufgeregt in mein Büro kam und davon berichtete, in Leipzig befürchte man, es könne dort am Abend zu einem Blutbad kommen.

In die politische Urteilskraft Walter Friedrichs hatte ich stets Vertrauen gesetzt. Er selbst und sein Leipziger Zentralinstitut für

Jugendforschung hatten einen untadeligen wissenschaftlichen Ruf. Nur das »ZIJ«, wie sein Institut im Kürzel genannt wurde, hatte seinerzeit das Recht, Meinungsforschung zu betreiben. Natürlich entsprach der strengen Wissenschaftlichkeit des Vorgehens ein Ergebnis, das ein ungeschminktes Bild der konkreten Zustände in der DDR wiedergab und nicht selten das blanke Entsetzen auslöste. Die geringsten Reaktionen darauf waren die Einstufung der Forschungsresultate als VVS (»Vertrauliche Verschlußsache«) und ein Publikationsverbot für derartige Daten. Häufig hatte ich mich sogar für das bloße Fortbestehen des Institutes einsetzen müssen. Es ist sicher nicht übertrieben zu sagen, daß die an wahrheitsgemäßen Analysen der Wirklichkeit interessierten Mitglieder der Parteiführung, aber besonders auch der Jugendverband und jene Institutionen, die mit dem »ZIJ« kooperierten, aus der Arbeit dieses einzigartigen Leipziger Instituts großen Nutzen zogen. Walter Friedrich fand wohl nicht zuletzt wegen meiner achtungsvollen Haltung gegenüber der Tätigkeit des »ZIJ« und unserer damit in Zusammenhang stehenden langen Freundschaft den Mut, an jenem entscheidenden 9. Oktober zu mir nach Berlin zu fahren.

Ich hörte ihm aufmerksam zu. In Leipzig wisse jeder, erzählte Walter Friedrich mir, daß für den Abend bewaffnete Kräfte zusammengezogen worden seien. »Egon, heute abend in Leipzig darf es keine Gewalt geben«, beschwor er mich. »Es darf kein Blut fließen, es darf nicht geschossen werden.« Walter Friedrich lieferte die Motivation für die Montagsdemonstrierer mit. Er übergab mir eine umfangreiche, detaillierte Untersuchung der Stimmungslage unter der Bevölkerung. Darin wurde der Parteiführung Lebensferne und totales Versagen vorgeworfen. Das Vertrauen des Volkes in die Führung sei auf drastische Weise im Schwinden begriffen. Auch unter den Genossen wachse die Ablehnung gegenüber einer Politik der Dogmen, der Erstarrung, der Konfliktunfähigkeit. »Es droht«, hieß es in dem Papier, »ein Zusammenbruch der DDR-Identität, der DDR-Verbundenheit bei sehr großen Teilen unserer Bevölkerung.«

Ich versuchte, Walter Friedrich zu beruhigen, indem ich ihm von meinen Absprachen mit den Ministern Mielke, Keßler und Dickel berichtete. Es würde alles getan werden, um Gewalt zu vermeiden, und es würde nicht geschossen werden. Die von Professor Friedrich geschilderte Lage in Leipzig, die Details über angeblich getroffene Maßnahmen für eine »abendliche Schlacht« beunruhigten mich jedoch trotzdem. Nochmals telefonierte ich mit Wolfgang Herger, dem Leiter der ZK-Abteilung für Sicherheitsfragen, mit Erich Mielke und Friedrich Dickel. Wieder kamen wir zum gleichen Ergebnis: Gibt es keine Gewalt von Demonstranten, gibt es keine Gegengewalt von den Ordnungs- und Sicherheitskräften. Erst hinterher erfuhr ich, daß kirchliche Arbeitsgruppen fieberhaft damit beschäftigt waren, einen friedlichen Verlauf der Demonstration zu gewährleisten. Sie verbreiteten am Vormittag des 9. Oktober ihren Appell: »Wir haben Angst. Angst um uns selbst. Angst um unsere Freunde und Angst um den, der uns da in Uniform gegenübersteht. Wir haben Angst um die Zukunft unseres Landes. Wir bitten alle: Enthaltet Euch jeder Gewalt.«

Diese Zeilen wurden in Leipzig vervielfältigt, als Walter Friedrich sich in meinem Büro bereits über jenen 9. Oktober hinaus Gedanken machte. Bislang hatte er drei Seiten seines Berichtes zurückgehalten, die er mir nun übergab. Ich las: »Das Folgende fällt mir schwer zu sagen, aber ich muß es tun. Meines Erachtens sollte Genosse Honecker bald zurücktreten. Ich bin fest davon überzeugt, daß dies nicht 50%, sondern etwa 90% aller Genossen begrüßen würden. Genosse Honecker hat sein früheres Prestige im Volk weitestgehend verloren.«

Ich hielt das Papier wie eine heiße Kartoffel in den Händen. Aber ich setzte Vertrauen gegen Vertrauen und fragte meinen Gast: »Und wer, Walter, sollte es deiner Meinung nach machen?« Daraufhin sagte mein Freund: »Du.« Ich dachte an die Erklärung, die ich gegen den Willen Erich Honeckers für die in 24 Stunden beginnende Politbürositzung eingereicht hatte und sagte: »Warte den morgigen Tag ab.« Walter Friedrich verließ mich so nachdenklich, wie er gekommen war, und fuhr auf schnellstem Wege zurück nach Leipzig.

Dort verbreiteten am Nachmittag, wenige Stunden vor Demonstrationsbeginn, sechs in der Stadt bekannte Persönlichkeiten folgenden Aufruf: »Unsere gemeinsame Sorge und Verantwortung haben uns heute zusammengeführt. Wir sind von der Entwicklung in unserer Stadt betroffen und suchen nach einer Lösung. Wir alle brauchen freien Meinungsaustausch über die Weiterführung des Sozialismus in unserem Land. Deshalb versprechen die Genannten heute allen Bürgern, ihre ganze Kraft und Autorität dafür einzusetzen, daß dieser Dialog nicht nur im Bezirk Leipzig, sondern auch mit unserer Regierung geführt wird. Wir bitten Sie dringend um Besonnenheit, damit der friedliche Dialog möglich wird.« Dieser Aufruf war unterzeichnet von Gewandhauskapellmeister Prof. Kurt Masur, Pfarrer Dr. Peter Zimmermann, dem Kabarettisten Bernd-Lutz Lange und den Sekretären der SED-Bezirksleitung Dr. Kurt Meier, Jochen Pommert und Dr. Roland Wötzel, dem späteren 1. Sekretär der SED-Bezirksleitung.

Der damals amtierende 1. Sekretär der SED-Bezirksleitung, Genosse Hackenberg, informierte mich telefonisch von der Absicht der sechs. Ich sagte, ich sei einverstanden, würde aber noch mal zurückrufen. Zwischen diesem Gespräch und meinem Rückruf verging eine gewisse Zeit, weil ich mich noch einmal in Telefongesprächen mit den zuständigen Ministern darüber verständigte, daß die bewaffneten Kräfte auf keinen Fall zum Einsatz kamen. Darüber wurde Einvernehmen erzielt. Der 9. Oktober verlief in Leipzig friedlich. Der Aufruf hatte zweifellos einen beruhigenden Einfluß auf die Situation in Leipzig. Die Weichen für die Zurückhaltung der Einsatzkräfte waren jedoch in Berlin gestellt worden.

Aber die nächste Demonstration war in einer Woche. Einmal hatte die Vernunft gesiegt. Wir brauchten Garantien, daß dies so blieb. Deshalb entschloß ich mich, am Freitag, dem 13. Oktober 1989, gemeinsam mit dem Sekretär des Nationalen Verteidigungsrates, Generaloberst Fritz Streletz, dem Stellvertreter des Ministers für Staatssicherheit, Generaloberst Rudi Mittig, dem stellvertretenden Minister des Innern und Chef des Stabes der Deutschen Volkspolizei, Generaloberst Karl-Heinz Wagner, sowie dem Leiter der Abteilung für Sicherheitsfragen des ZK der SED, Wolfgang Herger, nach Leipzig zu fliegen. Ich wollte mit der dortigen Einsatzleitung, einem nachgeordneten Organ des Nationalen Verteidigungsrates, vor allem über die Sicherung eines friedlichen Verlaufs der Demonstration am 16. Oktober 1989 beraten.

Eigentlich sollte ich zu diesem Zeitpunkt zusammen mit Erich Honecker, Günter Mittag und Joachim Herrmann an einem Treffen mit den Vorsitzenden der befreundeten Parteien teilnehmen. Da ich aber die Leipziger Probleme für politisch wichtiger hielt, entschuldigte ich mich bei Erich Honecker. Ich fuhr auch deshalb nach Leipzig, weil ich den drei Bezirkssekretären der Partei, die den Aufruf mit initiiert hatten, den Rücken stärken mußte — selbst in ihrem eigenen Kollektiv, dem Sekretariat der Bezirksleitung der SED. Die Leipziger hatten zwar meine persönliche Zustimmung telefonisch erhalten, aber als Erich Honecker und andere Politbüromitglieder davon erfuhren, war reichlich Mißtrauen geweckt worden.

Doch zurück zu unserem Besuch. Nachdem Genosse Hackenberg gegen 13 Uhr in der SED-Bezirksleitung Leipzig einen Bericht zur Lage gegeben hatte, beriet ich mich mit meiner Begleitung. Wir waren uns einig: Politische Probleme konnten nur politisch geklärt werden. Wir würden einen Befehl des Vorsitzenden des Nationalen Verteidigungsrates vorbereiten, der zwei grundsätzliche Festlegungen enthielt: Erstens sollten polizeiliche Mittel nur dann eingesetzt werden, wenn gegen Personen oder Objekte vorgegangen würde. Sonst sollte es keinerlei polizeiliche Gewalt gegen Demonstranten geben. Zweitens sollte der Einsatz von Schußwaffen unter allen Umständen verboten werden.

Nachdem die Lagebesprechung vorbei war, sagte ich zu dem Genossen Hackenberg: »Was es auch immer an anderen Befehlen geben mag, welchen militärischen Rang oder Dienstgrad jemand auch haben möge, der dir einen anderen Befehl geben will, es gilt, was wir besprochen haben: Gewaltfreiheit!« Und ich wiederholte die Worte: »Selbst wenn jemand einen anderen Befehl gibt!« Mit dieser Weisung hatte ich meine Befugnisse weit überschritten. Ich wußte das, und meine Begleiter wußten es auch. So flogen wir nach Berlin zurück.

In meinem Arbeitszimmer diktierte Generaloberst Streletz den entsprechenden Befehl für den Vorsitzenden des Nationalen Verteidigungsrates, der Erich Honecker zur Unterschrift vorgelegt werden mußte. Fritz Streletz hatte zum Glück immer Blankobriefbögen des Verteidigungsrates dabei, meine Sekretärin schrieb und schluckte, denn sie begriff, was von der Unterzeichnung dieses Papieres abhing.

Gegen 17 Uhr empfing Erich Honecker Fritz Streletz und mich in seinem Arbeitszimmer. Genosse Streletz berichtete über die Lage. Erich Honecker hörte aufmerksam zu. Der Generaloberst ließ keinen Zweifel daran, daß es sich nicht in erster Linie um eine militärische, sondern vor allem um eine politische Entscheidung handelte. Was die sicherheitsmäßige Lage betreffe, so Fritz Streletz, sei sie ohnehin kompliziert, denn hunderttausend Demonstranten wären nur schwer unter Kontrolle zu bringen. Erich Honecker regte an, die Absperrung im Zentrum Leipzigs so vorzunehmen, daß es zu keiner Vereinigung der Teilnehmer der Gottesdienste aus vier Leipziger Kirchen kommen könne. Dazu sollten entsprechende Einsatzkräfte und auch technische Mittel bereitgestellt werden. Außerdem erbat er Kartenmaterial, um sich mit der Situation im Stadtzentrum vertraut machen zu können. Ich bog das zunächst ab, indem ich sagte: »Eine Absperrung ohne Konfrontation zwischen Demonstranten und Staatsmacht halte ich für nicht möglich.« In diesem Moment begriff Erich Honecker noch nicht, oder er wollte es nicht begreifen, wie ernst die Lage war. Dennoch unterschrieb er den Befehl, der in dem von uns in Leipzig vereinbarten Sinne abgefaßt war.

Am Montag, dem 16. Oktober, waren dann Erich Mielke, Fritz Streletz und ich gemeinsam mit Innenminister Friedrich Dickel in dessen Arbeitszimmer im Ministerium des Innern versammelt, um auf jeden Fall im Sinne der Gewaltfreiheit koordiniert handeln zu können, falls es in Leipzig zu unvorhergesehenen Ereignissen gekommen wäre. Für die anderen überraschend erschien gegen 14.55 Uhr auch Erich Honecker, der mir dies kurz zuvor telefonisch angekündigt hatte. Er wirkte abgespannt und nervös. Mehrmals beriet er sich mit uns. Beide telefonierten wir am Nachmittag und am Abend mit dem Genossen Hackenberg in Leipzig, ließen uns die Lage berichten und dankten ihm, als die Demonstration friedlich zu Ende gegangen war. Mehrfach hatten Friedrich Dickel und Fritz Streletz beruhigend auf Erich Honecker eingewirkt.

Nach Beendigung der Demonstration begab sich Erich Honecker nach Hause. Für mich war klar, am nächsten Tag, am Dienstag, dem 17. Oktober, mußte die Entscheidung fallen. Erich Honecker konnte auf keinen Fall weiter Generalsekretär, Vorsitzender des Staatsrates sowie des Nationalen Verteidigungsrates und damit Oberbefehlshaber unserer Streitkräfte sowie der anderen Schutz- und Sicherheitsorgane bleiben. Ich fuhr vom Innenministerium in das Zentralkomitee zurück, um mich noch einmal mit Wolfgang Herger über die Lage abzustimmen. Nachdem uns die zuständigen Minister meldeten, daß alle Demonstrationen im Lande friedlich verlaufen waren, begaben wir uns ebenfalls nach Hause. Wir hofften, daß mit diesem 16. Oktober ein wichtiger Schritt getan worden war, um den friedlichen Verlauf der revolutionären Veränderung in unserem Land zu garantieren. Wir hofften aber auch, daß die Veränderungen »von oben«, die anderntags eingeleitet werden sollten, erfolgreich sein würden.

3.

AM VORABEND DES WENDE-PLENUMS

Als ich mich am Dienstag morgen, dem 17. Oktober 1989, vor der Haustür von meiner Frau verabschiedete, war eigentlich alles wie immer. Nur ihr Händedruck erschien mir fester als sonst. Ich nahm das wahr, obwohl ich in Gedanken schon die Entscheidungen des Tages überschlug. Ich war nicht der Mensch, der seinem einstigen Kampfgefährten und Vertrauten eiskalt ins Gesicht sagen konnte: »Mach deinen Platz frei, die Zeit verlangt es.« Mich quälte die Vorstellung, wie Erich Honecker die Forderung des Politbüros nach Rücktritt als Generalsekretär aufnehmen würde. Es tat mir weh, ihn in einer solchen Situation zu sehen. Möglich, daß andere Politiker über solche Sentiments lächeln, aber ich hatte sie. Und ich habe sie selbst jetzt noch, da ich dieses Buch schreibe.

Dennoch konnten diese Gefühle nicht der Maßstab für meine Entscheidungen sein. Gestern waren mehr als 200 000 Menschen in Leipzig auf die Straße gegangen. Das Volk wollte Veränderungen, und das Land hatte sie bitter nötig. Sollte eine Katastrophe abgewendet werden, durften die besonnenen Kräfte in der Parteiführung jetzt keinen Tag mehr zögern. Weiter abzuwarten hätte bedeutet, unseren Fehler der vergangenen Monate, ja sogar Jahre zu zementieren. Wir brauchten eine Demokratisierung des Sozialismus, wir brauchten Reformen, wir mußten unser Verhältnis zur Sowjetunion und zu anderen Ländern der sozialistischen Welt in Ordnung bringen. Das aber ging nur mit einer Veränderung an der Spitze der Partei.

Ich fuhr also mit dem Dienstwagen von Wandlitz in die Innenstadt zum Haus des Zentralkomitees. Auf dem Weg dorthin dachte ich an Werner Felfe, einst zuständiger Sekretär des ZK für Landwirtschaft, meinen guten Freund, der viel zu früh gestorben war. Mit ihm hatte ich seinerzeit sehr freimütige Überlegungen zur Veränderung der Politik unserer Führung angestellt. Wir waren in Gedanken schon vor Jahren an dem Punkt gewesen, den wir heute erreicht hatten. Aber Werners Tod hatte nicht nur eine schmerzhafte Lücke in unserem Politbüro hinterlassen, er hatte auch eine Veränderung des Kräfteverhältnisses bewirkt.

Ich dachte während der Autofahrt an die vorzeitige Abreise Erich Honeckers von der Bukarester Tagung des Politisch Beratenden Ausschusses der Teilnehmerstaaten des Warschauer Vertrages. Damals hatte ich den Generalsekretär nach Hause begleitet und ihn bis zur Operation in seinen Ämtern vertreten. Danach wurde ich in Zwangsurlaub geschickt, den ich in dieser komplizierten politischen Zeit wohl als Verbannung auffassen mußte. Die Tatsache, daß Günter Mittag zum Nachfolger für die Zeit bestimmt wurde, da Erich Honecker während und nach seiner Operation die Amtsgeschäfte nicht ausüben konnte, hatte mir gezeigt: Erich Honecker wollte unter keinen Umständen, daß meine politischen Auffassungen in einem solchen Fall zum Tragen kamen. Meine Analyse über Gorbatschows Konzept und meine im Panzerschrank verschwundene Einschätzung unserer innenpolitischen Situation hatten dazu beigetragen.

Der qualvolle Urlaub in Dierhagen bot mir viel Zeit zum Nachdenken. Probleme gab es so viele wie Sandkörner am Ostseestrand, der ja vor der Tür lag. Ich arbeitete interne Analysen für die Vorbereitung des XII. Parteitages der SED durch, der für den 15. bis 19. Mai 1990 vorgesehen war ... Ich formulierte meine Überlegungen zu Sofortmaßnahmen, aber auch zu mittel-und langfristigen Entwicklungsproblemen, die ich später — nach der Wende — meinen Reden auf dem 9. und 10. Plenum des ZK der SED zugrunde legte. Ich hielt Kontakt mit meinen Vertrauten in Berlin, aber das vergrößerte angesichts der vielen ungelösten Probleme und der Taktiererei Günter Mittags nur meine Unruhe. Auch Mittag hatte mich mehrfach angerufen, um mir den Gesundheitszustand Erich Honeckers mitzuteilen. Es waren schreckliche Tage am Meer. An Erholung war nicht zu denken. Dabei hätte ich sie gut gebrauchen können für das, was mir bevorstand.

Ich habe schon berichtet, wie ich auf dem Rückflug von Peking den Entwurf jener Erklärung des Politbüros ausarbeitete, die Erich Honecker als Angriff auf seine Person wertete, jedoch angesichts des sich verändernden Kräfteverhältnisses in der Parteiführung nicht mehr verhindern konnte. Am 12. Oktober hielten die Bürger unseres Landes die Zeitungen mit diesem Dokument das noch Kompromißcharakter trug, in den Händen. Nicht jeder wird verstanden haben, welche zähen Richtungskämpfe sich dahinter verbargen. Man wird die Erklärung zur Kenntnis genommen und zwischen »Na endlich!« und »Das war alles?« geschwankt haben. Im Politbüro selbst aber war klargeworden, in welche Richtung sich das Pendel unserer politischen Entscheidungen neigte.

Am 13. Oktober waren wir in Leipzig gewesen und hatten uns anschließend — wieder im Hause des ZK — Erich Honeckers Unterschrift unter den Befehl des Nationalen Verteidigungsrates geben lassen, der einen friedlichen Verlauf der Leipziger Montagsdemo garantieren sollte.

Der 14. Oktober war ein Samstag. Es wurde ein Wochenende interner Gespräche über den Verlauf der kommenden Politbürositzung am 17. Oktober, auf der die Entscheidung über den Wechsel an der Spitze der Partei herbeigeführt werden mußte. Zunächst traf ich mich mit Willi Stoph, dem Vorsitzenden des Ministerrates. Wir waren uns sofort einig, daß auf besagter Sitzung die Absetzung von Erich Honecker gefordert werden sollte und daß Willi Stoph dazu die Initiative ergreifen würde.

Tags darauf, am Sonntag abend, traf sich im Wandlitzer Haus von Harry Tisch, dem damaligen Vorsitzenden des Freien Deutschen Gewerkschaftsbundes und Mitglied des Politbüros, eine Dreierrunde: Tisch selbst, Günter Schabowski und ich. Wir besprachen den Ablauf des 17. Oktober. Ursprünglich waren wir der Auffassung, eine Gruppe von Politbüromitgliedern sollte an jenem Dienstag früh, eine halbe Stunde vor der entscheidenden Sitzung, zu Erich Honecker gehen und ihm ganz offen sagen: »Erich, wir sind zu der Auffassung gelangt, daß wir an der Spitze der Partei eine Veränderung brauchen. Die Entwicklung zwingt uns zu einem solchen Schritt. Wir bitten dich um deine Einsicht und um deine Unterstützung.« Diese Gruppe sollten Willi Stoph, Günter Schabowski, Siegfried Lorenz, Egon Krenz, Kurt Hager, Harry Tisch und Werner Krolikowski bilden. Natürlich wäre dies eine sehr anständige Lösung gewesen, aber Willi Stoph machte einen gewiß zutreffenden Einwand: Wenn sieben Leute kämen, dann könne der Generalsekretär fragen: Wer hat euch denn beauftragt?

Und es hätte so ausgesehen, als sei eine kleine Fraktion vor ihm erschienen. Es war schon besser, wenn wir Erich Honecker gleich in der Politbürositzung damit konfrontierten.

Als ich — am Dienstag — kurz vor 8 Uhr im ZK-Innenhof aus dem Wagen stieg, mit dem Fahrstuhl in die zweite Etage fuhr und den langen Gang abschritt, der zu meinem Dienstzimmer führte, mußte ich an Erich Honeckers Tür vorbei. Er war noch nicht da, gewöhnlich kam er gegen 9 Uhr. Mir war beklommen zumute, und meine beiden Sekretärinnen müssen das gespürt haben. Die Begrüßung fiel an diesem Morgen ernster aus als sonst. Als ich mein Zimmer betrat, klingelte schon das Telefon. Günter Schabowski rief mich an und wollte mir Mut machen. Er sagte etwas wie »Heute kommt's drauf an!« Natürlich war ich aufgeregt. Die zwei Stunden, bis es 10 Uhr schlug und die Sitzung begann, kamen mir wie eine Ewigkeit vor. Ein Glück, daß man das nur einmal aushalten muß, dachte ich.

Kurz vor zehn war das Politbüro vollständig versammelt, bis auf Armeegeneral Heinz Keßler, der in Nikaragua weilte. 25 Genossinnen und Genossen, mit Keßler 26 — das war das zahlenmäßig stärkste Politbüro, das es in einem sozialistischen Land gab. Erich Honecker hatte, wie stets, an der Stirnseite des Beratungstisches Platz genommen. Er eröffnete die Sitzung und schlug die Tagesordnung vor. Sie war eher belanglos. Nicht einmal die Auswertung einer recht kontrovers verlaufenen Beratung mit den 1. Bezirkssekretären der Partei war aufgenommen worden.

Erich Honecker fragte: »Gibt es noch Vorschläge zur Tagesordnung?« In diesem Augenblick meldete sich Willi Stoph und sagte, ohne die Stimme zu heben oder zu senken: »Ja, ich schlage vor: Erster Punkt — Ablösung von Erich Honecker und Wahl von Egon Krenz zum Generalsekretär.« Erich Honecker reagierte darauf ruhig und gefaßt und sagte nur: »Ja bitte, dann eröffne ich jetzt die Aussprache.« Ich empfand es damals so, und ich muß auch heute sagen, daß ich menschlich von dieser Haltung sehr berührt war. Was immer Erich Honecker an fehlerhaften politischen Entscheidungen vorzuwerfen sein mag — in dieser Minute war er äußerst souverän. Was ihm offensichtlich sehr weh getan hat, und das konnte ihm jeder von uns nachfühlen, war die Wortmeldung Günter Mittags in der Aussprache um den Wechsel an der Spitze.

Mittag hatte längst gemerkt, woher der Wind wehte, und hatte sich — wie immer — mit ihm gedreht. Er sprach gleich als dritter und sagte: »Ich bin auch dafür.« Und besonders sein Zusatz machte uns fassungslos: »Eine solche Entscheidung war schon lange fällig.« Und das sagte ausgerechnet der Mann, der sich als Honeckers besten Freund und Berater ausgab, der den Generalsekretär zu fehlerhaften Entscheidungen regelrecht gedrängt hatte. Es war eine miese Haltung, das dachten wir wohl alle. So kam auch die Reaktion aus dem Politbüro prompt: Mittag und Joachim Herrmann, der für die Medien zuständige ZK-Sekretär, sollten gleichfalls abgelöst werden. Die Entscheidung darüber sowie über den Vorschlag, daß ich für die Wahl zum Generalsekretär kandidieren sollte, war einstimmig. Die Abstimmung hatte Erich Honecker noch geleitet.

Später, im Zimmer Erich Honeckers, einigte ich mich mit ihm auf eine Erklärung für die anderntags stattfindende 9. ZK-Tagung. Darin teilte Erich Honecker mit, daß er aus gesundheitlichen Gründen zurückgetreten sei. Ich weiß, daß damit Inkonsequenzen begannen, die sich später häufen und für den Neubeginn eine Zerreißprobe darstellen sollten. Aber damals konnte ich nicht anders handeln, man werfe mir vor, was man will. Wenn ich heute noch einmal vor der gleichen Situation stünde, dann würde ich sagen: »Ja, ich bin einverstanden, Generalsekretär zu werden, aber nur unter der Voraussetzung, daß erstens ein Sonderparteitag einberufen wird, der ein neues Zentralkomitee wählt, und zwar sofort, damit man ein neues Politbüro wählen kann. Und zweitens, daß der Generalstaatsanwalt den Auftrag erhält, alle Gesetzesverletzungen, die stattgefunden haben, zu untersuchen.« Aber leider verläuft die Geschichte nicht nach dem »Wenn« und »Hätte« späterer Einsichten. Damals verlief sie so, wie ich sie geschildert habe.

Für den 18. Oktober frühmorgens um 8 Uhr hatte ich die 1. Sekretäre der Bezirksleitungen der SED nach Berlin gerufen und erläuterte ihnen die Entscheidung des Politbüros. Erich Honecker, Günter Mittag und Joachim Herrmann nahmen an dieser Beratung schon nicht mehr teil. Der vorgeschlagene Kaderwechsel fand einmütige Billigung. Würden auch die Mitglieder des Zentralkomitees dem Vorschlag des Politbüros folgen? Der Tag mußte es erweisen. Hoffentlich hatten alle ZK-Mitglieder noch rechtzeitig ihre Einladungen erhalten.

4.

DAS ERBE FÜR 50 TAGE

Kaum war ich am 18. Oktober als Generalsekretär des ZK der SED gewählt, da las ich in der Westpresse: »Krenz ist nur eine Übergangslösung.« Das war exakt das, wovon auch bei uns einige Politiker von Anfang an überzeugt waren. Was die wenigsten vermuten werden, ist: Auch ich dachte so, allerdings erst später. Denn je mehr ich das »Erbe« in den Details kennenlernte, je schmerzhafter die Nachrichten ausfielen, daß Genossen an meiner Seite, die sich zum Teil mit wirklichem Engagement für die Wende eingesetzt hatten, in Korruptionsfälle verwickelt sein sollten, je mehr uns inhaltliche und personelle Inkonsequenzen beim Neubeginn gegenüber dem Willen der Parteibasis in eine Nachtrabposition brachten, desto unsicherer war ich, ob es mir noch gelingen konnte, meine ehrlichen und aufrichtigen Vorsätze zu verwirklichen.

Gleich auf der 9. Tagung des ZK war ich auf unsere Probleme eingegangen. Ich sagte: »Wir erleben die Verschärfung von Widersprüchen ... Die Probleme in der Volkswirtschaft, im Binnenhandel und auf den Außenmärkten haben zugenommen. Es häuften sich ungelöste Fragen bei der bedarfs- und qualitätsgerechten Versorgung der Bevölkerung. Ungereimtheiten bei der Durchsetzung des Leistungsprinzips nahmen zu. Lohnpolitik, Subventionen und soziale Leistungen werden lebhaft diskutiert.« Und ich fügte hinzu: »Mehr als hunderttausend — darunter nicht wenig junge Leute — sind aus unserem Land weggegangen. Das ist ein weiteres Symptom für die entstandene komplizierte Lage.«

Auf dem 10. Plenum ging ich näher auf die Ursachen ein und verwies darauf, daß bereits der Ansatz für den XI. Parteitag der SED nicht auf einer realen Einschätzung der Lage beruhte. »Negative Erscheinungen, die aus den ungelösten objektiven Entwicklungsproblemen und auch zunehmend aus subjektiv bedingten Fehleinschätzungen resultierten, haben sich auf vielen Gebieten ausgebreitet: in der Wirtschaft, in der Informationspolitik und den Medien, im Kultur- und Geistesleben, in der Volksbildung, in der Arbeit staatlicher Organe, gesellschaftlicher Organisationen und nicht zuletzt in unserer Partei.« So stellte sich für mich das »Erbe« dar, wenn ich es unter den konkreten Erscheinungen des Alltagslebens betrachtete. Ich trug daran um so schwerer, als ich mich weniger frei und unbelastet neuen Horizonten zuwenden konnte. Ich hatte dem Politbüro und dem Sekretariat des ZK mehrere Jahre angehört und trug Mitschuld an den Fehlern. Aber ich war ehrlich dazu bereit, diese Fehler einzugestehen, und formulierte den Anteil der Partei am Ausweg aus der entstandenen Lage folgendermaßen: »Das künftige politische System des Sozialismus muß so beschaffen sein, daß die Partei einen Führungsanspruch durch größtmöglichen Anspruch an sich selbst vertritt — durch demokratisch und mit Wissenschaftspotential erarbeiteten Vorlauf zur Lösung anstehender Probleme, durch eine überzeugende Gesellschaftskooperation, durch die Lernfähigkeit im Dialog mit allen gesellschaftlichen Kräften, durch die Kompetenz ihrer Mitglieder, durch harte Arbeit jeder Parteiorganisation, jeder Genossin und jedes Genossen.« Ich war der Meinung, daß sich eine Führungsrolle der SED in der Gesellschaft künftig nicht mehr per Dekret, sondern nur über Leistung ergeben konnte. Mit voller Berechtigung wurde deshalb auf der 13. Tagung der Volkskammer die — eben dekretierte — Führungsrolle der SED aus der Verfassung der DDR gestrichen.

Aber wie sollte man nur all die tagesaktuellen und strategischen Aufgaben zugleich anpacken? Jeden Augenblick mußte man mit neuen Skandalen oder Problemen rechnen. Ich spürte unter dem Druck der Probleme deutlicher denn je: Wir hatten nicht nur zu spät gehandelt, sondern wir hatten auch zu spät über Vorlauf nachgedacht. Wir waren einfach zu unvorbereitet.

Ich meine auch, daß wir zu spät auf Denkanstöße von — vorwiegend jungen — Genossen reagiert haben, die sich in diesen Wochen mit manchmal zunächst ungewöhnlich erscheinenden Vorschlägen zu Wort gemeldet hatten. Wir haben das zwar bei der Ausarbeitung des Aktionsprogrammes zu korrigieren versucht, aber inzwischen waren Zeit und Möglichkeiten ungenutzt geblieben. Andererseits war auch nicht zu übersehen, daß sich manche Leute, auf deren Hilfe ich gebaut hatte, vorsichtig zurückzogen. Vielleicht, weil sie der Meinung waren, meine Wahl sei ja nur eine Übergangslösung. Auch rächte sich unsere Inkonsequenz bei der Neuwahl des Politbüros. Das Hin und Her im ZK, die Verstimmungen an der Basis über für sie unakzeptable Entscheidungen lähmten unsere Arbeit erheblich. Trotz alledem versuchte ich, meinen politischen Auftrag zu erfüllen.

Als gravierenden Fehler muß ich nachträglich die Entscheidung betrachten, daß ich — analog der Situation bei Erich Honecker — für die Wahl in drei Funktionen zur Verfügung stand: Generalsekretär des ZK der SED, Vorsitzender des Staatsrates und Vorsitzender des Nationalen Verteidigungsrates. Ich hatte dieses Tripel an Funktionen nicht aus eitler Liebe zur Macht übernommen, sondern war zunächst der Auffassung gewesen, daß dies angesichts zunächst nicht ganz klarer Machtverhältnisse im Politbüro eine Garantie für die Unumkehrbarkeit der Wende sein könnte. Später, als nicht wenige Leute gerade diese Tatsache als ein Wiederaufleben von persönlicher Machtfülle ansahen und dagegen mit Losungen wie »Macht die Volkskammer zum Krenz-Kontrollpunkt« demonstrierten, habe ich meine Dreifachfunktion, die ich nun aber durchstehen wollte und mußte, als Fehler angesehen. Vielleicht hätte ich mich früher korrigieren sollen, früher einen gutgemeinten Ratschlag annehmen sollen. Ansonsten suchte ich in vielen Gesprächen Rat, auch wenn es mich viel Zeit kostete. Es wäre aber kurzsichtig gewesen, den Wert von Begegnungen, vor allem mit den Werktätigen, zu unterschätzen. Deshalb war ich bereits einen Tag nach meiner Wahl zum Generalsekretär während der Frühschicht im VEB Kombinat »7. Oktober« in Berlin, um mich mit den Leuten zu unterhalten. Später besuchte ich auch »Bergmann Borsig« und sprach mit Leipziger Bürgern.

Unmittelbar nach meiner Wahl zum Generalsekretär traf ich mich mit Vertretern der Konferenz der Evangelischen Kirchenleitungen: Mit Landesbischof Dr. Werner Leich, Bischof Dr. Christoph Demke, Konsistorialpräsident Manfred Stolpe und dem Leiter des Sekretariats des Bundes der Evangelischen Kirchen in der DDR, Oberkirchenrat Martin Ziegler, der später als einer der Moderatoren am »Runden Tisch« ein so verständnisvoller Vermittler werden sollte.

Am 23. Oktober 1989 gab das »Neue Deutschland« den Inhalt eines Telefongesprächs wieder, das ich mit Michail Gorbatschow geführt hatte. Der Generalsekretär des ZK der KPdSU hatte mir nochmals mit sehr herzlichen persönlichen Worten zur Wahl gratuliert. Ich hatte Michail Gorbatschow gegenüber das wiederholt, was er wohl immer für meine politische Auffassung gehalten hatte, nämlich, daß der Bruderbund zwischen beiden Parteien und Staaten ein entscheidendes Fundament für die Ausgestaltung des Sozialismus in der DDR sei. Michail Gorbatschow lud mich zu einem Besuch in die Sowjetunion ein. Am 1. November traf ich ihn in Moskau.

Als ob Michail Gorbatschow meine Gedanken erraten hätte, machte er mir schon kurz nach der Begrüßung Mut und meinte, ich sollte mir von den komplizierten Problemen, vor denen wir standen, keinen Schrecken einjagen lassen. Aus eigener Erfahrung wisse er nur zu gut, daß Genossen zuweilen niedergedrückt seien, weil noch so große Probleme zu lösen seien. Dann gäbe es auch mal stürmische und emotionsgeladene Auseinandersetzungen, man dürfe nicht vergessen: Das Pferd sei gesattelt, aber der Ritt noch nicht vollendet.

Ich erwiderte, daß wir Michail Gorbatschows Satz »Wer zu spät kommt, den bestraft das Leben« sehr ernst genommen hätten. Aber da sei der Vertrauensbruch zwischen Partei und Volk bereits vollzogen gewesen. Die Bevölkerung habe der Partei übelgenommen, daß durch die Medien eine »Scheinwelt« geschaffen wurde, die mit dem Alltagsleben nicht übereinstimmte. Viele Probleme hätten sich seit längerer Zeit angesammelt. Ich entschuldigte mich zugleich dafür, daß durch kurzsichtige, falsche Entscheidungen unserer Führung das enge, freundschaftliche Verhältnis zwischen der DDR und der UdSSR belastet worden sei. Sowohl die Jugend als auch ältere Leute in unserem Lande hätten das nicht begreifen können. Wir hätten nun aber das »Sputnik«-Verbot korrigiert und unseren eigenen Medien alle Freiheit für die Berichterstattung eingeräumt. Wörtlich sagte ich: »Die Probleme der DDR werden jetzt nicht mehr über den Westen in die DDR hineingetragen, sondern in unserem Lande selbst erörtert.«

Dann erläuterte ich, was sich seit dem Besuch Michail Gorbatschows in der DDR Anfang Oktober zugetragen hatte. Natürlich war er gut informiert, aber mir lag daran, meine persönlichen Auffassungen zu den Dingen darzulegen. Ich ging dabei auch auf unsere äußerst komplizierten ökonomischen Probleme ein.

Genosse Gorbatschow hörte aufmerksam zu und versprach, daß die Sowjetunion alles daransetzen werde, um ihre eingegangenen ökonomischen Verpflichtungen gegenüber der DDR gewissenhaft zu erfüllen. Ich hörte das natürlich mit großer Erleichterung. Wir sprachen dann über internationale Probleme, auch über das Verhältnis zwischen den beiden deutschen Staaten, dessen heutiger Charakter zu diesem Zeitpunkt so noch nicht abzusehen war. Ich muß allerdings wiederholen, daß Michail Gorbatschow schon damals dem Status quo in der deutschen Frage keineswegs einen Ewigkeitswert zumaß, sondern Veränderungen im Rahmen einer gesamteuropäischen Annäherung für durchaus denkbar hielt. Gewiß hatte er dabei andere zeitliche Vorstellungen, als sie sich heute abzeichnen. Aber die hatte ich auch, als ich die Worte von Michail Gorbatschow überdachte.

Abschließend waren wir uns darin einig, daß es nicht zu einer vollständigen Negation der Vergangenheit kommen dürfe. Das wäre eine Mißachtung der bisherigen Leistungen unseres Volkes gewesen. Vielmehr würde es darauf ankommen, den schöpferischen Marxismus, den Sozialismus im Leninschen Sinne, den humanen und demokratischen Sozialismus wiederzubeleben.

Ich verabschiedete mich von Michail Gorbatschow mit dem Gefühl, aus diesem Gespräch Kraft für unsere Arbeit gewonnen zu haben. Es war einer jener Momente des »Auftankens«, die auch Politiker unbedingt brauchen. Ich gab noch eine Pressekonferenz in Moskau. Und bei dieser Pressekonferenz unterlief mir ein Fehler bei der Formulierung einer wichtigen Aussage, die dadurch falsch gedeutet werden konnte. Ich hatte davon gesprochen, daß »meine Partei die Wende eingeleitet hat«. Ich wollte dabei aber sagen, daß »wir in der Partei eine Wende eingeleitet hatten«. So verstanden viele: Die Wende durch das Volk hatte es gar nicht gegeben. Die hatte allein die Partei »ganz oben« gemacht. Das hatte ich natürlich nicht gemeint, und dieser Ausrutscher tat mir leid.

Im Anschluß an die Pressekonferenz flog ich sofort nach Berlin zurück.

Zwei Tage später wandte ich mich in einer Fernsehansprache an die Bürgerinnen und Bürger unseres Landes. Ich kündigte das »Aktionsprogramm« zur Verwirklichung der »Wende« an, das auf dem bereits einberufenen 10. Plenum behandelt werden sollte. Zugleich gab ich bekannt, daß Hermann Axen, Kurt Hager, Erich Mielke, Erich Mückenberger und Alfred Neumann von sich aus den Vorschlag unterbreitet hatten, von ihren Funktionen als Mitglieder des Politbüros zurückzutreten.

Am 4. November erlebte Berlin eine große, von »unten« organisierte Demonstration. Sie war aus einer Initiative Berliner Theaterschaffender hervorgegangen, mehr als eine halbe Million Menschen waren zur Demo in der Innenstadt und zur anschließenden Kundgebung auf dem Alexanderplatz gekommen. Mit der Volkspolizei war eine Sicherheitspartnerschaft vereinbart worden, die auch gut funktionierte. Berliner Künstler trugen grüne Schärpen mit der Aufschrift »Keine Gewalt«. Diese Idee wurde in der Folgezeit x-mal wiederholt. Das Fernsehen der DDR übertrug die Demonstration und die Reden, die auf dem Alexanderplatz gehalten wurden, als Live-Sendung. Wir erlebten eine völlig neue politische Kultur. Sie hatte Platz für Ironie und Phantasie und Poesie. Aber sie war auch verletzlich. Wir sahen, wie sich neue Intoleranzen aufbauten. Gegen Erwartungshaltungen zu reden war schwer. Ich denke an den Auftritt von Günter Schabowski, der ins Mikrofon rief: Wir alle haben uns auf den Weg des Dialogs begeben, für mehr Sozialismus, für mehr Demokratie. Er hatte es schwer, sich Gehör zu verschaffen.

Die Zeit war schon lange reif für witzigere und tiefsinnigere Losungen. Die gab es nun zuhauf, selbstgefertigt, selbstgetragen. Wenn ich richtig informiert bin, wurden sie aufbewahrt und als Objekte der Zeitgeschichte museal erfaßt. Ich denke aber auch an viele mir wichtige Passagen in Reden, die auf dem Alexanderplatz gehalten wurden. Der Schriftsteller Christoph Hein sagte zum Beispiel: »Ich möchte uns alle an einen alten Mann und wahrscheinlich jetzt sehr einsamen Mann erinnern. Ich spreche von Erich Honecker. Dieser Mann hatte einen Traum. Und er war bereit, für diesen Traum ins Zuchthaus zu gehen. Dann bekam er die Chance, seinen Traum zu verwirklichen. Es war keine gute Chance, denn der besiegte Faschismus und der übermächtige Stalinismus waren dabei die Geburtshelfer. Es entstand eine Gesellschaft, die wenig mit Sozialismus zu tun hatte ... Und ich glaube, auch für diesen alten Mann ist unsere Gesellschaft keinesfalls die Erfüllung seiner Träume ... Ich erinnere an diesen alten Mann nur deshalb, um uns zu warnen, daß nicht auch wir jetzt Strukturen schaffen, denen wir eines Tages hilflos ausgeliefert sind. Schaffen wir eine demokratische Gesellschaft, auf einer gesetzlichen Grundlage, die einklagbar ist. Einen Sozialismus, der dieses Wort nicht zur Karikatur macht. Eine Gesellschaft, die dem Menschen angemessen ist und ihn nicht der Struktur unterordnet.«

Stefan Heym sagte, wir hätten in diesen letzten Wochen unsere Sprachschwierigkeit überwunden und seien jetzt dabei, den aufrechten Gang zu erlernen. Und er fügte hinzu: »Aber sprechen, frei sprechen, gehen, aufrecht gehen, das ist nicht genug. Laßt uns auch lernen zu regieren ...« Alle müßten teilhaben an dieser Macht. »Und wer immer sie ausübt und wo immer, muß unterworfen sein der Kontrolle der Bürger.«

Christa Wolf sagte: »Ich würde von ›revolutionärer Erneuerung‹ sprechen. Revolutionen gehen von unten aus, unten und oben wechseln ihre Plätze in dem Wertesystem, und dieser Wechsel stellt die sozialistische Gesellschaft vom Kopf auf die Füße. Große soziale Bewegungen kommen in Gang. Soviel wie in diesen Wochen ist in unserem Land noch nie geredet worden, miteinander geredet worden, noch nie mit dieser Leidenschaft, mit soviel Zorn und Trauer, aber auch mit soviel Hoffnung. Wir wollen jeden Tag nutzen. Wir schlafen nicht oder wenig. Wir befreunden uns mit Menschen, die wir vorher nicht kannten, und wir zerstreiten uns schmerzhaft mit anderen, die wir zu kennen glaubten. Das nennt sich nun ›Dialog‹. Wir haben ihn gefordert. Nun können wir das Wort fast nicht mehr hören. Und haben doch noch nicht wirklich gelernt, was es ausdrücken will. Mißtrauisch starren wir auf manche plötzlich ausgestreckte Hand, in manches vorher so starre Gesicht. Mißtrauen ist gut, Kontrolle noch besser. Wir drehen alte Losungen um, die uns gedrückt und verletzt haben, und geben sie postwendend zurück. Wir fürchten, benutzt zu werden, verwendet. Und wir fürchten, ein ehrlich gemeintes Angebot auszuschlagen. In diesem Zwiespalt befindet sich nun unser ganzes Land. Wir wissen, wir müssen die Kunst üben, den Zwiespalt nicht in Konfrontation ausarten zu lassen. Diese Wochen, diese Möglichkeiten werden uns nur einmal gegeben — durch uns selbst.«

Markus Wolf, der ehemals für die Aufklärung zuständige Stellvertreter des Ministers für Staatssicherheit und als Autor des bemerkenswerten Buches »Die Troika« gleichfalls sehr erfolgreich, hatte es nicht leicht auf dem Platz, denn er wandte sich mit Besonnenheit dagegen, daß die Mitarbeiter seines ehemaligen Ministeriums nun unterschiedslos zu Prügelknaben der Nation gemacht werden sollten. Er sprach sich allerdings dafür aus, daß jede Anschuldigung, jedes Unrecht unparteiisch untersucht, die Verantwortlichkeit festgestellt wird und den Betroffenen öffentlich Gerechtigkeit widerfahren sollte. Besonders beeindruckte mich Markus Wolfs Wort zur Gewaltfreiheit. Er sagte: »Immer, wenn es in sozialistischen Ländern in der Vergangenheit nach dem Krieg einen Kurs- oder Führungswechsel gegeben hat und die Menschen emotionsgeladen mit ihren Forderungen auf die Straßen und Plätze gegangen sind, gab es eine Eskalation, ist Blut geflossen, und gab es Tote, oft viele Tote. Man kann vor der Besonnenheit unserer Menschen, auch der hier auf dem Platz, nur den Hut ziehen. Seit dem 9. Oktober ist kein Blut mehr geflossen, und wir wollen es dabei belassen. Sorgen wir doch alle dafür, daß die Vernunft die Oberhand behält. Nutzen wir gemeinsam die einmalige Chance, Sozialismus und Demokratie, die das Wort verdient, zu verbinden. Vielleicht können wir damit Michail Gorbatschow und den Menschen in der Sowjetunion etwas vom Mut und der Hoffnung zurückgeben, die sie mit Perestroika und Glasnost in dieses Land gebracht haben.«

Gregor Gysi, der damals noch als engagierter Rechtsanwalt sprach, beeindruckte besonders durch den Abschluß seines Beitrages: Er wünschte allen Bedürftigen ein Telefon und der Gesellschaft, daß ein Alltagssatz gegenstandslos werde: »Das möchte ich dir lieber nicht am Telefon sagen.«

Vier Tage später, am 8. November, begann die 10. Tagung des ZK der SED. Das bisherige Politbüro trat geschlossen zurück. In Vorbereitung der Tagung hatten mir Hermann Axen, Kurt Hager, Werner Krolikowski, Erich Mielke, Erich Mückenberger, Alfred Neumann, Horst Sindermann, Willi Stoph und Harry Tisch mitgeteilt, daß sie nicht wieder für das Politbüro kandidieren würden. Sie wollten jüngeren Kräften Platz machen. Entsprechend einer Entscheidung des Zentralkomitees wurde dann über die vorgeschlagenen Mitglieder und Kandidaten des Politbüros einzeln abgestimmt.

Ich wurde als Generalsekretär einstimmig bestätigt. Weiterhin wurden von den 157 anwesenden stimmberechtigten Mitgliedern des ZK nach gründlicher Absprache folgende Mitglieder des Politbüros gewählt: Hans-Joachim Böhme (66 Gegenstimmen), Werner Eberlein, der zugleich zum Vorsitzenden der Zentralen Parteikontrollkommission gewählt wurde (einstimmig), Wolfgang Herger (einstimmig), Werner Jarowinsky (3 Gegenstimmen), Heinz Keßler (2 Gegenstimmen), Siegfried Lorenz (einstimmig), Hans Modrow (1 Gegenstimme), Wolfgang Rauchfuß (4 Gegenstimmen), Günter Schabowski (einstimmig), Gerhard Schürer (7 Enthaltungen).

Zu Kandidaten des Politbüros wurden gewählt: Johannes Chemnitzer (10 Gegenstimmen und 8 Enthaltungen), Inge Lange (10 Gegenstimmen), Margarete Müller (einstimmig), Günter Sieber (einstimmig), Werner Walde (5 Gegenstimmen), Jochen Willerding, der zuvor einstimmig vom Kandidaten zum Mitglied des Zentralkomitees gewählt worden war (einstimmig). Zu Sekretären des Zentralkomitees wählte das Plenum: Egon Krenz, Johannes Chemnitzer, Wolfgang Herger, Inge Lange, Siegfried Lorenz, Wolfgang Rauchfuß, Günter Schabowski, Günter Sieber und Jochen Willerding. Für die Leitung des Bereiches Kultur wurde Klaus Höpcke, für die Leitung der Bereiche Wissenschaft und Bildung Professor Gregor Schirmer vorgeschlagen. Da beide nicht dem Zentralkomitee angehörten und eine Kooptierung in das ZK durch das Statut nicht vorgesehen war, wurde Klaus Höpcke zum Leiter der Kulturkommission beim Politbüro und Professor Gregor Schirmer zum Leiter der Kommission Wissenschaft und Bildung beim Politbüro gewählt. Sie nahmen später in dieser Eigenschaft an den Sitzungen des Politbüros und des Sekretariats teil. Bei der Neuwahl des Politbüros erhielten Horst Dohlus, Günther Kleiber und Gerhard Müller nicht die notwendige Stimmenzahl. Das Zentralkomitee beschloß, der Fraktion der SED in der Volkskammer zu empfehlen, Hans Modrow bei der Neubildung der Regierung für die Wahl zum Vorsitzenden des Ministerrates der DDR vorzuschlagen.

In den Nachmittagsstunden hatten sich vor der Parteizentrale auf dem Marx-Engels-Platz Genossen aus Berliner SED-Grundorganisationen versammelt. Gegen Abend nahm ihre Zahl immer mehr zu. Sie riefen: »SED in die Offensive!«, »Sozialismus ist Wende ohne Umkehr« oder »SED = Sozialismus, Ehrlichkeit, Demokratie«. Bitter beklagten sich Redner darüber, daß sich die Führung der Partei von der Basis gelöst, Schönfärberei und Dogmatismus geduldet und gefördert habe. Ich war in Sprechchören an das Mikrofon gerufen worden, hielt aber zur gleichen Zeit noch das Referat auf der ZK-Tagung. Vielleicht hätten wir die Tagung unterbrechen und zur Basis auf den Vorplatz gehen sollen.

Günter Schabowski hatte sich den dort versammelten Genossen bereits gestellt. Er hatte die ZK-Beratung für kurze Zeit verlassen. Nach Beendigung meiner Rede, kurz vor 18.00 Uhr, ging auch ich zur Demo vor dem Haus des ZK. Ich sagte angesichts der vielen, zum Teil kontroversen Forderungen der Demonstranten, daß ja die Diskussion im ZK noch nicht begonnen habe. Ich wollte und konnte den Beschlüssen dieses Gremiums nicht vorgreifen, sagte aber gründliche Erörterung der aufgezeigten Probleme, einschließlich der Forderung nach Einberufung eines Sonderparteitages, zu. Zum Abschluß des Treffens wurde die »Internationale« gesungen.

Als wir am nächsten Morgen die 10. ZK-Tagung fortsetzten, waren anderslautende Entscheidungen von Bezirksleitungen der SED und Einsprüche gegen einige am Vortag gewählte Mitglieder und Kandidaten des Politbüros bekannt. Das führte zu der Entscheidung, Hans-Joachim Böhme, Johannes Chemnitzer, Werner Walde und Inge Lange von diesen Funktionen zu entbinden.

Obwohl es auch Vorschläge zur Durchführung eines Außerordentlichen Parteitages gegeben hatte, entschied sich das ZK für die Durchführung der 4. Parteikonferenz vom 15. bis 17. Dezember 1989 in Berlin. Diese Entscheidung mußte drei Tage später unter dem Druck der Basis zurückgenommen werden.

Die 11. Tagung der Volkskammer wählte Günter Maleuda, den Vorsitzenden der Demokratischen Bauernpartei Deutschlands (DBD), der sich gegen den LDPD-Vorsitzenden, Manfred Gerlach, hatte durchsetzen können, zum neuen Volkskammerpräsidenten. Hans Modrow, ein aufrechter Kommunist und Anhänger der Politik Michail Gorbatschows, der es zu Zeiten Erich Honeckers mit seinen Ansichten und seiner praktischen Kommunalpolitik als 1. Sekretär der SED-Bezirksleitung Dresden nicht leicht gehabt hatte, wurde zum Vorsitzenden des Ministerrates gewählt und mit der Bildung der Regierung beauftragt.

Am 29. November wurden auf Beschluß der Zentralen Parteikontrollkommission Robert Havemann, Rudolf Herrnstadt und Lex Ende rehabilitiert. Sie waren in den fünfziger Jahren wegen falscher Beschuldigungen und angeblich fraktioneller Tätigkeit aus der Partei ausgeschlossen worden. Ich unterschrieb am gleichen Tag den Aufruf »Für unser Land«, in dem sich tags zuvor namhafte Persönlichkeiten unserer Republik für die Eigenständigkeit der DDR eingesetzt hatten. In einem Schreiben an die Initiatoren erklärte ich: »Wir haben die historische Verantwortung, dieses Land mit seinen antifaschistischen und humanistischen Idealen und Traditionen als sozialistische Alternative deutscher Entwicklung zu bewahren.« Auch weitere Mitglieder des Politbüros, darunter Hans Modrow, unterschrieben den Appell.

In den letzten Tagen des November hatten sich die Probleme innerhalb und außerhalb der Partei derartig zugespitzt, daß es dem neugewählten Politbüro nicht mehr möglich war zu agieren. Auch mein Handlungsspielraum als Generalsekretär war durch die ständigen Korrekturen innerhalb der Politik, auch durch eigene Unzulänglichkeiten, äußerst gering geworden. In dieser Situation beriefen wir für Sonntag, den 3. Dezember, eine außerordentliche Tagung des ZK der SED ein. Sie sollte die letzte in der Geschichte der Sozialistischen Einheitspartei Deutschlands werden. Auf ihr traten das gesamte Zentralkomitee und das Politbüro zurück. Unter Vorsitz von Herbert Kroker, dem erst jüngst gewählten 1. Sekretär der Bezirksleitung Erfurt der SED, konstituierte sich ein Arbeitsausschuß, der den außerordentlichen Parteitag weiter vorbereiten sollte.

Dieser 3. Dezember war ein bitterer Tag für mich, obwohl ich doch um die Schwierigkeiten gewußt hatte, die mich nach dem 9. Plenum begleiten würden, obwohl ich keine Illusionen über die Fülle der zu bewältigenden Probleme hatte und bei ihrer Lösung mein Scheitern nicht ausschloß. Dennoch hatte ich gehofft, daß es uns gelingen würde, die Partei wieder aus der Talsohle herauszuholen, sie zu stärken, ihr einen neuen, demokratischen Charakter zu geben. Ich leitete meine letzte Sitzung in der Parteizentrale und übergab, vielleicht ein wenig zu übergangslos, das weitere Schicksal der Partei in die Hände des Arbeitsausschusses. Dieser beschloß dann die Tagesordnung des Parteitages und die Bildung von neun Arbeitsgruppen zu dessen Vorbereitung.

Am Montag, dem 4. Dezember, flog ich gemeinsam mit Hans Modrow zu einem Treffen führender Repräsentanten der Staaten des Warschauer Vertrages nach Moskau. Das Arbeitstreffen fand auf sowjetische Einladung statt und diente der aktuellen Information über das sowjetisch-amerikanische Gipfeltreffen in Malta. Mit Aufmerksamkeit nahmen die Teilnehmer der Moskauer Zusammenkunft die Überlegungen zu einer Vertragsgemeinschaft zwischen der DDR und der BRD zur Kenntnis. Dies war mein letzter Besuch in Moskau als Staatsoberhaupt.

Nicht wenige Genossen und Freunde hatten mich aufgefordert, nicht von der Funktion des Staatsratsvorsitzenden zurückzutreten. Aber das konnte ich nicht mit meinem Gewissen vereinbaren. Ich hätte auch nicht die Kraft gehabt, diese Aufgabe so zu meistern, wie es die Turbulenzen der damaligen Zeit erforderten.

Am 6. Dezember erklärte ich deshalb vor dem Staatsrat: »Im Interesse der Stabilität der DDR und der notwendigen revolutionären Erneuerung unseres Landes trete ich von meiner Funktion als Vorsitzender des Staatsrates und Vorsitzender des Nationalen Verteidigungsrates der DDR zurück. Es ist meine Hoffnung, daß das Volk der DDR den Prozeß der Erneuerung, den es selbst erkämpft hat, unumkehrbar macht. Wir müssen aber auch die Gefahr sehen, die unserer Heimat von antisozialistischen Kräften droht. Jede Revolution birgt die Gefahr der Sammlung von Gegenkräften in sich. Diese antisozialistischen Kräfte wollen den Stolz unseres Volkes brechen und die Arbeit von Generationen zum Ausverkauf anbieten. Dagegen müssen wir uns gemeinsam wehren. In dieser Stunde höchster Gefahr müssen alle, denen dieses Land am Herzen liegt, aus patriotischer Verantwortung zusammenstehen.«

Manfred Gerlach übernahm amtierend den Vorsitz des Staatsrates. Meine 50 Amtstage seit dem 18. Oktober, als ich zum Generalsekretär des ZK der SED gewählt wurde, waren abgelaufen.

Ich nahm später als Rostocker Delegierter am Außerordentlichen Parteitag der SED teil, die sich in SED/PDS (Partei des Demokratischen Sozialismus) umbenannte.

Mit einem Brief an Gregor Gysi, dem neugewählten Parteivorsitzenden, übergaben Wolfgang Herger, Wolfgang Rauchfuß, Helmut Semmelmann, Werner Jarowinsky, Siegfried Lorenz, Günter Schabowski, Günter Sieber und ich einen Bericht »Zu den Ursachen für die Krise in der SED und in der Gesellschaft«, der von den Mitgliedern des zurückgetretenen Zentralkomitees natürlich nicht mehr bestätigt werden konnte. Der Bericht wurde auf dem Parteitag zwar ausgegeben, fand jedoch wenig Beachtung.

Wochen später wurde ich gemeinsam mit fast allen ehemaligen Mitgliedern und Kandidaten des Politbüros aus der Partei ausgeschlossen. Das war wohl das Schmerzhafteste, was mir in meinem politischen Leben bislang widerfahren ist. Ich konnte mich auch nicht damit trösten, daß vor allem diejenigen Genossen der Schiedskommission für meinen Verbleib in der SED/PDS stimmten, die mich wirklich kannten. Ich habe diesen Beschluß nicht ohne Widerspruch hingenommen, und ich habe auch mein Parteibuch nicht abgegeben, obwohl man das von mir verlangt hat.

Nun heißt meine Partei nur noch PDS — Partei des Demokratischen Sozialismus. Ich gehöre ihr nicht an. Aber es ist meine Partei. Ich gebe zu, daß es mir guttut, wenn mich meine Freunde mit »Genosse Krenz« ansprechen. Ich setze Vertrauen in die Kraft und in die Umsicht von Hans Modrow und Gregor Gysi. Ich wünsche ihnen von ganzem Herzen Erfolg für die Arbeit, die nun kommt.

Ich war also doch der »Mann des Übergangs«. Ich kann das ertragen, weil es ein friedlicher Übergang blieb. Wir haben zumindest den Boden bereitet für eine Erneuerung der Partei. Wir haben uns in einer entscheidenden Situation in Leipzig für Gewaltfreiheit eingesetzt. Die Revolution blieb friedlich und ohne Blutvergießen.

Und: Wir haben die Mauer geöffnet, weil die Menschen mit ihr nicht mehr zu leben bereit waren. Wie es dazu kam, ist ein eigenes Kapitel wert.

III. TEIL

ALS SICH DIE MAUER ÖFFNETE

I.

AM MORGEN DES 9. NOVEMBER

Die Nacht vom 8. zum 9. November war für mich kurz gewesen. Ganze drei Stunden hatte ich geschlafen. Die politischen Probleme, die mich bewegten, lasteten wie ein Alptraum auf mir.

Seit gestern tagte das 10. Plenum des Zentralkomitees der SED. Drei Wochen war es nun her, seit Erich Honecker auf der vorangegangenen ZK-Tagung abgelöst worden war. Unser Land befand sich in einer katastrophalen politischen und wirtschaftlichen Situation, und noch hielt der Strom von DDR-Übersiedlern in die Bundesrepublik Deutschland und nach Westberlin an. Wie in solchen Umbruchsituationen offenbar üblich, tobten sich die Interessen verschiedener politischer Gruppierungen innerhalb und außerhalb unserer Partei nach Leibeskräften aus. Und immer wieder war es uns um die gleichen Ziele gegangen: den friedlichen Charakter der revolutionären Umgestaltung unseres Landes zu sichern, unseren Bündnisverpflichtungen nachzukommen, eine vernünftige Gestaltung der Beziehungen zur Bundesrepublik Deutschland entsprechend den veränderten Bedingungen im Auge zu behalten, eine vertrauensvollere Basis für die Zusammenarbeit mit der Opposition im Lande zu schaffen, gemeinsam den sich abzeichnenden rechtsradikalen Tendenzen zu begegnen, das Leben so »normal« zu halten, wie das in diesen unnormalen Wochen und Tagen nur irgend möglich gemacht werden konnte. Hinzu kamen die Kaderfragen im Politbüro; solche hatten schon am Vortag die Wellen hochschlagen lassen.

Das waren die Probleme, die mich, als ich um fünf Uhr erwachte und gleich aufstand, sofort wieder überfielen. Wie sollte man sie nur alle gleichzeitig und gleichrangig lösen. Es schien uns die

Quadratur des Kreises als Aufgabe gestellt zu sein. Draußen war es noch dunkel, und es nieselte. Dennoch, so dachte ich, wird dir gerade vor dem heutigen Sitzungsmarathon der morgendliche Fünf-Kilometer-Lauf guttun. Beim Joggen ging mir stets der bevorstehende Tag durch den Kopf. Vieles ließ sich dabei ordnen. Das wichtigste Ereignis dieses Tages jedoch, die Öffnung der Berliner Mauer, ließ sich zu dieser Stunde noch nicht vorhersehen.

Nachdem ich gegen 7.45 Uhr in meinem Arbeitszimmer im Hause des Zentralkomitees der Partei eingetroffen war, sah ich die Tagespresse durch. Ich las die Berichte über den gestrigen Beratungstag im ZK, über eine Demonstration von Berliner SED-Mitgliedern vor dem Tagungsgebäude, und ich ärgerte mich sofort wieder über mich selbst. Warum hast du diesen Genossen, die mit so großen Erwartungen zum Gebäude des Zentralkomitees gekommen sind, nicht Mut gemacht? Warum hast du ihre Forderungen nach einem Sonderparteitag nicht aufgegriffen? Ich hatte mich von einer im Zentralkomitee vorherrschenden Meinung leiten lassen, daß die Vorbereitung eines Parteitags zuviel Zeit kosten und eine Parteikonferenz ausreichen würde, um die Situation im Lande einzuschätzen und weitere notwendige Kaderentscheidungen zu treffen. Von vielen Genossen an der Basis wurde das aber als unzureichend empfunden. Also hatte es Krach gegeben.

Auf der Titelseite des »Neuen Deutschland«, damals noch Zentralorgan des ZK der SED, fand sich ein Aufruf der bekannten Schriftstellerin Christa Wolf an die Bevölkerung der DDR, den sie am Vorabend im DDR-Fernsehen verlesen hatte: »Wir alle sind tief beunruhigt. Wir sehen die Tausende, die täglich unser Land verlassen. Wir wissen, daß eine verfehlte Politik bis in die letzten Tage hinein ihr Mißtrauen in die Erneuerung dieses Gemeinwesens bestärkt hat. Wir sind uns der Ohnmacht der Worte gegenüber Massenbewegungen bewußt, aber wir haben kein anderes Mittel als unsere Worte. Die jetzt noch weggehen, mindern unsere Hoffnung. Wir bitten Sie, bleiben Sie doch in Ihrer Heimat, bleiben Sie bei uns! Was können wir Ihnen versprechen? Kein leichtes, aber ein nützliches und interessantes Leben. Keinen schnellen Wohlstand, aber Mitwirkung an großen Veränderungen. Wir wollen einstehen für Demokratisierung, freie Wahlen, Rechtssicherheit und Freizügigkeit. Unübersehbar ist: Jahrzehntealte Verkrustungen sind in Wochen aufgebrochen worden.

Wir stehen erst am Anfang des grundlegenden Wandels in unserem Land. Helfen Sie uns, eine wahrhaft demokratische Gesellschaft zu gestalten, die auch die Vision eines demokratischen Sozialismus bewahrt. Kein Traum, wenn Sie mit uns verhindern, daß er wieder im Keim erstickt wird. Wir brauchen Sie. Fassen Sie zu sich und zu uns, die wir hierbleiben wollen, Vertrauen.«

Dieser Aufruf, den neben Christa Wolf auch so bekannte Künstler unterzeichnet hatten wie Volker Braun, Ruth Berghaus, Christoph Hein, Stefan Heym, Kurt Masur, Ulrich Plenzdorf sowie Bärbel Bohley für das »Neue Forum«, Erhard Neubert für den »Demokratischen Aufbruch«, Uta Forsthauer für die Sozialdemokratische Partei, Hans-Jürgen Fischbeck für »Demokratie Jetzt« und Gerhard Poppe für die Initiative »Frieden und Menschenrechte«, gab auch mir Mut. Ich mußte zugleich daran denken, wie vielen von den Unterzeichnern dieses engagierten Appells zugunsten unseres Landes in der Vergangenheit Unrecht zugefügt worden war. Sie waren einer verfehlten Sicherheitsdoktrin unseres Landes zum Opfer gefallen, waren inhaftiert oder des Landes verwiesen worden. Andere konnten lange Zeit ihre Werke, die unzweifelhaft zu den besten der DDR-Kunst zählen, nur im Westen publizieren. Nun aber wandten sie sich an unser Volk und beschworen es: Bleiben Sie bei uns! Fassen Sie Vertrauen! Und gerade Vertrauen war in diesen Tagen so wichtig. Viele, sehr viele Menschen in der DDR hatten es verloren.

Nach der Lektüre der Tagespresse sah ich die Post durch. Viele der Briefe waren kollektiv an die Mitglieder und Kandidaten des Zentralkomitees gerichtet. Parteimitglieder von der Basis schrieben: Wir wollen die volle Wahrheit über die Vergangenheit wissen! Grundorganisationen forderten die Einberufung einer Parteikonferenz oder eines Sonderparteitages. Viele sprachen sich für ein demonstrativ engeres Bündnis zwischen der SED und der Kommunistischen Partei der Sowjetunion aus. Wieder andere unterbreiteten konkrete Vorschläge für das zu beschließende Aktionsprogramm der SED. Nach wie vor aber standen Beschwerden über den Entwurf eines neuen Reisegesetzes an erster Stelle. Sie kamen aus allen Bevölkerungsschichten.

So ist das nun, dachte ich. Noch vor sechs Wochen wäre dieser Entwurf des »Gesetzes über Reisen ins Ausland«, der am 6. November zur allgemeinen Diskussion in der Presse veröffentlicht worden war, für die Mehrzahl Anlaß zu uneingeschränkter

Freude gewesen. Die Entwicklung in jenen Tagen verlief aber so rasant, daß Gestriges schnell veraltete. Kritisiert wurde vor allem, daß es im Gesetzentwurf noch so viele Versagungsgründe gab. Auch andere bürokratische Hemmnisse wurden genannt. Ein Briefschreiber brachte die durchschnittliche Volksmeinung auf den Punkt, indem er forderte: »Ich will einfach über die Grenze reisen mit meinem Ausweis, wann und wo ich es möchte und es mir Spaß macht.« Am meisten wurde bemängelt, daß ein Visum verweigert werden konnte, wenn »dies zum Schutze der nationalen Sicherheit, der öffentlichen Ordnung, der Gesundheit oder Moral oder der Rechte und Freiheiten anderer notwendig ist«.

Bei der Kritik an dieser Einschränkung spielte die Erfahrung der Bürger im Umgang mit den Behörden eine große Rolle. Sie sahen erneut die Gefahr der Bevormundung und der willkürlichen Entscheidung, die sie so häufig erlebt hatten. Da ich diese allgemeine Stimmung kannte, antwortete ich auf die Fragen von westlichen Journalisten, ob der Gesetzentwurf denn schon vollkommen sei, ausweichend: »Wenn ich an seine Vollkommenheit glauben würde, dann hätten wir ihn nicht zur Diskussion zu stellen brauchen. Ich würde sagen, die Bevölkerung wird ihn vollkommen machen.«

Tatsächlich waren es dann auch die unterschiedlichsten Meinungen aus der Bevölkerung, die mich veranlaßt hatten, die Frage nach substantiellen Veränderungen im Entwurf des Reisegesetzes erneut im Politbüro aufzuwerfen.

Am 7. November hatte ich den amtierenden Ministerpräsidenten, Willi Stoph, gebeten, zusammen mit dem Innenminister einen Vorschlag zu unterbreiten, wie bis zur endgültigen Ausarbeitung und Verabschiedung eines Reisegesetzes durch die Volkskammer Regelungen geschaffen werden könnten, die den Erwartungen der Bürger nach einem freien Reiseverkehr entsprächen. Der Außenminister wurde gebeten, dies mit unseren Verbündeten zu erörtern.

Ich schrak aus meinen Gedanken auf, schaute zur Uhr. Es war bereits 9.30 Uhr. Ich mußte also umgehend die Durchsicht und Bearbeitung der Post beenden und mich zur ZK-Tagung begeben. Ich würde Willi Stoph noch einmal bitten, die Ausarbeitung verbesserter Regelungen zum Reiseverkehr beschleunigt in Angriff zu nehmen. Von unseren sowjetischen Freunden wußte ich, daß sie auch in dieser Frage den Standpunkt vertraten: Was die DDR betrifft, das muß in der DDR entschieden werden. Allerdings bedachte ich auch sehr genau, daß man in Moskau all unsere Entscheidungen daran maß, ob sie der Entspannungspolitik dienten und dem Bau eines europäischen Hauses nützlich waren. Es konnte keinen Zweifel daran geben: Das Problem »Reisefreiheit« beinhaltete viel, sehr viel mehr als nur die Vorbereitung einer entsprechenden Verordnung. Vor allem die möglichen Auswirkungen mußten sorgsam und unter bündnisorientierten Gesichtspunkten bedacht werden. Die alles entscheidende Konsequenz hieß: Fall der Mauer. Das aber war ein gravierender Einschnitt in die deutsche, in die europäische Nachkriegsgeschichte.

2.

STUBENARREST FÜR DDR-BÜRGER

Immer wieder machte ich mir in den Tages- und Nachtstunden, als ich über die eventuelle Öffnung der Mauer nachdachte, auch über die Entwicklungsgeschichte dieses deutsch-deutschen Phänomens Gedanken.

Eine knappe Woche vor den Kommunalwahlen am 7. Mai 1989 hatte Ungarn seine Grenzen zu Österreich geöffnet. Stacheldraht wurde portionsweise als Souvenir verkauft. Damals deutete noch nichts auf jene »Abstimmung mit den Füßen« hin, was die bald einsetzende umfangreichste Fluchtwelle aus der DDR seit dem Bau der Berliner Mauer im Jahre 1961 zweifellos war. Dennoch hatten wir eine Ahnung, was kommen könnte. Wir wußten, daß Ungarn ein bei DDR-Bürgern beliebtes Urlaubsziel war, und zudem ging der gesamte Transitverkehr zur bulgarischen und rumänischen Schwarzmeerküste über das Land der Magyaren, das damals noch Volksrepublik hieß. Wir fragten uns: Würde die neue Durchlässigkeit der ungarischen Grenzen, die ja noch nicht für DDR-Bürger galt, unsere Ungarn-Reisenden auf die Probe stellen? Damals wiesen die ungarischen Behörden DDR-Bürger an den Grenzen zu Österreich zurück. Aber wie lange noch, und was war mit der »grünen Grenze«?

Im Sommer, als die Schulferienzeit begann, traf ein, was so mancher von uns befürchtet hatte. Eine Flut von Zweitaktern wälzte sich in Richtung ungarisch-österreichische Grenze. Die Leute reisten auch mit der Bahn oder mit dem Flugzeug an und gerieten an Schlepper, die sie zu gesalzenen Preisen über die Grenze bringen wollten. Viele wurden auch von den ungarischen Grenzposten gestellt und mit einem Stempel im Reisedokument »gekennzeichnet«. Zumeist blieben sie dann in Ungarn und versuchten es irgendwann wieder. Das war auch die Zeit, in der sich die bundesdeutsche Botschaft in Budapest zu füllen begann. Am 7. August hatten dort 200 Menschen Unterkunft gefunden. Und es wurden immer mehr. In unserer Politbüroetage herrschte die Auffassung vor: Das ist doch Sache der BRD, was nehmen die sie auf! Am 19. August hatte der »Thronfolger der Österreichisch-Ungarischen Monarchie«, Otto von Habsburg, mit seiner »Paneuropa-Union« an der österreichisch-ungarischen Grenze ein sogenanntes »Friedens-Picknick« veranstaltet. Vorher waren gezielt Flugblätter unter den DDR-Urlaubern verteilt worden. Hunderte kamen und durchbrachen auf ungarischer Seite den Grenzzaun. Die Soldaten sprangen zur Seite.

Immer mehr ausreisewillige DDR-Bürger kamen nach Ungarn. Natürlich schuf dies eine gereizte Atmosphäre in den diplomatischen Beziehungen. Ich erinnere mich an ein Gespräch, das ich bereits am 7. Juli in Bukarest mit dem ungarischen Außenminister, Gyula Horn, hatte. Damals sprach er mich während eines Essens an, das Nicolae Ceauşescu aus Anlaß der Tagung des Politisch Beratenden Ausschusses der Teilnehmerstaaten des Warschauer Vertrages gab. »In der DDR führt man offensichtlich einen Pressekrieg gegen Ungarn«, begann er die Unterredung, die recht unerfreulich war. Ich wies den Begriff »Pressekrieg« zurück und ersetzte ihn durch »Meinungen zu bestimmten Vorgängen«. Aber Horn blieb dabei und fragte weiter, ob wir nicht wüßten, wohin öffentliche Polemik führe. Wer sie beginne, müsse damit rechnen, daß man entsprechend antworte. Ich spürte deutlich, daß ich in der Defensive war, denn tatsächlich sparten wir nicht an kritischen Spitzen gegen die ungarischen Auffassungen zu Begriffen wie Marktwirtschaft, Opposition, Pluralismus, Revolution, Konterrevolution. Aber ich vertrat unser Sozialismusmodell standhaft und gab mich schließlich mit der Bemerkung Horns zufrieden, daß die Ungarische Sozialistische Arbeiterpartei und die Regierung nicht genügend Einflußmöglichkeiten auf die Massenmedien hätten. Daß es uns schon bald genauso gehen sollte, wollte ich damals noch nicht wahrhaben.

Etwas anderes an den Ausführungen Gyula Horns interessierte mich viel mehr. Er erklärte mir, daß am kommenden Freitag die Beerdigung János Kádárs stattfinden werde. Die sozialistischen Bruderparteien würden darüber informiert, jedoch nicht eingeladen. Es stehe jeder Partei frei zu entscheiden, ob sie eine Delegation entsenden wolle. Im gleichen Atemzug verwies Horn darauf, daß die Beerdigung Kádárs vier Wochen nach der Rehabilitierung Imre Nagys stattfände.

Ich war bemüht, die beiden Ereignisse auseinanderzuhalten, und würdigte kurz das Lebenswerk Kádárs. Er war immerhin wegen falscher Anschuldigungen 1951 verhaftet und erst 1954 rehabilitiert worden. Wie oft hatten orthodoxe Kräfte der Bruderländer seine Sozialismus-Auffassungen verächtlich als »Gulasch-Kommunismus« abgetan! Zugleich betonte ich, daß die Rehabilitierung Imre Nagys eine Angelegenheit der Ungarischen Volksrepublik sei. Allerdings verschwieg ich nicht, daß ich 1956 als Student erlebt hatte, wie ungarische Kommunisten an Bäumen aufgehängt wurden.

Horn bemerkte dazu, daß er Mitglied der Kommission sei, die die Darstellung der jüngeren ungarischen Geschichte überprüfe. Er könne sagen, daß die Exzesse während der Ereignisse des Volksaufstandes in Ungarn deshalb zustande gekommen seien, weil die Erregung des Volkes über die Repressalien in den vierziger und fünfziger Jahren in Ungarn so groß gewesen seien. Rákosi sei ein gelehriger Schüler Stalins gewesen. Man könne davon ausgehen, daß die Repressalien in Ungarn denen der dreißiger Jahre in der Sowjetunion nicht nachgestanden hätten. Im Gegenteil, sie seien eher noch grausamer gewesen.

Ich warf in die Debatte, daß Nagy den Austritt Ungarns aus dem Warschauer Vertrag erklärt hatte. Dies aber verstieß gegen die damals geltende Verfassung der Ungarischen Volksrepublik. Horn erwiderte darauf, daß Nagy nichts getan hätte, was nicht vorher mit den sowjetischen Genossen besprochen worden sei. Nagys Tragödie habe darin bestanden, daß er die Meinungsverschiedenheiten im Politbüro des ZK des KPdSU nicht berücksichtigte. Offensichtlich habe sich dort Chruschtschow nach längeren Auseinandersetzungen durchgesetzt und das Eingreifen der Sowjetarmee befohlen. Gerade dies habe Nagy mit seinem Entschluß, aus dem Warschauer Vertrag auszutreten, verhindern wollen. Ich kam nicht mehr zur Erwiderung, da Ceauşescu die Tafel aufhob.

Am 10. September 1989 ließ die ungarische Regierung verlauten, daß ab Mitternacht auch für DDR-Bürger die Grenzen nach Österreich geöffnet würden. Das »Neue Deutschland« beschrieb einer Meldung von ADN zufolge, die allerdings kaum in der Nachrichtenagentur abgefaßt sein konnte, den ungeheuren Vorgang so: »Wie aus Budapest verlautet, wurde sich in der UVR aufhaltenden DDR-Bürgern illegal und unter Verletzung völkerrechtlicher Verträge und Vereinbarungen in einer Nacht-und-Nebel-Aktion über die Grenze zu Österreich die Ausreise in die BRD ermöglicht. Dabei handelt es sich um eine direkte Einmischung in die inneren Angelegenheiten der Deutschen Demokratischen Republik. Unter dem Vorwand humanitärer Erwägungen wird organisierter Menschenhandel betrieben. Mit Bedauern muß festgestellt werden, daß sich Vertreter der Ungarischen Volksrepublik dazu verleiten ließen, unter Verletzung von Abkommen und Vereinbarungen diese von der BRD langer Hand vorbereitete Aktion zu unterstützen.«

Die Verärgerung über die Entscheidung Ungarns, Vereinbarungen einseitig aufzukündigen, war in der DDR-Führung sehr groß. Den Ungarn wurde vorgeworfen, sie hätten sich von der BRD durch Versprechungen bestechen lassen.

Der ungarische Außenminister wies diese Lesart der Ereignisse scharf zurück. Aber unsere offizielle Auffassung blieb: Die Vertreter aus Bonn nutzten die ungarische Haltung für ihre antisozialistischen und revanchistischen Ziele aus. Der sozialistische deutsche Staat hatte Geduld, Beweglichkeit und prinzipielle Festigkeit bewiesen. In einem Kommentar des »Neuen Deutschland« wurde angekündigt, die DDR bleibe bereit, ihren »betreffenden Bürgern«, die »aus welchen Gründen auch immer unsere Republik verlassen wollten, den Weg zurück zu Gesetz und Ordnung zu ermöglichen, Großmut walten zu lassen«. Dies entspräche »dem humanistischen Charakter unserer Gesellschaftsordnung«. Leider ließen sich die »betreffenden Bürger« durch diese Offerte nicht von ihrer Ausreise nach dem Westen abbringen. Wir hätten besser daran getan, dieses diffuse »Aus-welchen-Gründen-auch-immer« endlich genauer zu ergründen und Schlußfolgerungen für unser Land zu ziehen. Statt dessen schoben wir den ungarischen Genossen den Schwarzen Peter für unsere ungelösten Probleme zu.

Inzwischen waren die Botschaften der BRD in Prag und Warschau gleichfalls von DDR-Flüchtlingen überlaufen. Wir ließen unsere Verbündeten »mal machen« und wurden erst mobil, als nur wenige Tage vor dem 40. Jahrestag der Republik täglich mehrere hundert Menschen in die Prager Botschaft flüchteten und sich vor den Augen der Weltöffentlichkeit erschütternde Szenen abspielten. Mitleid gab es nicht. Erich Honeckers Urteil stand ja fest: Den Ausreisenden keine Träne nachweinen! Nur das Jubiläum, zu dem Staatsgäste aus aller Welt eingeladen waren, sollte nicht darunter leiden. Deshalb wurde eine schnelle Lösung für die Botschaftsbesetzer verfügt.

Am 30. September trat Bundesaußenminister Genscher auf den Balkon der Prager BRD-Botschaft und teilte — noch rechtzeitig vor den Hauptnachrichten der Fernsehstationen — die Nachricht von der Ausreisegenehmigung mit. Unschwer zu erraten, warum Genscher das tat, allerdings hatte er mit der Aktion an sich nichts zu tun. Kaum hatten Tausende DDR-Bürger mit Sonderzügen die ČSSR in westlicher Richtung verlassen, war die Prager BRD-Botschaft schon wieder überfüllt. Der visafreie Verkehr in die ČSSR wurde zeitweilig gestoppt. Am 4. Oktober fuhren die Nachzügler — wiederum Tausende — von einem kleinen Prager Vorortbahnhof in die BRD. Dabei hatte die DDR-Seite eine fatale Fehlentscheidung getroffen: Die Reiseroute führte über DDR-Territorium. Und so bekamen wir im eigenen Land noch ein Problem dazu: Auf den Strecken wollten junge Leute auf die Züge springen. Vor dem gesperrten Dresdner Hauptbahnhof gab es wüste Szenen, es kam zu Zusammenstößen mit der Polizei. Wieder gingen unschöne Bilder um die Welt. Das war drei Tage vor unserem nationalen Feiertag.

Mehr als 300 000 Menschen gelangten bis zu jenem 9. November, als wir die Berliner Mauer und die Grenzen zur Bundesrepublik öffneten, auf verschiedenen Wegen in den Westen. Und noch immer stand eine wirkliche Auseinandersetzung mit diesem Phänomen, das seine Ursachen im Zustand der Gesellschaft haben mußte, aus.

Man würde es sich zu einfach machen, schlösse man aus der Massenflucht auf eine schon immer im Volk dagewesene Aversion gegen die Zweistaatlichkeit. »Die Mauer muß weg«, dieser

Ruf wäre lange Zeit kaum konsensfähig gewesen, auch wenn heute niemand mehr den Fall dieses Relikts des Kalten Krieges bedauert. Natürlich waren für viele die Zeiten nicht vergessen, in denen sich bei offener Grenze die Schieber und Schwarzarbeiter eine goldene Nase verdienten und unsere Leute, wenn sie im Konsum ein Stück Butter kaufen wollten, den Personalausweis vorzeigen mußten. Der Fetisch D-Mark, in Westberliner Wechselstuben zu einem spekulativen Kurs in DDR-Währung eintauschbar, hatte 1961 zu einer Blüte des Schwarzmarktes an DDR-Arbeitskräften geführt. 65 000 Grenzgänger hatten sich offiziell registrieren lassen, über 100 000 gab es in Wirklichkeit, rechnete man die nirgendwo erfaßten Gelegenheitsarbeiter und Putzfrauen dazu. Abwerbungen von Fachleuten waren an der Tagesordnung. Hohe Qualifikation zum Nulltarif über die Grenze, dafür wurden Kopfprämien, manchmal vierstellige DM-Summen, ausgesetzt. Großkonzerne unterhielten in Westberlin regelrechte Abwerbebüros. Das konnte ein Staat wie die DDR mit seinen — verglichen zum reicheren westdeutschen Nachbarn — ungleich höheren Nachkriegsbelastungen nicht länger verkraften. Der Schaden, der der DDR durch die offene Grenze zugefügt wurde, beläuft sich auf einen Betrag zwischen 100 und 130 Milliarden Mark. Das entspricht ungefähr der Summe, die Deutschland nach dem Ersten Weltkrieg an Reparationsleistungen gegenüber den Siegermächten aufzubringen hatte. Viele Menschen bei uns zogen diese Fakten ins Kalkül, wenn sie über die Grenze, über die Mauer sprachen. Und das Einverständnis mit Bemühungen, einen Ausverkauf der DDR zu verhindern, war größer, als gemeinhin im Westen anerkannt wurde. Man mag es angesichts der Freude über die Grenzöffnung für einen makabren Satz halten, aber ich scheue mich nicht, ihn auszusprechen: Die Mauer als ein Symbol der Unverletzlichkeit des Status quo wirkte sich ein Jahrzehnt später als entspannungsfördernd aus. Das Ende des Kalten Krieges wurde damit eingeleitet, die Zeit der Vertragspolitik zwischen Ost und West begann.

Und doch sage ich aus heutiger Sicht: Das ist nicht die ganze Wahrheit. Die Mauer war zu lange als ein statisches Bauwerk, als zementiertes Abgrenzungsprinzip betrachtet worden und zuwenig als ein in Frage zu stellender Gegenstand dynamischer Politik. Gewiß, sie wurde im Laufe der Jahre durchlässiger. Der Reise- und Besucherverkehr entwickelte sich, aber hauptsächlich in

West-Ost-Richtung. Ich denke dabei an die Passierscheinvereinbarungen, aufgrund derer Westberliner ihre Verwandten im Ostteil Berlins besuchen durften. Gewiß hätte es auch in umgekehrter Richtung die Möglichkeit gegeben, Grenz- und Reisefragen für DDR-Bürger großzügiger zu lösen.

1975 wurde die Schlußakte der Helsinki-Konferenz über Sicherheit und Zusammenarbeit in Europa unterzeichnet. Aber was machten wir daraus?

Wir taten fast so, als gäbe es nur die »Körbe I und II«, jene Teile der Schlußakte, die Fragen der Sicherheit und der Zusammenarbeit bzw. Probleme der ökonomischen Kooperation behandelten. Ging es aber um Freizügigkeit im Reiseverkehr, dann schlugen wir verschämt die Augen nieder.

Zwar darf man auch nicht übersehen, daß sich der Reise- und Besucherverkehr von DDR-Bürgern seit 1972 beträchtlich entwickelt hatte. Daran hatte Erich Honecker wesentlichen Anteil. 1988 erreichte er Größenordnungen um die sechs Millionen Reisen allein in die BRD bzw. nach Berlin-West. Allerdings waren außer denen, die Genehmigungen für Dienstreisen hatten (»Reisekader«), nur Rentner und Bürger, die »drüben« Verwandte hatten, reiseberechtigt. Das schuf in den Augen der DDR-Bürger eine Zweiklassengesellschaft: Es gab die Klasse der Leute, die reisen durften, und die jener, die auf Grund fehlender Verwandtschaftsverhältnisse dieses Recht nicht hatten. Hinzu kamen die Probleme fehlender Devisen bei Privatreisen. Die Situation erzeugte viel Unmut unter der Bevölkerung, zumal es leider auch wachsende Probleme bei Urlaubsaufenthalten in sozialistischen Ländern gab. Diese ergaben sich vor allem durch die viel zu niedrigen Obergrenzen für den Umtausch von Reisezahlungsmitteln.

Reisewünsche waren Thema Nummer eins, wenn DDR-Bürger von der Verbesserung ihrer Lebensqualität träumten. Im Grunde genommen haben wir über Jahrzehnte hinweg ein wichtiges Menschenrecht verletzt. Dies beschleunigte und vergrößerte maßgeblich die Ausreisewelle. Und wir hatten nur schwache Argumente dagegen. In fast allen Diskussionen mit BRD-Politikern oder anderen westlichen Gesprächspartnern schlug man uns die Menschenrechtsfrage um die Ohren. Wollte jemand nicht ernsthaft über Abrüstung und Entspannung mit uns re-

Höchstädter str. 19

den, so brauchte er nur das Thema »Reisen« aufzuwerfen, und er wußte, er war damit wieder in der Offensive. Wir verteidigten uns mit der Behauptung, dies geschehe im Interesse der Menschen und des Sozialismus. Aber wenn westliche Politiker nach ihren Gesprächen das Gebäude des Staatsrates oder das Zentralkomitee der SED verließen, dann standen Leute mit Briefen und Bittgesuchen auf den Bürgersteigen. Fast immer ging es dabei um ungeregelte Ausreisefragen.

Aber es kam auch oft vor, daß DDR-Bürger ängstlich ihre ganz harmlosen Verbindungen nach dem Westen verheimlichten. In den Jahren der Abgrenzung zwischen der DDR und der BRD ließen viele Menschen ihre Beziehungen zu Verwandten und Bekannten ruhen. Sie wollten sich ihre »Kaderakten« nicht verderben. Denn vor jeder beruflichen Entscheidung stand die Frage nach Westkontakten in dem auszufüllenden Personalbogen. Dies war wohl mit dem behördlichen Irrglauben verbunden, man könne auf diesem Wege die Beziehungen der Menschen zueinander einschlafen lassen. Als die Zeit der Entspannung anbrach, war es eine von den Medien ins Haus getragene Normalität, daß die Politiker reisten. Täglich flimmerten über unser staatliches Fernsehen oder über die Westkanäle Bilder vom Händedruck von DDR-Politikern mit Kollegen der westlichen Hemisphäre, die sich in Berlin (DDR) die Klinke in die Hand gaben. Es wurde eine rege Reisediplomatie betrieben, während der Bürger einen solchen Vorteil der Entspannungspolitik nicht für sich in Anspruch nehmen konnte.

Wir strapazierten das Argument unüberwindbarer ökonomischer Barrieren für den Reiseverkehr, stießen dabei jedoch auf immer größeren Widerstand. Vor allem junge Leute stellten die Frage, wie sich dies mit der Tatsache vertrage, daß die DDR zu den zehn größten Industriestaaten der Welt gehört. Wir versäumten selten, diese Tatsache zu betonen. Um so mehr befanden wir uns nun in der Pflicht zu erklären, warum wir die notwendigen Valutamengen für die Freizügigkeit beim Reisen nicht aufbringen konnten.

In Wirklichkeit war die Einschränkung des Reiseverkehrs zuallererst eine Folge unserer falschen Sicherheitsdoktrin. Es wurde ein Exodus von DDR-Bürgern befürchtet, obwohl niemand einzuschätzen vermochte, wie viele Menschen bei eventuellen Westreisen die Republik endgültig verlassen würden. Es gab nur Erfahrungswerte bei Reisen in dringenden Familienangelegenheiten. Internationalen Gästen wurde häufig gesagt, daß im Jahresdurchschnitt etwa 0,02 Prozent der Reisenden wegblieben. Mag sein, daß diese Zahl einmal gestimmt hat. Nach meiner Kenntnis war die Tendenz jedoch stark steigend. Von Besuchsreisen kehrten 1987 immerhin 0,22 Prozent, 1988 bereits 0,35 Prozent und im ersten Halbjahr 1989 insgesamt 0,61 Prozent nicht wieder in die DDR zurück. Im August 1989 war es dann gar 1 Prozent. Besonders schwer wog, daß darunter viele Hoch- und Fachschulkader, besonders Ärzte, Zahnärzte, Lehrer und Fachkräfte aus Forschung und Entwicklung waren.

Viele Leute verließen unser Land, weil ihre Alltagserfahrungen nicht mit der konfliktfreien Darstellung unserer Wirklichkeit in den Medien übereinstimmten. Der Glaube an die wirtschaftliche Stabilität der DDR sank mit den subjektiven Eindrücken, die die Menschen in ihren eigenen Betrieben gewannen und die sie mit denen ihrer Freunde und Verwandten verglichen. Ernsthafte, jedoch unter Verschluß gehaltene Expertisen von Wirtschaftsfachleuten, die in Vorbereitung des nicht mehr zustande gekommenen XII. Parteitages der SED angefertigt wurden, untermauern die Eindrücke der Werktätigen »vor Ort«. In der Volkswirtschaft bestanden gewaltige Disproportionen. Während wir auf dem XI. Parteitag (1986) eine Steigerung des Nationaleinkommens von 4,8 Prozent beschlossen hatten, besagten die Mitte 1989 aufgestellten Prognosen, daß wir nur 3,8 Prozent erreichen würden. Damit hätten uns zu diesem Zeitpunkt über 32 Milliarden Mark Nationaleinkommen nicht zur Verfügung gestanden. Das wären 84 Milliarden Mark industrieller Warenproduktion gewesen. Natürlich wäre unweigerlich die Frage gestellt worden, wie es kommt, daß wir trotz aller Mitteilungen über die ständige Erfüllung und Übererfüllung der Pläne, die ja auch Erwartungen bei der Bevölkerung hervorriefen, den Fünfjahrplan insgesamt nicht erfüllen konnten. Der Rückgang der produktiven Akkumulationsrate war bereits ein Vorgriff auf ökonomische Disproportionen der nächsten Jahre. Es war nicht übertrieben zu sagen: Wir lebten heute schon auf Kosten unserer Kinder und Kindeskinder. Hinzu kam der Verschleißgrad der Produktionseinrichtungen, der den Untersuchungen zufolge bei 55 Prozent lag. Komplizierte, schier unlösbare Aufgaben stellten sich bei der Entwicklung der Infrastruktur und der Kommunen. Generaldirektoren machten darauf aufmerksam, daß die Beziehungen zwischen Endproduzenten und Zulieferern eine Katastrophe waren. Und das sollte keine Auswirkungen auf die Moral der Werktätigen haben? Unreale Pläne und sogenannte Planpräzisierungen beschädigten das Vertrauen in unser Wirtschaftsmodell, mehr noch: in die Leistungskraft des Sozialismus. Laut Beschlußfassung zum Fünfjahrplan waren 23,1 Milliarden Valutamark Exportüberschuß geplant, erreicht wurde wesentlich weniger.

Es gab schleichende Preiserhöhungen. Waren mit niedrigem Preisniveau verschwanden immer häufiger aus den Regalen. PKW-Bestellungen mußten mindestens ein Jahrzehnt vor der Lieferung abgegeben werden. Es häuften sich Beschwerden über Funktions- und Qualitätsmängel bei neuen Konsumgütern. Zu gering waren die Kapazitäten im Bereich der Reparaturen und Dienstleistungen. Das Bemühen um einen Telefonanschluß konnte sich zu einer Lebensaufgabe auswachsen.

Auch die Vorzüge unserer Sozialpolitik wurden von immer mehr Leuten in Frage gestellt. Die medizinische Betreuung war zwar kostenlos, ihre materielle Basis aber oft veraltet. Wir hatten zwar einen entwickelten Wohnungsbau, aber eine falsche Wohnungspolitik. Auf den Wohnungsämtern zerschlugen sich viele Hoffnungen junger Leute.

Täglich aber begleiteten uns die Verheißungen des Westens. Sie kamen als Fernsehreklame, als Paket oder Mitbringsel. Sie kamen als Intershop-Angebot. Und Kinder fragten schon mal ihre achselzuckenden Eltern: »Warum haben wir kein BRDisches Geld?«

Hinzu kam: Die Leute hatten unser bürokratisches Gehabe satt. Es störte sie, daß vom Kindergarten an alle Schritte vorgeplant waren. Sie vermißten Spielraum für Individualität. Sie fühlten sich ohnmächtig gegenüber den ihnen abgenommenen Entscheidungen. Sie entwickelten Lust, Widersprüche zu lösen, die es offiziell gar nicht gab. Sie wollten anders reden, als die Reden klangen, die die Zeitungen seitenlang abdruckten. Sie wollten etwas sehen und erleben, aber ihnen war, als sei ihnen von Staats wegen Stubenarrest erteilt worden. Ihr Fernweh wuchs. Und was dachten wir, als so viele Jugendliche riefen: »Die Mauer muß weg?« Das ist die Konterrevolution. Aber diese jungen Menschen, die ihre ganze Zukunft noch vor sich hatten, meinten nicht nur die steingewordene Mauer, sie meinten auch die Intoleranz, die Abgrenzung von der Welt, die Kleinlichkeit unseres Denkens, die Uniformierung unserer Phantasie. Auch das waren Mauern, deren Fall sich die Menschen ersehnten.

3.

KLEINER IRRTUM, GROSSE WIRKUNG

Am 9. November um 10 Uhr wurde die 10. Tagung des ZK der SED fortgesetzt. Wir erlebten eine stürmische Debatte. Ich erinnere mich nicht mehr, wie viele Diskussionsmeldungen abgegeben worden waren. Anders als früher wollte fast jeder reden, wollte die Auffassungen der Basis vortragen und Vorschläge unterbreiten, wie wir vielleicht aus der Krise herauskommen könnten. So konträr die Ansichten darüber auch waren, wir alle meinten, daß es nun auf Konstruktivität ankomme. Gewiß barg dies die Gefahr in sich, daß wir uns schon wieder sehr schnell den ganz pragmatischen Dingen aktueller Politik zuwandten. Andererseits: Wieviel Zeit hatten wir denn? Wir mußten Vergangenheits- und Gegenwartsbewältigung in einem Atemzug betreiben.

So hatte ich mein Referat, ich verstand es mehr als einen Diskussionsbeitrag, mit der Feststellung eingeleitet, daß unsere gravierenden Probleme nicht über Nacht und auch nicht erst im letzten Sommer entstanden waren. Bei der Formulierung unserer ökonomischen Aufgaben hatten subjektive Wunschvorstellungen der Parteiführung Pate gestanden. Wir gingen zur Sowjetunion auf Distanz. Neuartige Prozesse in der Entwicklung der Produktivkräfte, weltwirtschaftliche und weltpolitische Trends blieben unberücksichtigt. Ernsthafte Probleme wurden in dem Irrglauben vom Tisch gefegt, man würde sie eines Tages unter günstigeren Umständen wieder in den Griff bekommen. Konflikte wurden verdrängt und notwendige Antworten durch Administration und Gängelei ersetzt. Demokratie war ein leeres Wort. Individualität und Kompetenz wurden zunehmend mißachtet.

Ich sprach über Details wirtschaftlicher Fehlplanungen, wobei es in der Kürze der Zeit schwer war, das schlimme Erbe in all seinen Verästelungen richtig zu erfassen und darzustellen.

Ich drückte mich auch nicht um die Ausreiseproblematik. »Schlagartig«, so sagte ich vor dem ZK, »rückte die Existenz sich verschärfender Widersprüche aus der Tiefe der Gesellschaft ins Bewußtsein der Öffentlichkeit, als sich im August durch die Ausreise vieler DDR-Bürger eine außerordentliche Lage herausbildete. Deutlich wurde, daß aus längere Zeit angestauten, unbewältigten Problemen schwerwiegende Konflikte entstanden waren und unser Land in eine politische Krise geraten war.«

Diese Krise dauerte an. Und unser Streben im ZK nach Konstruktivität war darauf gerichtet, den Leuten, den Genossen eine greifbare und begreifbare Aufgabe zur Wiederbelebung sozialistischer Verhältnisse in unserem Land zu geben. Deshalb arbeiteten wir fieberhaft an einem Aktionsprogramm der SED, das den Titel »Schritte zur Erneuerung« trug. Um all das ging es in der erhitzten Debatte im Plenum, die von einer couragierten Genossin mit den Worten eröffnet worden war: »Ich bin seit 1986 im Zentralkomitee. Über die reale Lage ... wurde ich nie richtig informiert ... Ich bin belogen worden.« Wolfgang Junker, damals Bauminister, verwies auf ein Wirtschaftsexposé Gerhard Schürers, das im Mai 1988 Staub aufgewirbelt hatte. An Erich Honecker gerichtet, hatte es wichtige Eckpfeiler der Wirtschaftspolitik Günter Mittags in Frage gestellt. Solche Hilferufe ernst zu nehmen, das konnte Erich Honecker seinem Freund Mittag nicht antun. So mußte Gerhard Schürer wegen seiner »Abweichungen vom Geist des VIII. Parteitages« gründlich gemaßregelt werden.

Der bekannte Urologe Professor Moritz Mebel, der in den Reihen der Sowjetarmee gegen den Faschismus gekämpft hatte, forderte ein klares Bekenntnis zur Erneuerung des Sozialismus in der DDR im engen Bündnis mit der UdSSR und fügte zornig hinzu: »Es gibt auch hier im Plenum einige Genossen, die diese Auffassung nicht unbedingt teilen.«

Hermann Kant verteidigte den Satz, seine Volkspolizei solle sein Volk nicht schlagen. Er ging damit auf die Untersuchungen zu den Polizeiübergriffen am 7. und 8. Oktober ein und wurde von einigen ZK-Mitgliedern ausgezischt. Aber er verteidigte sich wacker: »Der Unterschied zwischen Polizei und Volkspolizei muß so deutlich bleiben wie ... der Unterschied zwischen Eigentum und Volkseigentum.«

Hans Modrow befürchtete wohl zu recht Zeitverlust durch mangelnde Radikalität im Denken des ZK: »Wenn unser Nachdenken wieder erst den Druck der Straße braucht, unser Mut nicht aus uns selbst wächst und unser Platz nicht mitten im Dialog des Volkes ist, dann haben wir weder die Kraft noch das Recht, noch das Vertrauen, um zukünftig die Zustimmung der Partei und der Menschen zu gewinnen.« Was Hans Modrow uns da zurief, war eine durchaus richtige Beobachtung. Wir wurden von der Basis mehr getrieben, als wir ihr gedanklichen Vorlauf boten. Aber ich konnte dies mit dem ohnehin schon wieder in Frage gestellten Politbüro schwerlich leisten. Die Debatte war recht scharf geworden, Zwischenrufe, sonst völlig unüblich, schwirrten durch den Raum, und ich ertappte mich bei der nebensächlichen Frage: »Kriegen das die Protokollanten überhaupt mit?«

Ich mußte auf eine rechtzeitige Unterbrechung der Sitzung drängen, da ich vom Kulturminister, Hans-Joachim Hoffmann, gebeten worden war, in der Mittagspause Johannes Rau, den Stellvertreter des SPD-Vorsitzenden und Ministerpräsidenten des Landes Nordrhein-Westfalen, zu empfangen. Er war in der DDR, um am gleichen Tage in Leipzig die »Präsentation Kunst und Kultur aus Nordrhein-Westfalen« zu eröffnen. In der alten Parteiführung war noch beschlossen worden, diese Veranstaltung aufgrund der »politischen Wirren« in Leipzig zu verschieben. Es gehörte zu meinen ersten Entscheidungen als Generalsekretär, diesen Teil des Kulturarbeitsplanes zwischen beiden deutschen Staaten nicht auszusetzen.

Ich war Johannes Rau in der Vergangenheit mehrmals begegnet, doch dies war unser erstes persönliches Gespräch. Wir führten es im Amtssitz des Staatsrates, und ich habe es in guter Erinnerung. Wir fanden schnell einen persönlichen Draht zueinander.

Die Zeit zwang uns zur Kürze, und ich begann, Johannes Rau über die Situation in unserem Lande zu informieren. Ich sagte ihm, daß es sich bei der politischen Wende in der DDR um tiefgreifende Reformen aller Bereiche der Gesellschaft handelte. Dabei gehe es um einen Sozialismus, der ökonomisch effektiv, sozial gerecht, politisch demokratisch, ökologisch orientiert, moralisch sauber und den Menschen zugewandt ist. Der Erneuerungskurs der SED gewährleiste, daß niemand außer dem Volk selbst, dem Souverän in der DDR, darüber zu bestimmen habe, wie der Sozialismus auf deutschem Boden zukünftig auszugestalten sei. Und ich sprach mich für einen vernünftigen Umgang beider deutscher Staaten miteinander aus.

Als mich Johannes Rau um ein Vier-Augen-Gespräch bat und dabei auch einige Fragen an den »Menschen Egon Krenz« stellte, überlegte ich: War das schon der Moment, um Rau davon zu informieren, daß möglicherweise heute der Beschluß gefaßt werden würde, die Grenzen zwischen der DDR und der BRD, zwischen der DDR und Berlin-West zu öffnen? Hatte ich die Gewähr, daß dies wirklich unter uns bliebe? Und konnte ich mit Rau darüber sprechen, obwohl ich im ZK noch kein Wort darüber verloren hatte? Ich verwarf diesen Gedanken, obwohl mir die Worte auf der Zunge lagen, denn die Verbesserung des Entwurfes für ein Reisegesetz war in unserem Gespräch ein Hauptthema gewesen. Übrigens war ich mir auch noch nicht völlig darüber im klaren, wie das — immerhin noch nicht erneuerte — ZK auf den Vorschlag zur Grenzöffnung reagieren würde.

Nach dem Gespräch mit dem Ministerpräsidenten von Nordrhein-Westfalen mußte ich mich beeilen, um noch zur Nachmittagssitzung zurechtzukommen, die um 15.30 Uhr begann. Regierungschef Willi Stoph gab mir kurz vor Beginn der Sitzung den Entwurf für eine neue Reiseverordnung in die Hand. Nachdem ich ihn gründlich gelesen hatte, kam mir deutlicher denn je zu Bewußtsein: Dieses Papier barg ein Stückchen Weltpolitik. In wenigen Stunden würde ein neues Kapitel der deutsch-deutschen Beziehungen aufgeschlagen sein. Wir waren dann endlich vollständig auf dem Boden der Helsinki-Schlußakte. Es würde einen Jubel der Menschen in Ost und West geben. Aber wir luden uns zweifellos auch einen Rucksack komplizierter politischer und wirtschaftlicher Probleme auf den Rücken. Die Entscheidung war nicht leicht.

Heute spricht die Welt von einem historischen Akt. Aber an jenem 9. November ging uns mehr die Abfolge ganz praktischer

Schritte durch den Kopf. Wir fragten uns, ob alles gut durchdacht war. Nichts durfte übereilt entschieden werden. Denn was hier im Zentrum Europas geschah, betraf nicht nur unser eigenes Volk. Es berührte die Interessen Europas. Die Welt blickte auf unsere Stadt und auf unser Land.

Ich entschloß mich deshalb, von der Tagesordnung des laufenden Plenums abzuweichen. Mir schien die vorliegende Verordnung so wichtig, daß sie nicht nur im Politbüro und in der Regierung beschlossen werden sollte. Ich erachtete es für notwendig, auch das ZK zu konsultieren, und bat deshalb dessen Mitglieder und Kandidaten um Aufmerksamkeit für den Wortlaut:

1. Die Verordnung vom 30. November 1988 über Reisen von Bürgern der DDR in das Ausland findet bis zur Inkraftsetzung des neuen Reisegesetzes keine Anwendung mehr.

2. Ab sofort treten folgende zeitweiligen Übergangsregelungen für Reisen und ständige Ausreisen aus der DDR in das Ausland in Kraft:

   a) Privatreisen nach dem Ausland können ohne Vorliegen von Voraussetzungen (Reiseanlässe und Verwandtschaftsverhältnisse) beantragt werden. Die Genehmigungen werden kurzfristig erteilt. Versagungsgründe werden nur in besonderen Ausnahmefällen angewandt.

   b) Die zuständigen Abteilungen Paß- und Meldewesen der Volkspolizeikreisämter in der DDR sind angewiesen, Visa zur ständigen Ausreise unverzüglich zu erteilen, ohne daß dafür noch geltende Voraussetzungen für eine ständige Ausreise vorliegen müssen. Die Antragstellung auf ständige Ausreise ist wie bisher auch bei den Abteilungen Innere Angelegenheiten möglich.

   c) Ständige Ausreisen können über alle Grenzübergangsstellen der DDR zur BRD bzw. zu Berlin (West) erfolgen.

   d) Damit entfällt die vorübergehend erfolgte Erteilung von entsprechenden Genehmigungen in Auslandsvertretungen der DDR bzw. die ständige Ausreise mit dem Personalausweis der DDR über Drittstaaten.

3. Über die zeitweiligen Übergangsregelungen ist die beigefügte Pressemitteilung am 10. November [dieses Datum sollte eine besondere Bedeutung erhalten, E. K.] zu veröffentlichen.

Nachdem ich dies verlesen hatte, machte Kulturminister Hans-Joachim Hoffmann den Vorschlag, das Wort »zeitweilig« aus der Verordnung zu streichen. Er meinte völlig zu Recht, es könnte ein großer Druck entstehen, wenn die Leute annähmen, diese Verordnung würde nur für eine kurze Zeit gelten. Mit dieser Änderung fand der Vorschlag einhellige Zustimmung. Niemand im ZK war gegen eine solche Entscheidung. Ich betone dies deshalb, weil schon Tage danach auch Skepsis geäußert wurde, ob die Öffnung der Grenze zu diesem Zeitpunkt zweckmäßig gewesen sei. Ich habe diesen Kritikern immer geantwortet, daß es notwendig gewesen wäre, die Grenze viel früher zu öffnen. Wir hätten uns nicht abkapseln dürfen, sondern hätten Gorbatschows Auffassung von der Ganzheitlichkeit der Welt auch auf die Beziehungen zwischen beiden deutschen Staaten übertragen müssen.

Im übrigen schienen sich jene Kritiker der komplizierten Situation, in der wir standen, nicht bewußt zu sein. Der Drang der DDR-Bevölkerung, zum Nachbarn zu gelangen, der noch dazu die gleiche Sprache sprach, war sehr groß. Eine andere Lösung als die vorgeschlagene wäre nicht möglich gewesen. Es sei denn, man hätte an eine gewaltsame Zurückdrängung der Forderungen des Volkes nach Freizügigkeit gedacht. Dafür aber stand ich weder als Generalsekretär des ZK der SED und Vorsitzender des Staatsrates noch als Vorsitzender des Nationalen Verteidigungsrates der DDR zur Verfügung.

Die Debatte im Plenum ging weiter. Noch drei Diskussionsredner waren zu Wort gekommen, da beugte sich Günter Schabowski, zu diesem Zeitpunkt neben seiner Funktion als 1. Sekretär der Berliner Bezirksleitung der SED auch für die Zusammenarbeit mit den Medien verantwortlich, zu mir herüber. Er wollte sich für den Rest der Sitzung entschuldigen, um auf einer internationalen Pressekonferenz um 18 Uhr über den Verlauf der

ZK-Beratungen zu informieren. Er fragte mich, ob er vor den Massenmedien bereits über die neuen Regelungen zum Reiseverkehr sprechen könne. Ich sagte zu ihm: »Unbedingt. Das ist doch die Weltnachricht!«

Schabowski nickte und fuhr zum Internationalen Pressezentrum in der Mohrenstraße. Hier wurde durch einen kleinen Irrtum seinerseits ein nächtlicher Sturm auf die Grenzen ausgelöst. Wenige Minuten vor 19 Uhr, die Pressekonferenz näherte sich dem Ende, wurde Günter Schabowski von einem Journalisten, ich glaube, es war ein Reporter der italienischen Nachrichtenagentur ANSA, nach dem Stand der Ausarbeitung einer neuen Reiseregelung für DDR-Bürger gefragt. Und er antwortete: »Mir ist eben mitgeteilt worden, der Ministerrat hat beschlossen ...« Er hielt sich diszipliniert an den Text der offiziellen Pressemitteilung. Aber dann der Irrtum: Die Grenzöffnung sollte am 10. November erfolgen. Günter Schabowski antwortete jedoch auf eine Pressefrage nach dem Zeitpunkt leicht irritiert: »Wenn ich richtig informiert bin, nach meiner Kenntnis unverzüglich.«

Die Journalisten stutzten und benötigten ein paar Sekunden, um das Gesagte zu begreifen. Das war wenige Minuten nach 19 Uhr. Dann gingen sie mit dem guten Gefühl, eine Sensation in den Ticker zu diktieren, an die Arbeit. Die Welt nahm zur Kenntnis, was sie eigentlich erst am nächsten Tag erfahren sollte. Und die DDR-Bürger an den Fernsehern trauten ihren Ohren nicht. Binnen kürzester Zeit geschah etwas, was niemand vorausgesehen hatte. Berlinerinnen und Berliner warfen sich in Mantel und Schal, zogen Sektflaschen aus den Kühlschränken und machten sich, noch etwas ungläubig, zur Mauer auf. Auch auf den Autobahnen herrschte bald ein reger Verkehr in Westrichtung. Die angestaute Reiselust, die so viele Jahre lang kein Ventil gefunden hatte, wollte sich noch in dieser Nacht entladen.

4.

DAS VOLK TANZT ÜBER DIE GRENZE

Gegen 21 Uhr rief Staatssicherheitsminister Erich Mielke an. Er fand für das, was zu berichten war, einen erstaunlich ruhigen Ton. Es würden sich größere Autoschlangen und Menschengruppen an den Berliner Grenzübergangsstellen ansammeln. Ich konnte meine Nervosität kaum verbergen. Daß es nach all den unblutigen Revolutionstagen und -nächten in unserem Land nun bloß nicht noch zur Konfrontation kam! Noch dazu an dieser sensiblen Trennlinie zweier Welten.

Ich besprach mit Erich Mielke, daß die Schlagbäume geöffnet werden sollten, auf einen Tag früher oder später käme es nun auch nicht mehr an. So wurde der 9. November eher zufällig ein Datum der Weltgeschichte.

Was sich an der Mauer abspielte, läßt sich vielleicht am besten als Ost-West-Volksfest beschreiben. Während in Bonn der Bundestag das Deutschlandlied sang — ich habe es später mit sehr gemischten Gefühlen gehört —, spazierten am Berliner Grenzübergang Chausseestraße die ersten Hauptstädter in Richtung Westen. Hier erklangen eher Lieder wie »Auf der Mauer, auf der Lauer«. Nicht an allen Übergängen wurde der Weg so schnell freigegeben. Das lag an dem irrtümlich vorgezogenen Termin. Die Grenztruppen hatten noch keine eindeutigen Befehle. Aber noch vor Mitternacht war meine Absprache mit Mielke an allen Übergängen verbindlich angekommen. Jeder konnte mit seinem Personalausweis passieren. Das Volk tanzte buchstäblich über die Grenze.

Natürlich waren auch die Westberliner durch die Medien aufgeweckt worden. Sie standen an der Grenze Spalier und waren in dieser Nacht zu überschäumender Freude fähig. Angesichts der auch nach dem 9. November nicht nachlassenden Übersiedlerschar sollte sich dieses Gefühl schon bald merklich abkühlen. Aber in der Nacht vom 9. zum 10. November waren soziale Spannungen kein Thema. Die Freude des Wiedersehens war aufrichtig. Und daß am Brandenburger Tor das Schild mit der Aufschrift »Straße des 17. Juni« in »Straße des 9. November« korrigiert wurde, hieß für mich, die Leute wollten ein Zeichen der Überwindung des Kalten Krieges geben. Am Kurfürstendamm wurde getanzt. Auf der Mauer am Brandenburger Tor auch.

Gegen zwei Uhr nachts rief mich Günter Schabowski an und schilderte, was sich um diese Zeit an der Grenze abspielte. Er wolle sofort von Wandlitz nach Berlin fahren. Ich dachte noch: »Vergiß den Personalausweis nicht!« Aber gleich hatte mich der Ernst der Lage wieder eingeholt. Wir einigten uns, daß ich später nachkommen würde. Ich erkundigte mich nochmals bei Erich Mielke und dem Minister für Nationale Verteidigung, Heinz Keßler, über die Lage an der Grenze. Sie bestätigten den Bericht von Günter Schabowski und fügten beide hinzu: Es herrscht eine ausgelassene Stimmung. »Keine Probleme in bezug auf Ordnung und Sicherheit.« Man habe lediglich nicht mehr alle Ausweise kontrollieren können. Dafür war der Andrang zu groß, erklärte Erich Mielke mit einer erstaunlichen Lockerheit. Ich mußte wirklich lachen. Was plötzlich alles kein besonderes Vorkommnis mehr war! Noch vor zwei Tagen eine undenkbare Vorstellung. Und dennoch, man durfte nicht sorglos sein, so ansteckend die Freude der Berlinerinnen und Berliner auch war.

Am Morgen des 10. November verzichtete ich auf meinen Waldlauf und fuhr früher als sonst nach Berlin. Selbst noch um diese Zeit lag eine freudige Stimmung über der Stadt. Ich ließ den Chauffeur in der Nähe der Grenze halten und stieg aus. Ich sah, daß die Grenzabfertigung trotz des gewaltigen Andrangs funktionierte. Danach fuhr ich zum ZK. Es war eine Situation eingetreten, die, weil sie zur Normalisierung beitragen sollte und eine weit über diese Stadt, über die deutschen Staaten hinausreichende Bedeutung hatte, nicht außer Kontrolle geraten durfte. Deshalb besprach ich mit dem Sekretär des Nationalen Verteidigungsrates, Fritz Streletz, die Lage und bat ihn, Maßnahmen vorzubereiten, mit denen wir friedlich auf eventuelle außergewöhnliche Situationen reagieren konnten. Er bereitete einen entsprechenden Befehl vor, und es wurde eine operative Führungsgruppe unter seiner Leitung gebildet. Sie sollte mich auf dem laufenden halten.

Um neun Uhr setzten wir die Tagung des ZK fort. Ich verhehle nicht, daß meine Gedanken mehr mit der Situation an der Grenze beschäftigt waren als mit der Diskussion auf dem Plenum. Vor allem auch deshalb, weil es Gerüchte gab, daß in Berliner Betrieben viele Werktätige die Arbeit niederlegten, um in Westberlin bummeln zu gehen. Die Banken, so wurde berichtet, seien überfüllt. Die Leute würden ihr Geld abheben, um es in D-Mark für den Einkauf zu tauschen. Vor den Kreisämtern der Volkspolizei würde es zu solchen Menschenansammlungen kommen, daß deren Arbeitsfähigkeit kaum noch gewährleistet sei. Manches an diesen Berichten entsprach der Wahrheit, manches war dramatisch übertrieben. Immerhin sahen wir uns veranlaßt, die 10. Tagung des ZK vorzeitig zu beenden. Überhastet beschlossen wir das ungenügend diskutierte Aktionsprogramm und die Einberufung einer Parteikonferenz für die Zeit vom 15. bis 17. Dezember.

Am Abend gab es in Berlin zwei Kundgebungen. Vor dem Schöneberger Rathaus waren 20 000 Berliner versammelt. Bundeskanzler Helmut Kohl hatte seinen Besuch in der Volksrepublik Polen eigens deshalb unterbrochen und war nach Westberlin gereist, wo er die Maueröffnung sofort als Fanal zur »Wiedervereinigung« pries. Dort wurde er ausgepfiffen. SPD-Ehrenvorsitzender Willy Brandt, zur Zeit des Mauerbaus der Regierende Bürgermeister von Westberlin, sein Nachfolger im Amt, Walter Momper, und Bundesaußenminister Dietrich Genscher hatten durch ihren beruhigenden, realistischen Blick auf die deutsch-deutschen Verhältnisse bei den Berlinern einen Platzvorteil und erhielten viel Beifall.

Fast zur gleichen Zeit sprach ich auf einer Kundgebung der Berliner Parteiorganisation der SED im Lustgarten vor über

150 000 Teilnehmern. Ich sagte den Leuten, warum wir die Grenze geöffnet hatten, und ich spürte, daß ich darin ihre Unterstützung hatte. Das Selbstbewußtsein der Genossen gab mir etwas von jener Kraft, die ich dringend für meine Arbeit benötigte. Entgegen unserer Entscheidung im ZK forderte die Basis einen Außerordentlichen Parteitag. Unter diesem Eindruck schlug ich dann auch einen Tag später dem Politbüro vor, die 11. Tagung des ZK bereits für den 13. November einzuberufen und dort den Antrag zur Abstimmung zu stellen, anstelle der beschlossenen Parteikonferenz einen Außerordentlichen Parteitag einzuberufen. So wurde es dann drei Tage später im Plenum auch entschieden.

Unmittelbar nach der Kundgebung im Lustgarten wurde ich darüber informiert, daß Bundeskanzler Helmut Kohl die Absicht habe, mit mir ein weiteres Telefongespräch (das erste fand unmittelbar nach meiner Wahl zum Generalsekretär des ZK der SED statt) zu führen. Wir vereinbarten dies für Sonnabend, den 11. November, 9 Uhr. Die technisch aufgeklärte Welt wird mit dem Kopf schütteln. Aber was ich sage, ist die reine Wahrheit: Es klappte nicht. Das Telefonnetz war überlastet. Offensichtlich hatte der Zufall nach der Devise gehandelt: »Keine Privilegien für Kohl und Krenz. Die sollen auf ihre Ost-West-Gespräche genauso warten wie der Normalverbraucher auch.« Es dauerte jedenfalls fast eine Stunde, bis das Telefongespräch zwischen Helmut Kohl und mir zustande kam.

Der Bundeskanzler begrüßte die durch die DDR in Kraft gesetzten Regelungen im Reiseverkehr. Sie seien aus seiner Sicht dazu angetan, die Beziehungen zwischen beiden deutschen Staaten weiterzuentwickeln. Ich verwies darauf, daß die Maßnahmen in voller souveräner Entscheidung der DDR getroffen wurden und Ausdruck der Politik der Erneuerung in der DDR seien. Im Mittelpunkt hätten die Interessen der Menschen gestanden. Ich verwies darauf, daß für die Zusammenarbeit jetzt Sachlichkeit, Berechenbarkeit und guter Wille auf beiden Seiten notwendig seien. Nach den von uns getroffenen Reiseerleichterungen sollte die BRD-Seite überlegen, wie sie diesen in Gang gekommenen Verständigungsprozeß wirkungsvoll unterstützen könne. Vor allem die wirtschaftlichen Lasten könnten nicht allein von der DDR getragen werden.

Gleichzeitig sagte ich Helmut Kohl sinngemäß: Die Grenzen durchlässiger zu machen kann in keiner Weise heißen, bestehende Grenzen in Frage zu stellen. Die Stabilität in den Beziehungen beider deutscher Staaten bleibe eine entscheidende Voraussetzung für die Stabilität auf dem europäischen Kontinent. Ich stimmte mit der Überlegung von Bundeskanzler Kohl überein, daß jetzt jede Radikalisierung ausgeschlossen werden müsse. Gewalt und Radikalisierungen seien gerade an der Grenze zwischen der DDR und der BRD bzw. zu Berlin-West gefährlich. Alle Probleme sollten in gemeinsamer Verantwortung besonnen und vernünftig geklärt werden. Bundeskanzler Kohl meinte, es läge im beiderseitigen Interesse, aufgebrochene Emotionen einzudämmen und falsche Illusionen auszuräumen. Ich meinte (zu dieser Zeit noch), daß eine Vereinigung beider deutscher Staaten nicht auf der Tagesordnung stehe. Bundeskanzler Kohl berief sich auf das Grundgesetz der Bundesrepublik und widersprach mir, schlug aber zugleich vor, jetzt praktischen Schritten zur Verbesserung der Zusammenarbeit den Vorrang zu geben. Er fragte an, ob Kanzleramtsminister Seiters am 20. November zu Gesprächen nach Berlin kommen könnte. Ich stimmte dem zu und versprach, Seiters zu empfangen.

Bundeskanzler Kohl und ich waren darin einig, daß das Interesse beider Seiten an weitergehenden Formen der Zusammenarbeit groß sei. Ich verwies besonders auf die Gebiete der Wirtschaft, des Umweltschutzes, der Kultur, aber auch auf den humanitären Bereich. Bundeskanzler Kohl regte eine persönliche Begegnung zwischen ihm und mir in der DDR an. Ich erklärte mein Einverständnis und sagte, daß man einen Termin in der zweiten Dezemberhälfte ins Auge fassen sollte. Abschließend informierte mich der Bundeskanzler, daß er am Nachmittag seinen Besuch in der Volksrepublik Polen fortsetzen werde. Ich bat ihn, herzliche Grüße an Präsident Jaruzelski und die anderen Repräsentanten des mit uns freundschaftlich verbundenen Nachbarstaates zu übermitteln.

Der große und der kleine Grenzverkehr am Wochenende vom 10. zum 11. November glichen einer Völkerwanderung. Innerhalb von 72 Stunden wurden von der Volkspolizei über vier Millionen Visa erteilt. Wäre das nicht einen Eintrag in das Guinness-Buch der Rekorde wert? Nicht nur in Berlin, sondern auch an den Grenzübergangsstellen zur BRD war es zu beträchtlichen Staus gekommen. Die Autoschlange auf der Autobahn bei Marienborn war zuweilen über vierzig Kilometer lang. Sie nahm auch nachts kaum ab.

Noch am 10. November hatte Innenminister Friedrich Dickel im DDR-Fernsehen erklärt, nach den neuen Reiseregelungen würden ab sofort alle Volkspolizeikreisämter Anträge auf Privatreisen nach dem Ausland, in die BRD und nach Westberlin entgegennehmen und möglichst noch am selben Tag entscheiden. Gleiches gelte für ständige Ausreisen. Das Visum für Privatreisen würde dann in den Reisepaß eingetragen. Aber es genüge vorerst auch der Personalausweis. Der Innenminister legte aus gutem Grund Wert auf die Feststellung, daß es sich bei der neuen Regelung nicht um eine zeitlich befristete Maßnahme handele. Er sagte: »Sie ist von Dauer und wird zu den Grundlagen des neuen Reisegesetzes gehören. Die Bürger unseres Landes können sich voll darauf verlassen und brauchen keine übereilten Entschlüsse zu treffen.«

Zugleich teilte er mit, daß in Verhandlungen mit dem Senat von Berlin-West kurzfristig Entscheidungen über die Eröffnung zusätzlicher Grenzübergangsstellen getroffen wurden. Bald schon waren die Straßenübergänge Eberswalder Straße, Potsdamer Platz, Glienicker Brücke, Falkenseer Chaussee eingerichtet. Auch über die U-Bahnhöfe Jannowitzbrücke und Rosenthaler Platz konnte man nun nach Westberlin gelangen. Sie liegen auf einem DDR-Streckennetz, das von der Westberliner Verkehrsgesellschaft (BVG) mit Erlaubnis der DDR-Behörden befahren werden darf. Paß- und Zollkontrollen waren unpreußisch improvisiert. Fahrkarten konnten von DDR-Bürgern in heimischer Währung bezahlt werden. Die Bahnhofsvorsteher setzten mit DDR-Kellen die Westberliner Züge in Bewegung. »Nach Paracelsusbad ... nach Leinestraße bitte einsteigen!« — Das ging den DDR-Rotmützen schon so sicher über die Lippen, als hätten sie es im Berlin-Berlin-Verkehr der U-Bahn gar nicht wieder erlernen müssen. Wie schnell selbst Sensationen ins Unterbewußtsein des Alltags abtauchen konnten! Zur Anbindung an den Westberliner Nahverkehr wurden Busanschlüsse nach Potsdam, zum DDR-Flughafen Berlin-Schönefeld, nach Hennigsdorf und nach Nauen eingerichtet.

Das klingt alles so leicht und logisch. Aber es war selbst für versierte Organisatoren eine Sisyphus-Arbeit. Hinzu kam noch die von uns gestellte Aufgabe, entlang der gesamten Grenze zwischen der BRD und der DDR die Sperrzonen, wir nannten sie Grenzgebiete, drastisch zu verkleinern. Wir wollten Betrieben und Einrichtungen, ja ganzen Städten, Gemeinden und Ortschaften zukünftig die Beschränkungen ersparen, die ihnen bislang auferlegt waren.

Aber wir lebten in diesen Tagen auch schon mit neuen Sorgen. War der Gedanke an einen Ausverkauf der DDR so abwegig? Offene Grenzen — bedeutete dies nun auch grenzenlose Offenheit für Drogen, für Aids? Davor hatten wir uns bisher ganz gut schützen können. Bald schon waren strengere Zollkontrollen notwendig. Sie wurden von den DDR-Bürgern übrigens mit Verständnis aufgenommen, zumal sie einen verstärkten Schmuggel von Rauschgift, aber auch von Waffen und Munition, die bei uns nicht zugelassen waren, offenbarten.

Am Sonntag, dem 12. November, rief mich Günter Schabowski an und teilte mir mit, daß der Regierende Bürgermeister von Berlin-West, Walter Momper, den Wunsch habe, mit einem Politiker der DDR am Potsdamer Platz zusammenzutreffen. Wir überlegten gemeinsam, wer mit Momper den neuen Grenzübergang auf einem der traditionsreichsten Plätze Berlins eröffnen sollte. Was lag näher, als dem Oberbürgermeister unserer Hauptstadt dafür grünes Licht zu geben. So wurde im Zusammenhang mit der Öffnung der Mauer auch etwas möglich, was in den zurückliegenden Jahren bestenfalls am Rande irgendwelcher Feierlichkeiten denkbar war: ein Zusammentreffen der Stadtoberhäupter von Berlin-West und der DDR-Hauptstadt Berlin.

In jenen Tagen wurde ich auch oft gefragt, ob es nicht zweckmäßig wäre, das Brandenburger Tor, das alte Wahrzeichen Berlins, zu öffnen. Ich hatte keine prinzipiellen Einwände. Natürlich war es möglich, hier einen Grenzübergang einzurichten und das Tor, das direkt an der Mauer liegt, zur Besichtigung freizugeben. Das geschah ja später auch. Aber ich dachte: Das Brandenburger Tor hat seine Geschichte, hat gute und schlechte Traditionen, soll man seine Öffnung einer propagandistischen Geste überlassen? Später sollte es so geschehen, und die Emotionen hatten freien Lauf, was ja in der Neujahrsnacht lebensbedrohliche Züge annahm. Mir ging es jedoch damals nicht um derartige demonstrative Akte. Ich war eher für praktische Schritte. Sollte das Brandenburger Tor in der Zukunft ein Sinnbild für Gemeinsamkeit werden, so durfte man dessen Symbolcharakter nicht durch vorweggenommene Maßnahmen verwässern, ehe noch der innere Gehalt bestimmter Gesten erarbeitet war. Ich hatte, nebenbei gesagt, Signale aus Bonn erhalten, daß man es in der dortigen Regierung nicht sehr gerne sähe, wenn die Öffnung des Tores nur den Berliner Repräsentanten überlassen würde. Offensichtlich hatte der Bundeskanzler den Wunsch, selbst dabeizusein. Wir sahen später, wie er sich diesen Wunsch erfüllte. Der Fortgang der Dinge hat meine damaligen Überlegungen bestätigt. Mit der Öffnung des Tores durch Modrow und Kohl, Krack und Momper wurde ein Inhalt verbunden: die Vertragsgemeinschaft zwischen beiden deutschen Staaten.

In den Tagen um den 9. November lernten die DDR-Berliner den Regierenden Bürgermeister von Berlin-West, Walter Momper, wie ich finde, von seiner besten Seite kennen. »Nicht Tage der Wiedervereinigung, sondern Tage des Wiedersehens«, hatte er die Zeit der Begegnungen zwischen Ost- und Westberlinern in Folge der neuen Reiseregelungen genannt. Er sprach von vielen freigesetzten Emotionen, die nun mit dem Gefühl der gemeinsamen Verantwortung für Frieden und Abrüstung, für Umweltschutz und auch für wirtschaftlichen Wohlstand in beiden deutschen Staaten verknüpft werden müßten. Damit gab er den Gedanken vieler Menschen in Ost und West Ausdruck. Der erreichte Fortschritt im Hinblick auf die Freizügigkeit bei Reisen durfte keiner Seite einen Schaden zufügen. Auf eine Journalistenfrage, inwiefern die Voraussetzungen jetzt, 1989, besser seien als in den fünfziger Jahren, antwortete er: »Weil das nicht mehr der Kalte Krieg ist. Die Maßnahmen von beiden Seiten sind nicht mehr auf Konfrontation eingestellt, sondern auf Zusammenarbeit. Das wurde nun am 9. November noch einmal mit einem ganz großen Ruck vorangebracht.«

Walter Momper ordnete diesen 9. November in die große

Weltpolitik ein. Er sah in der Grenzöffnung zu Recht ein Ergebnis der demokratischen Bewegung in der DDR und rückte ihn in den Kontext der Entspannungs- und Erneuerungspolitik. Ich stimmte völlig mit ihm überein, wenn er sagte: »Der damit angefangen hat, das ist Generalsekretär Gorbatschow.«

Oft will man von mir wissen: »Hast du bei deinem ersten Besuch in Moskau mit Michail Gorbatschow über die Idee des 9. November gesprochen?« Wir haben damals über alle wichtigen bilateralen Fragen diskutiert und auch die internationale Lage erörtert. Dabei spielten natürlich die Beziehungen zwischen beiden deutschen Staaten und die Grenzfrage eine wichtige Rolle. Gorbatschow sah dies alles aus der Perspektive eines gut und sicher bewohnbaren europäischen Hauses.

Der Standpunkt der UdSSR zu dieser Frage ist bestens bekannt. Gorbatschow nimmt dazu auch in seinem Buch »Umgestaltung und neues Denken für unser Land und für die ganze Welt« Stellung. Dabei gibt er einen kurzen Dialog wider, den er mit dem Bundespräsidenten der BRD, Richard von Weizsäcker, hatte. Von Weizsäcker, den ich übrigens immer als einen realistischen, weitblickenden Politiker geschätzt habe, bezog sich auf den Gedanken eines gesamteuropäischen Hauses und warf die Frage auf, »inwieweit die Wohnungen darin gegenseitigen Besuchen offenstehen werden«. Gorbatschow: »Alles richtig. Nur mag es nicht jedem gefallen, wenn man ihn zu nächtlicher Stunde besucht.« Darauf von Weizsäcker: »Uns gefällt es auch nicht gerade, wenn sich durch das gemeinsame Wohnzimmer ein tiefer Graben zieht«, womit er natürlich die inmitten Deutschlands und Berlins verlaufende Grenze meinte. Aber was nützte es zu spekulieren? Was wäre gewesen, wenn das Potsdamer Abkommen konsequent erfüllt worden wäre? Die Weltgeschichte war anders verlaufen.

In diesem Zusammenhang schreibt Gorbatschow einen bemerkenswerten Absatz in seinem Buch: »Wichtig ist zur Zeit der politische Aspekt. Es gibt zwei deutsche Staaten mit unterschiedlicher politischer und sozialer Ordnung. Sie haben ihre eigenen Werte. Beide haben sie Lehren aus der Geschichte gezogen, und beide können sie das Ihre zu den Angelegenheiten Europas und der ganzen Welt beitragen.« Er fügte noch hinzu: »Was in hundert Jahren sein wird, darüber entscheidet die Geschichte. Zunächst muß man von den Realitäten ausgehen und darf sich nicht gefährlichen Spekulationen hingeben.«

Gorbatschow sah ganz offensichtlich die Vorläufigkeit der aktuellen deutsch-deutschen Realität. Er war, wie immer, auch auf die Anerkennung einer sich verändernden Wirklichkeit eingestellt. Dies zeigte sich dann auch Ende Januar während des Besuchs von DDR-Ministerpräsident Hans Modrow in Moskau. Gorbatschow sagte aus diesem Anlaß den Journalisten, die Vereinigung der Deutschen werde von niemandem prinzipiell in Zweifel gezogen.

Erich Honecker schickte — wohl als Replik auf den Hundert-Jahre-Satz in Gorbatschows Buch — einen ganz anderen Spruch um die Welt: Die Mauer werde noch hundert Jahre stehen. Viele überhörten Honeckers Nebensatz: Das Bauwerk würde es so lange geben, wie die Bedingungen existierten, die zu seiner Errichtung geführt hätten. Im Unterschied zu Gorbatschow war Erich Honecker für sich verändernde Tatsachen nicht mehr sensibel. Neues Denken blieb ausgegrenzt. Deshalb hatte zu seiner Zeit jede Forderung nach Abbau der Mauer als konterrevolutionäre Haltung gegolten. Auch um diese dem Volk so wichtige Frage friedlich lösen zu können, bedurfte es der »Wende oben«.

Ich konnte also am 9. November davon ausgehen, daß ich nicht im Widerspruch zu den Interessen der Sowjetunion handeln würde. Ich kannte Gorbatschows Grundsatz, nachdem alle die DDR betreffenden Fragen in Berlin entschieden werden sollten. Das hatte er während seines Besuchs zum 40. Jahrestag der DDR deutlich ausgesprochen. Zugleich erinnerte ich mich daran, was mir Gorbatschow in Moskau gesagt hatte: »In nicht einfacher Zeit steht die Sowjetunion fest zur DDR.« Ich glaubte diesen Worten und wurde darin bestärkt, als ich am 12. November erfuhr, Michail Gorbatschow habe in seiner Botschaft an Präsident George Bush die Unterstützung der Sowjetunion für die jüngsten Entscheidungen der DDR-Führung erklärt. In dieser Botschaft verwies der sowjetische Partei- und Staatschef auf die Bedeutung der in der DDR eingeleiteten Veränderungen und brachte die Erwartung zum Ausdruck, daß sie sich weiterhin ruhig und friedlich vollziehen können.

In diesem Sinne erklärte der sowjetische Regierungssprecher Gerassimow, die Einführung neuer Reisebestimmungen an den Grenzen zur BRD und zu Berlin-West sei ein souveräner Akt der Regierung der DDR. Die Grenzregelung sei eine Angelegenheit der DDR, sei ihr souveränes Recht. In dieser Hinsicht gab es für die Sowjetunion, sagte Gerassimow, keine Sensation. Die DDR sei der strategische Verbündete der UdSSR an der vordersten Linie. Gegenüber stehe die BRD, eine riesige Gruppierung, die Bundeswehr, eine mächtige Armee, und englische, französische, amerikanische und kanadische Streitkräfte. Man müsse komplex, im Rahmen der Abrüstung in Europa, an diese Frage herangehen. So sah die sowjetische Regierung die Grenzöffnung im engsten Zusammenhang mit dem Fortgang der Entspannungs- und Abrüstungspolitik.

Nach der Öffnung der Mauer erhielt ich viel Post aus aller Welt. Staats- und Regierungschefs begrüßten in Briefen und Telegrammen die von uns getroffenen Maßnahmen. So hieß es im Telegramm von George Bush: »Die Vereinigten Staaten begrüßen Ihre Entscheidung, die Grenzen der DDR für ständig denen zu öffnen, die das Land in Richtung Westen verlassen oder lediglich dorthin reisen möchten. Diese Entscheidung wie auch die Bewegung in Richtung demokratischer Reform wird zum historischen Prozeß der europäischen Aussöhnung beitragen ...«

Der französische Präsident Mitterand, der seine besondere Freude ausdrückte, in vier Wochen die DDR besuchen zu können, unterstrich: »In einer Zeit, wo das verschwindet, was die Europäer trennte, kommt es wirklich darauf an zu verhindern, daß neue Spannungen wirtschaftlicher und technologischer Art auftreten. Ich bin überzeugt, daß der Ausbau der Zusammenarbeit zwischen Frankreich und der Deutschen Demokratischen Republik ein wesentliches Element in dieser Richtung sein kann.« In ähnlichem Sinne äußerten sich auch Premierministerin Margaret Thatcher, Bundespräsident Richard von Weizsäcker, BRD-Bundeskanzler Helmut Kohl, der österreichische Bundeskanzler Vranitzki und andere Staatsmänner aus aller Welt.

Aber ich erhielt auch Briefe und Postkarten von einfachen Menschen aus Ost und West, die sich ganz persönlich für die Öffnung der Grenzen bedanken wollten. Dazu gehörten ein in Bangkok lebender Deutscher und ein Potsdamer Clown mit neuseeländischem Paß, der mir aus der japanischen Hauptstadt schrieb: »Mit den neugewonnenen Einsichten machen Sie viele Menschen glücklich. Als ich gestern in den Straßen von Tokio die Nachrichten las, habe ich nur noch vor Freude weinen können.«

Aus Aue erhielt ich — schon nach meinem Rücktritt — einen Kartengruß von einem, der sich als »Nichtkommunist« vorstellte. Er schrieb: »Es wird leider zuviel ge- und zerredet, und die Westreisenden haben wohl alle vergessen, daß Sie den Mut hatten, die Mauer zu öffnen, eine historische Tat, die hoffentlich eine faire Geschichtsschreibung einmal würdigen sollte.«

Zwei Briefeschreiberinnen aus Bonn begrüßten den Fall der Mauer in Berlin und die neue Reiseregelung für DDR-Bürger, beklagten aber, daß die Mauer nun für Deutsche aus der DDR durchlässiger sei als für Westdeutsche. Das war tatsächlich so, denn die Bundesbürger brauchten noch immer ein Visum und hatten den gesetzlich vorgeschriebenen Mindestumtausch von DM in Mark der DDR zu entrichten. Die beiden Frauen, die mir schrieben, wollten ganz einfach als Touristen die Wartburg besuchen, wo einstmals der Reformator Martin Luther die Bibel ins Deutsche übersetzt hatte. Einfach losfahren dürfen — ein verständlicher Wunsch. Er erfüllte sich kurz vor Weihnachten, als die Entscheidung der Regierung getroffen wurde, Bundesbürgern und Westberlinern gegen Vorlage normaler Reisepapiere und ohne »Eintrittsgeld« die Einreise in die DDR zu gestatten. Der Brief aus Bonn schloß mit netten Worten, die ein Politiker — ich gebe es freimütig zu — hin und wieder auch benötigt, um sich in seelischer Balance zu halten: »Es ist uns gleich, ob man Sie nun wieder wählt oder nicht, für uns sind und waren Sie der Reformer! Weiterhin Glück und Erfolg und Dank, daß Sie so handelten, wie Sie es getan haben!«

Einen Orden sprach man mir auch zu. Natürlich nicht zu Hause, sondern im westdeutschen Aachen. Die Oecher Spritzenmänner, ein Karnevalsverein, schrieben einen gemeinsamen Brief an Michail Gorbatschow, Roter Platz Kreml, und Egon Krenz,

DDR-Berlin, und teilten den beiden Adressaten mit, die Geschehnisse an der Berliner Mauer hätten alle lokalen Themen verdrängt, man feiere nicht Karneval, sondern Politik. »Erlauben Sie uns deshalb, Ihnen als Zeichen unserer Hochachtung vor Ihrer Leistung in puncto Ost/West und Ihren mutigen Schritten in eine friedvollere Zeit unseren bescheidenen (Karnevals-)Orden zu überreichen.«

Ich weiß nicht, wie Gorbatschow reagiert hat, ich jedenfalls habe den Orden angenommen.

Natürlich freue ich mich über das positive Echo, das die Entscheidung vom 9. November bei uns im Lande, in der Bundesrepublik, in Westberlin und auch international gefunden hat. Es war kein leicht zu treffender Entschluß, er barg viele Gefahren. Aber größer waren die Gefährdungen, die dem Lande und seiner Demokratiebewegung gedroht hätten, wenn wir zu einer solchen Entscheidung nicht fähig gewesen wären. Ich sah die Notwendigkeit und handelte. Mancher hat darauf mit Unverständnis reagiert. Die Mehrheit des Volkes aber hat diesen Schritt verstanden und begrüßt. Auf das Wohl des Volkes aber war ich vereidigt.

5.

DEUTSCHLAND IN EINEM FRIEDLICHEN EUROPA

Wenn ganz Europa und ganz Deutschland im Prozeß des Umbaus der internationalen Beziehungen zu Faktoren der Stabilität werden, dann können alle Nationen, darunter die Sowjetunion, eine Entwicklung zur deutschen Einheit nicht ablehnen. Das sagte der Leiter der Internationalen Abteilung des ZK der KPdSU, Valentin Falin, Anfang Februar 1990 in einem Gespräch mit dem »Neuen Deutschland«. Dies erhärtete die Beobachtung, die ich bereits zu meiner Amtszeit gemacht hatte: Die Sowjetunion betrachtet den Status quo in der deutschen Frage als etwas Dynamisches. Auch hier ist dem Gorbatschowschen Neuen Denken jede Starrheit, jedes Vorbeisehen an der Wirklichkeit fremd.

Wie also geht es weiter in Deutschland?

Der Prozeß der Vereinigung ist nicht aufzuhalten. Ich stimme dem, was Gregor Gysi zu Jahresbeginn sagte, zu: »Wir wollen ein europäisches Deutschland und nicht ein deutsches Europa... Und das hat auch etwas mit Zeitpunkten zu tun.«

Ich halte den Zeitfaktor für äußerst bedeutsam.

Sollen die beiden deutschen Staaten wirklich zusammenwachsen und nicht zusammenwuchern, müssen die Umstände und Bedingungen dafür reif sein. Offensichtlich verstehen das viele Deutsche in Ost und West gut. In der zweiten Februarhälfte meldeten unsere Zeitungen, zwei von drei Bundesbürgern gehe der Einigungsprozeß zu schnell. Eine Umfrage des ZDF-Politbarometers hatte diese Zahlen ergeben. Und als eine für viele Leute typische DDR-Stimme empfand ich einen Leserbrief aus

Magdeburg. Darin hieß es: »Die gestandenen Parteien der BRD fallen wie die Polypen in die DDR ein und tragen hier ihren Wahlkampf aus. Sind wir der Hinterhof der BRD? Auf diesem Weg wollen sie unsere Republik mit einem Handstreich nehmen, ohne das Volk der DDR und der BRD zu fragen ...« Und der Brief schloß: »Fragt endlich einmal das Volk! Meiner Meinung nach will es die Einheit Deutschlands, aber sinnvoll und sozial für alle Menschen abgesichert. Und das braucht Zeit und Vernunft.«

Zügig, aber ohne Überstürzung — so sollte sich auch nach dem Willen der SPD der DDR und der BRD die Vereinigung beider deutscher Staaten vollziehen. Das erklärte der gemeinsame Ausschuß der SPD auf seiner zweiten Sitzung am 19. Februar 1990.

Das Europakonzept der PDS, dessen Entwurf bereits am 6. Februar veröffentlicht war, ist meines Erachtens ein konstruktives Herangehen an eine europäische Lösung der deutschen Frage. Darin unterstützt die PDS einen »umfassenden und schrittweisen Prozeß deutsch-deutscher Annäherung, der über eine Vertragsgemeinschaft zu einem Staatenbund der beiden deutschen Staaten führt.« Sie betrachtet dies als Beitrag zur Entmilitarisierung und Demokratisierung der europäischen Staatenbeziehungen, eines »kooperativen, sozial, solidarisch und ökologisch orientierten, und schließlich vielgestaltigen konföderativen Europas«. Auch ich setze mich dafür ein, daß in dieser Entwicklung die politische, soziale und kulturelle Identität und Eigenständigkeit der DDR bewahrt wird. Hier sind bedeutsame Werte in ein gemeinsames Deutschland einzubringen. Darin sehe ich vor allem auch die soziale Sicherheit, eine wichtige Errungenschaft der DDR-Geschichte, eingebunden. Man darf nicht übersehen, daß wir inzwischen eine zunehmende Zahl von Arbeitslosen oder nicht entsprechend ihrer Bildung und Qualifikation eingesetzten Werktätigen haben, und die Angst vor einem radikalen Sozialabbau unter DDR-Bürgern nimmt immer mehr zu. Ich wende mich auch entschieden gegen eine deutschnationale und revanchistische Lösung der deutschen Frage. Da, so hat es die Geschichte mit sich gebracht, die westlichen und östlichen Nachbarn beider deutscher Staaten die Frage der Deutschen auch als ein Sicherheitsproblem für sich ansehen, kommt unserem uneingeschränkten »Ja« zur Respektierung der Grenzen in Europa und vor allem der Unantastbarkeit der polnischen Westgrenze eine besondere Bedeutung zu. Im Gegensatz zu peinlichen Statements von Bundeskanzler Kohl haben wir das immer betont. Und DDR-Ministerpräsident Modrow hat es im Rahmen des 20. Weltwirtschaftsforums in Davos wiederholt: Die beiden deutschen Staaten müssen »auch in ihrem Aufeinanderzugehen einen Beitrag für die Gestaltung eines friedvollen europäischen Hauses leisten«.

Ich schließe mich dem Vorschlag an, daß die Regierungen der beiden deutschen Staaten einen gemeinsamen Beitrag zur Entspannung und radikalen Abrüstung sowie zur Auflösung der Militärorganisationen der NATO und des Warschauer Vertrages leisten sollten. Zugleich gilt es, alle Einschränkungen der Souveränität, die den beiden deutschen Staaten gegenüber noch existieren, aufzuheben. Soweit das von mir unterstützte Deutschland-Konzept als Teil einer umfassenderen Europa-Konzeption. Ich setzte und setze all meine Hoffnungen in eine Bewahrung möglichst vieler Werte unserer DDR-Identität, wenn die Vision des Dichters Johannes R. Becher, nun allerdings bis zur Unkenntlichkeit verändert, Realität wird: »Deutschland, einig Vaterland.« Was wird nach dem 18. März 1990 sein? Die Druckmaschinen für dieses Buch wurden bis zum Morgen nach der Wahlnacht in der DDR angehalten.

Als ich zur Wahl ging, sah ich – spärlicher, aber insistierender als früher, weil von unseren falschen Riten befreit – DDR-Fahnen an Fenstern von Wohnblocks. Ist das nun der schnelle Abschied von Hammer, Zirkel und Ährenkranz? Dieses Wahlergebnis habe ich nicht erwartet. Unverkennbar eine Anschlußmentalität, wohl als Hoffnung auf eine schnelle »einvernehmliche« Lösung jener Probleme, die unsere gescheiterte Sozialismus-Konzeption hinterlassen hat. Ein aggressiver Wahlkampf mit Redner– und Kleberkolonnen aus der BRD (War es nicht auch ein Stellvertreter-Wahlkampf westdeutscher Parteien auf unserem Boden und auf unsere Kosten?) hat viele Menschen für Besorgnisse eines wohlverstandenen DDR-Selbstbewußtseins unsensibel gemacht. Ich bedauere das sehr, wenngleich das demokratische Votum des Volkes in jeder Hinsicht zu respektieren ist.

Ich weiß, daß mich jetzt manche meiner politischen Freunde und Kampfgefährten, die wie ich enttäuscht sind, fragen werden: Haben wir dem, was nun kommt, mit der Wende nicht Vorschub geleistet? Denn herausgekommen ist das möglicherweise schnelle Ende der DDR. Sosehr mich die Ereignisse, die nun wohl vor uns stehen, auch bedrücken, ich muß sagen: Der Anfang unseres Scheiterns lag viel früher. Er lag in unserer Unfähigkeit, dem Sozialismus demokratischen Inhalt und demokratische Strukturen zu geben. Der existierende Sozialismus konnte sich nicht als glaubhafte, überzeugende, wirklich lebenswerte Alternative zur Logik der kapitalistischen Gesellschaft darstellen. Die unglaubliche Demagogie »Freiheit statt Sozialismus« findet vor diesem Hintergrund eine gewisse Akzeptanz. Ich vermute, es wird eine Akzeptanz mit beträchtlichem Widerruf sein, wenn sich die lauten Wahlversprechungen an den Realitäten reiben, wenn die Bundesbürger den Groschen häufiger wenden werden, als in den Wahlkämpfen versprochen, ehe sie ihn in die Lösung der Wirtschaftsprobleme des anderen Deutschland investieren.

Ist das Wahlergebnis nun das Ergebnis für die Trittbrettfahrer der Friedlichen Revolution in der DDR? Ich denke ja, denn jene oppositionellen Kräfte in den Bürgerbewegungen wie dem Neuen Forum, in der heutigen PDS, bei den Vereinigten Linken oder bei den Grünen, die die Friedliche Revolution initiiert haben, sind nun wieder die oppositionellen Kräfte. Sie waren »Für unser Land« auf die Straße gegangen, sie wollten eine DDR-Alternative für die Gebrechen in unserer Gesellschaft. Die Friedliche Revolution ist ihnen aus der Hand genommen worden. Das ist bitter. Dennoch hat sich hier ein Potential für die Verteidigung der bei uns gewachsenen Werte und Errungenschaften konstituiert, mit dem in der Zukunft zu rechnen sein wird.

Ich hoffe sehr, daß nun die Wegbereiter der Demokratie in unserem Land all jene, die sich widerspruchsvoll zu den demokratischen Errungenschaften bekennen, nicht wieder ausgegrenzt werden, vielleicht aufgrund von Berufsverboten oder

»Radikalenerlassen« aller Art ohne Arbeit, ohne freiheitliche Wirkungsmöglichkeiten sind. Das würde die größte Errungenschaft der Friedlichen Revolution gefährden.

Wenn Mauern gefallen sind, dann waren es in meinem Verständnis nicht nur die, die uns von anderen Teilen der Welt abtrennten und die Menschen einsperrten. Es waren auch die Mauern eines nicht tragfähigen Sozialismus-Modells. Es waren die Mauern von Schweigen, Duldung und falscher Akzeptanz. Es waren die Mauern zwischen uns, die wir zur Partei- und Staatsführung gehörten, und dem Volk. Es waren die Mauern, die wir gegenüber unseren eigenen Deutschland-Versionen aufgebaut hatten. So viele Mauern sind gefallen. Werden nun neue errichtet werden? Mauern gegenüber linken Andersdenkenden? Mauern gegenüber jenen Werten, die aus der DDR-Identität in den Prozeß der deutschen Vereinigung eingebracht werden können? Mauern zwischen den Deutschen und ihren Nachbarvölkern, deren Sicherheitsbedürfnisse zu respektieren sind? Ich hoffe sehr, daß es nicht so kommen wird, ich bin sicher, daß eine starke Opposition einen solchen neuerlichen Mauerbau zu verhindern weiß.

Wie die Geschichte verlaufen wird, vermag wohl jetzt niemand sicher vorherzusehen. Wir werden mit unseren linksalternativen Vorschlägen vor ernsten und schmerzhaften Problemen stehen. Wir werden große Schwierigkeiten bei der Durchsetzung eines wirklichen, demokratischen Sozialismus-Modells haben. Ich kann und will aber meine Überzeugung nicht aufgeben, daß nicht die Idee des Sozialismus, sondern deren fehlerhafte Verwirklichung zu Grabe getragen wurde. Ich habe meine Mitverantwortung dafür übernommen. Ich weiß, ich habe mich nicht nur einmal geirrt in meinem Leben. Darin aber irre ich mich nicht: Der Sozialismus ist nicht tot. Er lebt als die Idee einer ökonomisch effizienten, sozial gerechten, ökologisch orientierten, politisch demokratischen, moralisch sauberen und den Menschen zugewandten Gesellschaft. Ich werde dieses Ideal nicht aufgeben.

IV. TEIL

CHRONIK DER EREIGNISSE ZWISCHEN DEM 7. OKTOBER UND DEM 6. DEZEMBER 1989

7. OKTOBER:

Nach der Militärparade findet eine Sitzung des Politbüros des ZK der SED im Schloß Niederschönhausen statt, an der Michail Gorbatschow, Generalsekretär des ZK der KPdSU, als Gast teilnimmt. Zwei Eindrücke des Vortages bestimmen die Atmosphäre: Erich Honeckers Festansprache im Palast der Republik, in der er über den erfolgreichen 40jährigen Weg der DDR spricht, ohne auf die aktuellen Fragen im Lande einzugehen. Sowie der traditionelle Fackelzug der Freien Deutschen Jugend Unter den Linden, bei dem über 100000 Jugendliche immer wieder »Gorbi, Gorbi« rufen.

Auf der Tagung informiert Michail Gorbatschow über Erfahrungen seines Landes bei der Umgestaltung. Offen und ehrlich begründet er, daß man herangereifte Probleme in der Gesellschaft rechtzeitig in Angriff nehmen müsse. Erich Honecker spricht über die Erfolge der DDR, über Spitzentechnologien, über die sozialistische Demokratie und die feste Einheit und Geschlossenheit der Partei.

Der Abend zeigt ein anderes Bild. Wir erhalten erste Nachrichten über Zusammenstöße der Volkspolizei mit vorwiegend jungen Demonstranten in der Hauptstadt. Noch heute untersucht ein Ausschuß, wie es zu den Gesetzesverletzungen kam. Über 80 ausländische Delegationen mit Staatsoberhäuptern, Parteivorsitzenden oder Generalsekretären an der Spitze nehmen an den Feierlichkeiten zum 40. Jahrestag der DDR teil.

8. OKTOBER:

Telefonat mit Erich Honecker, in dem ich ihn bitte, den Entwurf meiner Erklärung zur aktuellen Lage im Lande für die nächste Politbürositzung zu lesen, die ich ihm nach Wandlitz schicke.

Erich Honecker teilt mir wenig später telefonisch mit, daß er ihr nicht zustimmen kann.

Ich will es noch nicht glauben, daß er keine Bereitschaft zeigt, die Sprachlosigkeit der Parteiführung zu beenden und in der Gesellschaft mit allen Kräften einen Dialog zu beginnen, um der tiefen Krise in Partei und Gesellschaft entgegenzuwirken.

9. OKTOBER:

Erich Honecker empfängt die zum 40. Jahrestag der DDR im Land weilenden Delegationen aus der Volksrepublik China und aus der Volksdemokratischen Republik Jemen.

Im »Neuen Deutschland« sind zwei Seiten mit Wünschen der Bevölkerung nach Ruhe und Ordnung veröffentlicht. Ich lese folgende Überschriften: »Für Ruhe gesorgt«, »Störungen der Volksfeste verhindert« oder »Bürger empört über Störenfriede«, »Wie Zwischenfälle in der Hauptstadt inszeniert wurden«, »Gewissenlose Provokation« oder »Kriminelle wollten Menge zur Gewalt aufwiegeln«. Ich denke: Immer noch werden alle über einen Kamm geschoren, noch wird nicht unterschieden zwischen jenen Bürgern, die ehrlich auf die Straße gehen, um gesellschaftliche Veränderungen herbeizuführen, und jenen wenigen, die auch unter ihnen sind, um zu provozieren.

Zwischen 9.00 und 10.00 Uhr besucht mich Professor Walter Friedrich aus Leipzig. Er ist Direktor des Instituts für Jugendforschung und hat viele Jahre direkten Kontakt zu mir. Er drückt seine Sorge über die Situation in Leipzig aus und fürchtet wie viele Messestädter, daß abends — bei den traditionellen Demonstrationen — Blut fließen könnte. Er schildert die Situation so dramatisch, daß ich mit Wolfgang Herger, dem Leiter der Abteilung für Sicherheitsfragen im ZK telefoniere, um noch einmal zu prüfen, ob die mit den Ministern für Staatssicherheit, Nationale Verteidigung und des Innern vereinbarte Linie der größten Zurückhaltung auch tatsächlich eingehalten wird. Wolfgang Herger bestätigt dies. Im Arbeitszimmer von Erich Honecker habe ich ein Gespräch, in dem er noch einmal sein Unverständnis zum Ausdruck bringt, daß ich gegen seinen Willen eine Erklärung für das Politbüro vorbereitet habe. Er behauptet, ich würde damit die Einheit der Partei und ihrer Führung aufs Spiel setzen. Ich versuche,

Erich Honecker noch einmal deutlich zu machen, daß es mir um nichts anderes als um unser Land, um die Handlungsfähigkeit der Partei und um die Erneuerung unserer Gesellschaft geht. Erich Honecker ist von seinem Standpunkt nicht abzubringen. Ich bitte den Leiter des Büros des Politbüros, die Vorlage dennoch den Mitgliedern und Kandidaten des Politbüros zu übermitteln.

Am Nachmittag führe ich mehrere Telefonate mit meinen politischen Freunden in Leipzig. Der amtierende 1. Sekretär der SED-Bezirksleitung teilt mit, daß es eine Initiative von Kurt Masur, drei Sekretären der SED-Bezirksleitung, einem Theologen und einem Kabarettisten gibt, die zur Gewaltlosigkeit aufruft. Ich unterstütze sie. Noch einmal überzeuge ich mich davon, ob die entsprechenden Befehle gegeben sind, keinerlei Gewalt anzuwenden. Danach teile ich den Leipziger Genossen in der Bezirksleitung mit, unbedingt die Initiative der Leipziger Persönlichkeiten zu unterstützen. Ich bin überzeugt, sie wird sich durchsetzen.

10. UND 11. OKTOBER:

Sitzung des Politbüros. Es geht vor allem um die Erklärung zur Situation im Lande. Nach anfänglichem Zögern erklärt sich Erich Honecker einverstanden, daß die Erklärung auf die Tagesordnung gesetzt wird. Sie hat folgende Hauptideen: Es läßt uns nicht gleichgültig, wenn so viele Personen die Republik verlassen. Die Ursachen dafür sind vielfältig. Wir dürfen sie nicht nur beim Gegner, wir müssen sie auch bei uns suchen. Es ist notwendig, den Dialog mit allen zu führen. Die Einheit von Wirtschafts- und Sozialpolitik soll erhalten bleiben. Das Leistungsprinzip muß Geltung erlangen. Wirtschaftlicher Aufstieg kann nur durch höhere Arbeitsproduktivität gesichert werden. Es geht um ein demokratisches Miteinander und um die engagierte Mitarbeit aller, um ein gutes Warenangebot und um leistungsgerechte Entlohnung, um lebensverbundene Medien, um Reisemöglichkeiten und um eine gesunde Umwelt.

In der Politbürositzung entwickelt sich eine scharfe Auseinandersetzung um den Inhalt dieser Erklärung. Sie wird angenommen und am 12. Oktober veröffentlicht. Die Situation wird immer komplizierter. Die Flucht über die ČSSR erregt die Gemüter. Die Schließung der Grenze der DDR zur ČSSR ruft erneut viel Unmut hervor.

12. OKTOBER:

Beratung des Sekretariats des ZK mit den 1. Sekretären der SED-Bezirksleitungen. Erich Honecker hält eine längere Rede, führt die Kompliziertheit der politischen Lage auf die NATO-Pläne und auf die Ausreisemöglichkeiten über Ungarn zurück. Die Erklärung des Politbüros zur Situation im Lande spielt erst am Ende seiner Ausführungen eine Rolle.

Ich überlege: Wie werden die 1. Sekretäre reagieren? Von Johannes Chemnitzer, dem 1. Sekretär aus Neubrandenburg, weiß ich, er wird sehr offen und kritisch auftreten. Hans Modrow hat sich mir gegenüber bereits vor Monaten offenbart. Er gibt eine sehr kritische Einschätzung der Situation. Günther Jahn, der Potsdamer 1. Sekretär, verweist darauf, daß die Geschichte der SED Beispiele kenne, wie man auf vernünftige Art und Weise den Wechsel an der Spitze von Partei und Staat herbeiführen kann.

13. OKTOBER:

Erich Honecker führt eine Beratung mit den Vorsitzenden der befreundeten Parteien durch. Günter Mittag, Joachim Herrmann und ich sollen teilnehmen. Ich entschuldige mich und fliege gemeinsam mit dem Stellvertreter des Ministers für Staatssicherheit, Rudi Mittig, dem Stellvertreter des Ministers des Innern und Chef des Stabes der Deutschen Volkspolizei, Karl-Heinz Wagner, dem Stellvertreter des Ministers für Nationale Verteidigung und Sekretär des Nationalen Verteidigungsrates, Generaloberst Fritz Streletz, und dem Leiter der Abteilung für Sicherheitsfragen im ZK der SED, Wolfgang Herger, nach Leipzig. Dort führen wir mit den verantwortlichen Genossen eine Beratung durch und bereiten einen Befehl des Vorsitzenden des Nationalen Verteidigungsrates vor. Nach Berlin zurückgekehrt, treffen Fritz Streletz und ich gegen 17.00 Uhr im Arbeitszimmer von Erich Honecker ein. Wir erklären ihm die Situation und bitten ihn, einen Befehl zu unterzeichnen, daß keinerlei polizeiliche Mittel gegen Demonstranten angewendet werden, wenn keinerlei Gewalt der Demonstranten gegen Personen oder Objekte erfolgt, und daß der Gebrauch der Schußwaffe auf jeden Fall verboten ist.

Nachdem Fritz Streletz und ich die Kompliziertheit der Lage gemeldet haben, unterschreibt er den Befehl.

14. UND 15. OKTOBER:

Ich bereite mich auf die nächste Politbürositzung vor. Dazwischen ein Gespräch mit Willi Stoph. Wir vereinbaren, am 17. Oktober gegen 9.30 Uhr vor der planmäßigen Sitzung mit einer Gruppe von Genossen des Politbüros zu Erich Honecker zu gehen, um ihm vorzuschlagen, von seiner Funktion zurückzutreten. Dieser Gruppe sollen angehören: Willi Stoph, Günter Schabowski, Siegfried Lorenz, Kurt Hager, Harry Tisch, Werner Krolikowski und ich. Später geben wir auf Vorschlag Willi Stophs diese Idee auf. Wir wählen den direkten Weg im Politbüro.

Am 15. Oktober abends treffen Günter Schabowski, Harry Tisch und ich in der Wohnung von Harry Tisch zusammen. Noch einmal besprechen wir die Vorbereitungen der Sitzung des Politbüros am 17. Oktober.

16. OKTOBER:

Am Nachmittag im Arbeitszimmer des Genossen Friedrich Dickel eine Besprechung zwischen Friedrich Dickel, Erich Mielke, Fritz Streletz und mir. Es geht um die Koordinierung aller eventuell auftretenden Probleme, um Gewaltfreiheit bei der Montagsdemonstration in Leipzig zu garantieren. Kurz vor 15.00 Uhr trifft auch Erich Honecker ein. Kurzfristig hatte er mich telefonisch davon in Kenntnis gesetzt. Wir verfolgen die Ereignisse in Leipzig, erhalten ständig Informationen. Nachdem keine kritischen Situationen mehr befürchtet werden müssen, verabschiedet sich Erich Honecker und fährt nach Hause. Ich bin der festen Überzeugung, daß es höchste Zeit ist, nachdem die Wende von unten so weit fortgeschritten ist, nun endlich auch die Wende oben zu vollziehen.

17. OKTOBER:

Als wäre nichts gewesen — sieht die Tagesordnung eine »normale« Sitzung des Politbüros vor. Nicht einmal die Auswertung der Beratung mit den 1. Sekretären der SED-Bezirksleitungen steht auf dem Plan. Es sollen eine Reihe unbedeutender Fragen behandelt werden. Erich Honecker fragt, ob noch jemand Vorschläge zur Tagesordnung hat. Willi Stoph meldet sich als erster zu Wort und schlägt vor: Absetzung Erich Honeckers und Wahl von Egon Krenz zum Generalsekretär des ZK der SED.

Es folgt eine Aussprache, bei der sich alle für den Vorschlag Willi Stophs aussprechen, Erich Honecker von der Funktion des Generalsekretärs des ZK der SED abzulösen und der Volkskammer vorzuschlagen, ihn auch von der Funktion des Staatsratsvorsitzenden und des Vorsitzenden des Nationalen Verteidigungsrates abzuberufen.

Die 9. Tagung des Zentralkomitees wird über Nacht einberufen. Faktisch habe ich nur einige Stunden Zeit, um gemeinsam mit meinen Mitarbeitern eine Rede auszuarbeiten, in der ich am 18. Oktober auf der 9. Tagung des Zentralkomitees der SED in großen Konturen die Ideen für die Wende in der Führung der Partei darlege.

18. OKTOBER:

Die 9. Tagung des Zentralkomitees findet um 14.00 Uhr statt. Früh treffe ich mich mit den 1. Sekretären der SED-Bezirksleitungen. Um 10.00 Uhr Sitzung des Politbüros. Erich Honecker gibt eine Erklärung ab, aus der hervorgeht, daß sein Gesundheitszustand ihm nicht mehr erlaubt, seine Funktion auszuüben. Im Gegensatz zu dieser Erklärung hat Willi Stoph am Vortag die Absetzung Erich Honeckers gefordert. Später wird schnell erkannt, daß es nicht nur die Gesundheit, sondern die verfehlte Politik ist, die Erich Honecker zum Rücktritt gezwungen hat. Im nachhinein erweist es sich als Fehler, die 9. Tagung des ZK ohne eine gründliche inhaltliche Diskussion durchzuführen.

Nach der Tagung spreche ich vor den Mitarbeitern des Zentralkomitees. Danach fahre ich zum Haus des Nationalrates der Nationalen Front und informiere den Demokratischen Block über die Beschlüsse der Tagung des SED-Zentralkomitees.

Am Abend trete ich im Fernsehen auf. Angekündigt ist eine Rede des neuen Generalsekretärs an das Volk der Deutschen Demokratischen Republik. Ich verlese aus Zeitmangel die gleiche Rede, die ich vor dem Zentralkomitee der Partei gehalten habe.

Aus dem Fernsehstudio zurückgekehrt, finde ich ein Telegramm von Michail Gorbatschow vor. Darin beglückwünscht er mich zur Wahl als Generalsekretär, spricht davon, »daß wir den Erfordernissen der Zeit Rechnung« tragen, und wünscht dem Kurs der Erneuerung und Kontinuität viel Erfolg.

19. OKTOBER:

Frühmorgens bei Arbeitern im VEB Werkzeugmaschinenkombinat »7. Oktober« in Berlin. Gemeinsam mit Günter Schabowski und Heinz Warzecha, Generaldirektor des Kombinats führe ich Gespräche mit Arbeitern.

Nicht im Büro, sondern in solchen Gesprächen mit Arbeitern will ich meine Tätigkeit als Generalsekretär beginnen. Vor allem geht es um Versorgungsdefizite und um Reisemöglichkeiten. Der Arbeiter Hans-Dieter Rademacher sagt mir an seinem Arbeitsplatz: »Es gibt geteilte Meinungen zu deiner gestrigen Rede. Es sind vor allem drei Fragen, die ich direkt an dich stellen möchte, ohne Wenn und Aber: 1. Über das Leistungsprinzip reden wir schon lange. Was soll konkret geändert werden? 2. Reiseprobleme bewegen uns alle. Wann soll was geschehen, auch im Zusammenhang mit der ČSSR und der Volksrepublik Polen? Und 3. Wie schnell kann das Warenangebot verbessert werden?«

Mit Günter Schabowski bespreche ich, daß wir alle Punkte, die wir im Betrieb diskutiert haben, auf der nächsten Sitzung des Politbüros auswerten werden.

Ich bitte Generaldirektor Warzecha, mir seine Gedanken dazu aufzuschreiben. Sie spielen auf der Sitzung des Politbüros eine entsprechende Rolle.

Auf Schloß Hubertusstock findet mein erstes Treffen mit Würdenträgern des evangelischen Kirche statt. Anwesend sind der Vorsitzende der Konferenz der Evangelischen Kirchenleitungen in der DDR, Landesbischof Dr. Werner Leich, Konsistorialpräsident Manfred Stolpe, Bischof Dr. Christoph Demke und Oberkirchenrat Martin Ziegler, Leiter des Sekretariats des Bundes der Evangelischen Kirchen in der DDR. In einer gemeinsamen Presseerklärung unterstreichen wir: »Egon Krenz und Werner Leich stimmen darin überein, daß es gilt, die DDR, deren Geschichte auch ein Stück Geschichte der evangelischen Kirche unseres Landes und des gesellschaftlichen Mittuns christlicher Bürger ist, zu bewahren. Dazu bedarf es der Achtung vor der Überzeugung und dem Auftrag des jeweils anderen.«

Am Abend eine Begegnung mit dem Präsidenten Nicaraguas, Daniel Ortega. Ich merke Daniel Ortega die Besorgnis über die Entwicklung in unserem Lande an und versuche ihm das Gefühl zu geben, daß wir dei Erneuerung des Landes mit großem Verantwortungsbewußtsein betreiben.

20. OKTOBER:

Ich arbeite an der Erklärung für die bevorstehende Volkskammertagung und schicke sie noch am gleichen Tag an die Vorsitzenden der LDPD, der DBD, der CDU, der NDPD und an den Präsidenten des Nationalrates der Nationalen Front zur Abstimmung.

Die Presse veröffentlicht neue Ausreiseregelungen für DDR-Bürger aus der Botschaft der BRD in Warschau. Wir verweisen darauf, daß es sich um eine zeitweilige Entscheidung handelt und der bessere Weg zur Ausreise aus der DDR per Antrag über die Abteilungen Inneres bei den Räten der Kreise ist. Die Reiseregelung wird immer dringender.

Walter Momper, der Regierende Bürgermeister von Berlin (West), erklärt seine Bereitschaft zu einem Treffen mit mir. Am gleichen Tag veröffentlichen die Zeitungen die Meldung, daß der »Sputnik« wieder in den Zeitungsvertrieb kommt. Dem Wiedererscheinen von »Sputnik« folgt auch die Wiederaufführung früher verbotener sowjetischer Filme.

21. UND 22. OKTOBER:

Am Sonnabend, 9.30 Uhr mitteleuropäischer Zeit, führe ich ein Telefongespräch mit Michail Gorbatschow. Michail Sergejewitsch gratuliert mir noch einmal zur Wahl als Generalsekretär des ZK der SED. Michail Gorbatschow lädt mich zu einem Besuch in die Sowjetunion ein. Es ist ein weiterer Schritt auf dem Wege des engen Schulterschlusses zwischen SED und KPdSU.

An diesem Wochenende finden in allen Teilen der Republik Bürgergespräche statt. Der Dialog im Lande ist im Gange. In Berlin diskutieren Günter Schabowski, Erhard Krack und andere auf der Liebknechtstraße mit Demonstranten und Passanten. Wir müssen wieder lernen, politische Arbeit auf der Straße und unmittelbar unter den Massen zu machen. Das ist wohltuend.

In Leipzig versammeln sich im Gewandhaus 500 Bürger aller Schichten. Professor Kurt Masur, die Sekretäre der SED-Bezirksleitung Kurt Meier, Jochen Pommert und Roland Wötzel sowie der Theologe Dr. Peter Zimmermann und der Kabarettist Bernd-Lutz Lange — jene Persönlichkeiten, die am 9. Oktober zur Gewaltlosigkeit aufgerufen hatten — führen ein Bürgerforum durch, auf dem kein Thema tabu ist. Künftig, so wird gesagt, werden jeden Sonntag diese Foren stattfinden. Petra Lux, eine Sprecherin des Neuen Forum, unterstreicht: »Die Impulse für die Erneuerung sind aus dem Volke gekommen.«

Wichtiger noch als diese Mitteilung ist mir die Tatsache, daß zum ersten Male in unserer Presse bei einem Vertreter des Neuen Forum nicht von einem Repräsentanten einer verbotenen Organisation, sondern von einem Dialogpartner gesprochen wird.

23. OKTOBER:

Politbüromitglieder und Minister halten sich zu Aussprachen in Bezirken, Kreisen und Betrieben auf. Es gibt keine Tabus mehr.

Ich empfange den Generalsekretär des Zentralkomitees der Kommunistischen Partei Vietnams, Van Lhi, und informiere ihn über die 9. Tagung des ZK der SED. Wir unterstreichen die feste Verbundenheit unserer Parteien und Länder und diskutieren Projekte der weiteren Zusammenarbeit.

In Berlin formieren sich, aus der Gethsemanekirche kommend, ca. 2000 Demonstranten. Sie fordern, daß auf der am kommenden Tag stattfindenden Volkskammertagung mehrere Kandidaten zur Wahl als Vorsitzender des Staatsrates aufgestellt werden sollen. Sie treten gegen Ämterhäufung auf. Zu diesem Zeitpunkt bin ich noch überzeugt, daß es für die Erneuerung des Landes richtig ist, die Ämter des Generalsekretärs, des Staatsratsvorsitzenden und des Vorsitzenden des Nationalen Verteidigungsrates in einer Person zu vereinigen. Später muß ich erkennen, daß diese Ämterhäufung Vertrauen kostete, weil sie an alte Zeiten — an zu große Machtfülle — erinnerte.

24. OKTOBER:

Bei 26 Gegenstimmen und 26 Stimmenthaltungen werde ich von der Volkskammer zum Vorsitzenden des Staatsrates der DDR gewählt. Bei der Wahl zum Vorsitzenden des Nationalen Verteidigungsrates erhalte ich 8 Gegenstimmen und 17 Stimmenthaltungen. Ich bezeichne dies als neues Selbstbewußtsein des Hohen Hauses. Der Volkskammertagung war die Forderung vorausgegangen, eine gründliche Diskussion über die Lage im Lande durchzuführen. Im Präsidium der Volkskammer einigte man sich aber auf einen späteren Termin, weil die Wahl des Vorsitzenden des Staatsrates nicht mit einer Aussprache verbunden werden sollte.

Nach der Vereidigung gebe ich eine Erklärung vor der Volkskammer ab. Alles solle dem Wohl des Volkes dienen, das sei oberstes Prinzip meiner Tätigkeit. Dabei zählen Kompetenz, Konsequenz und Mut zur Wahrheit, um auf die Erfordernisse der Zeit zu reagieren. Ich spreche von einer Aufbruchstimmung, die in unserem Volk herrscht, und rufe zum Dialog auf, der ein notwendiger und ständiger Teil unserer politischen Kultur werden muß. Offenheit, Besonnenheit und Konstruktivität seien notwendig, d. h., wir brauchen Vertrauen zu uns und Sachverstand für alle Entscheidungen. Es müsse gelingen, den Willensbildungsprozeß in der Gesellschaft als Akt der Souveränität des Volkes zu gestalten und auch so zu erleben. Alles ist zu tun, um Zuspitzungen und Konfrontation zu vermeiden. Die Gesellschaft befindet sich in einem großen Lernprozeß. Zur Demokratisierung der Volkskammer als höchstem Machtorgan ist ein ganzes Programm notwendig. Im Sinne der Losung: »Wir brauchen die sozialistische Demokratie wie die Luft zum Atmen«, fordere ich dazu auf, die Arbeit der Volkskammer grundlegend zu verändern, und unterbreite den Vorschlag, einen Gesetzgebungsplan auszuarbeiten. Die Gesetzgebung könne sich nicht in der Zustimmung durch die Abgeordneten erschöpfen. Die Regierung sei nur der Volkskammer und niemand anderem Rechenschaft schuldig. Für die Vorbereitung der Wahlen fordere ich: »Alle Erfahrungen aus vorangegangen Wahlen sowie Hinweise und Eingaben zu ihnen gründlich aufzuarbeiten und für die Wahlgesetzgebung zu berücksichtigen.« Ich richte meinen Ruf an alle, die noch die Absicht haben, die DDR zu verlassen, und sage: »Wir brauchen Sie hier.« Im Zusammenhang mit der Reaktion auf die polizeilichen Maßnahmen am 7. und 8. Oktober formuliere ich: »Wer ungerecht oder unwürdig behandelt worden ist, kann jeden Rechtsschutz und alle Rechtsmittel in Anspruch nehmen. Die verantwortlichen Staatsorgane werden Anzeigen gewissenhaft prüfen und schuldhaftes Verhalten ahnden. Der Staatsrat sollte dazu einen ausführlichen Bericht des Generalstaatsanwaltes entgegennehmen, über dessen Inhalt die Öffentlichkeit informiert wird. Die Achtung und der Schutz der Würde und Freiheit der Persönlichkeit sind Verfassungsgebot für die Arbeit aller Staatsbürger.«

Es sei unser Wille, so hebe ich in der Erklärung hervor, politische Probleme nur mit politischen Mitteln zu lösen. Gleichzeitig verweise ich darauf, daß niemand aus der Entwicklung der DDR falsche Schlußfolgerungen ziehen möge. NATO-Konzeptionen seien auch in Zukunft nicht gefragt.

Nach der Beratung der Volkskammer findet eine Sitzung des Staatsrates statt, auf der ich die Bedeutung der Blockpolitik betone. Der Staatsrat nimmt einen Bericht von Wolfgang Herger entgegen, den dieser im Auftrage des Volkskammerausschusses für Nationale Verteidigung und des Verfassungs- und Rechtsausschusses gibt. Wolfgang Herger betont, daß die Schutz- und Sicherheitsorgane bei allen Ereignissen der letzten Wochen stets den ausdrücklichen Befehl erhielten, äußerste Zurückhaltung zu üben und nur dann einzugreifen, wenn aus Menschenansammlungen heraus Gewalt angedroht bzw. begangen wird. In einem Befehl des damaligen Vorsitzenden des Nationalen Verteidigungsrates heißt es: »Der aktive Einsatz polizeilicher Kräfte und Mittel erfolgt nur bei Gewaltanwendung der Demonstranten gegenüber den eingesetzten Sicherheitskräften bzw. bei Gewaltanwendung gegenüber Objekten. Der Einsatz der Schußwaffe im Zusammenhang mit möglichen Demonstrationen ist grundsätzlich verboten.«

Wolfgang Herger betont weiter, vorbereitet und vorgeschlagen habe diesen Befehl der heute gewählte Vorsitzende des Staatsrates der DDR, Egon Krenz.

Am Nachmittag des gleichen Tages findet eine Sitzung des Politbüros statt. Sie beruft die 10. Tagung des ZK für den 8. bis 10. November ein. Das Politbüro empfiehlt dem Ministerrat der DDR, den Entwurf eines Gesetzes über Reisen von Bürgern der

DDR nach dem Ausland auszuarbeiten und diesen im November öffentlich zur Diskussion zu stellen. Es wird vorgeschlagen, daß jeder Bürger das Recht hat, einen Reisepaß zu erwerben und mit einem Visum ohne Vorliegen verwandtschaftlicher Verhältnisse und bisher geforderter Reisegründe in alle Staaten zu reisen. Nach gründlicher Auswertung aller Vorschläge, die dazu unterbreitet werden, soll der Entwurf des Gesetzes der Volkskammer noch in diesem Jahr zur Beratung und Beschlußfassung vorgelegt werden.

In der gleichen Sitzung des Politbüros berichte ich über die Begegnung mit Bischof Leich und weiteren Vertretern der evangelischen Kirche in der DDR.

25. OKTOBER:

Einmischungsversuche aus der BRD und Berlin (West) empfinden viele Bürger nach wie vor als störend für den Demokratisierungsprozeß in der DDR. Um so angenehmer empfinde ich das Gespräch mit dem FDP-Vorsitzenden Wolfgang Mischnick. Es ist mein erstes Gespräch mit einem BRD-Politiker in meiner neuen Funktion. Ich lerne einen Mann kennen, der sehr viel für die Beziehungen zwischen beiden deutschen Staaten getan hat und bei allen politischen Gegensätzen sehr aufgeschlossen ist. Ich erinnere mich daran, daß er Anfang der siebziger Jahre zusammen mit Herbert Wehner Gast bei Erich Honecker war. Von diesem Gespräch sind viele Impulse für die Lösung humanitärer Fragen ausgegangen. Über eineinhalb Stunden dauert unser Gespräch. In der anschließenden Pressekonferenz unterstreicht Wolfgang Mischnick, daß er die Entwicklung in der DDR mit großem Interesse verfolgt. Er plädiert für ein engeres Zusammenwirken beider deutscher Staaten zum Wohle der Menschen. Er habe feststellen können, daß in der DDR ein Reifeprozeß eingesetzt habe und die Wende unumkehrbar sei. Auf die Frage eines Journalisten, ob in der DDR eine Opposition zugelassen werde, antworte ich: »Jeder Gedanke ist gefragt, und beim Gedankenaustausch ist niemand ausgegrenzt.« Man fragt Wolfgang Mischnick, wie er seinen Gastgeber charakterisieren würde, und er antwortet: »Herr Krenz ist ein Gesprächspartner, bei dem es möglich war, in kürzester Frist zu einem sehr offenen Gespräch zu kommen, der auch anspricht, was er für notwendig hält. Mein Eindruck ist, Egon Krenz vertritt mit seiner Überzeugung seine Sache, die in vielen Dingen natürlich unterschiedlich zu meiner Sache ist. Es besteht die Bereitschaft, nicht nur zuzuhören, sondern aus Anregungen, Hinweisen, kritischen Bemerkungen Konsequenzen zu ziehen.« Denn der Dialog habe nur einen Sinn, so Wolfgang Mischnick, wenn beide Partner bereit sind, nicht nur zu hören, sondern zu überlegen, welche Konsequenzen daraus zu ziehen sind.

Als ich vom Gespräch mit Mischnick in mein Büro zurückkehre, liegt auf meinem Schreibtisch ein Telegramm von Präsident Mitterand. »Sehr geehrter Herr Vorsitzender«, schreibt er, »anläßlich Ihrer Wahl zum Präsidenten der DDR übermittle ich Ihnen meinen Glückwunsch.« Und er spricht die Erwartung eines baldigen Zusammentreffens aus. Glückwünsche erhalte ich an diesem Tage auch von Bundeskanzler Helmut Kohl, Bundespräsident von Weizsäcker, dem SPD-Vorsitzenden Vogel und vielen bekannten Sozialdemokraten, mit denen ich in den letzten Jahren zu tun hatte — Egon Bahr, Wolfgang Roth, Gerhard Schröder, Karsten Voigt und anderen.

Am Nachmittag wird die Entscheidung für eine Regelung zur Ausreise von DDR-Bürgern aus der BRD-Botschaft in Prag getroffen. Es zeigt sich erneut, das Reisegesetz wird immer dringender. Die Demonstrationen setzen sich fort. In Berlin versammeln sich 12 000 vorwiegend jugendliche Demonstranten. Die Volkspolizei verhält sich sehr besonnen. Es soll zu keinen Zusammenstößen mehr kommen. Ereignisse wie um den 7. Oktober sollen für immer der Vergangenheit angehören.

26. OKTOBER:

Ich führe ein Telefongespräch mit Bundeskanzler Helmut Kohl. Bundeskanzler Kohl sagt, er freue sich über den aufgenommenen Kontakt. Bei anstehenden Problemen solle man zum Telefon greifen und miteinander sprechen. Ich antworte darauf: »Ja, Herr Bundeskanzler, es ist immer besser, miteinander als übereinander zu sprechen.« Beide unterstreichen wir, daß unsere Politik den Menschen dienen muß. Bundeskanzler Kohl meint, es wäre zweckmäßig, nur über solche Dinge zu reden, über die man sich auch einigen könne. Wir vereinbaren Begegnungen von Beauftragten zur Vorbereitung eines eventuellen Treffens.

Die 12. Tagung des Zentralrates der FDJ beginnt. Eberhard Aurich informiert die Zentralratsmitglieder über einen Brief, den ich ihnen geschrieben habe und in dem ich mich für jene Einschätzung bedanke, die der Zentralrat der FDJ über das Denken und Handeln der Jugend ausgearbeitet und dem Politbüro am 10. Oktober vorgelegt hatte. Es wurde vereinbart, daß ich mit dem Büro des Zentralrates zu einem Gespräch zusammenkomme. Leider haben es die Ereignisse nicht mehr ermöglicht.

Der Innenminister veröffentlicht eine Information darüber, daß der Vorsitzende der neofaschistischen Partei der BRD, Schönhuber, Pläne hat, in der DDR Fuß zu fassen. Das Innenministerium teilt mit, daß Neonazis in der DDR keine gesetzlichen Betätigungsmöglichkeiten erhalten.

Die Demonstrationen im Lande gehen weiter. Im »Neuen Deutschland« lesen wir als Überschrift: »Dresdens Bürger wollen statt Losungen viele gute Lösungen.«

Am gleichen Tage unterbreiten die Rechtsanwälte der DDR Vorschläge für den Ausbau der Rechtsordnung der DDR. Sie regen die Ausarbeitung neuer Gesetze an. Die Rechtsanwälte sprechen davon, daß die Fehlentwicklungen in der Gesellschaft zu lange geduldet wurden. Mit Begriffen wie sozialistische Demokratie und sozialistischer Rechtsstaat sei vielfach selbstzufrieden umgegangen worden. Das Eigenschaftswort »sozialistisch« dürfe nicht länger als Einschränkung, sondern müsse als Erweiterung vor dem Hauptwort verstanden und empfunden werden. Beim Paragraph 213 des Strafgesetzbuches (ungesetzlicher Grenzübertritt) habe es in letzter Zeit eine Verletzung der Gleichheit vor dem Gesetz gegeben. Hier, so sagen die Rechtsanwälte, sei dringend Veränderung geboten. Der sogenannte PM 12, ein vorläufiger Personalausweis, sollte nur noch bei Verlust des Personalausweises ausgegeben werden, nicht mehr zur Einschränkung der Rechte der Bürger. Diese Vorschläge der Rechtsanwälte tragen auch die Unterschrift des späteren Vorsitzenden der SED/PDS, Gregor Gysi, damals Vorsitzender des Rechtsanwaltskollegiums Berlin.

Zusammentreffen Günter Schabowskis mit Professor Jens Reich und Sebastian Pflugbeil von der Initiativgruppe Neues Forum. Wenngleich es im Politbüro bis dahin noch keine einheitliche Auffassung gibt, zeigt dieser Schritt unser neues Herangehen an diese Oppositionsgruppe. Günter Schabowski hat dieses Vorhaben mit mir besprochen, und es fand meine volle Billigung.

27. OKTOBER:

Der Staatsrat faßt einen Beschluß über eine Amnestie. Personen, die vor dem 27. Oktober Straftaten des ungesetzlichen Grenzübertrittes sowie Straftaten begangen haben, um die Ausreise aus der DDR widerrechtlich durchzusetzen, werden amnestiert. Amnestiert werden auch Personen, die vor dem 27. Oktober Straftaten gegen die staatliche Ordnung im Zusammenhang mit demonstrativen Ansammlungen begangen haben. Somit wird die Gleichheit vor dem Gesetz wiederhergestellt und auch die Forderung der Rechtsanwälte zur Änderung des Paragraphen 213 erfüllt. An diesem Tag wird auch der paß- und visafreie Reiseverkehr mit der ČSSR wiedereingeführt, und zwar so, wie er vor dem 3. Oktober bestand. Dabei wird in einer Pressemitteilung betont, daß Bürger, die sich möglicherweise weiterhin mit dem Gedanken tragen, unser Land zu verlassen, obwohl jeder hier gebraucht wird, einen Antrag auf ständige Ausreise in die BRD bei den Abteilungen Innere Angelegenheiten der Räte der Kreise stellen können. Diese werden kurzfristig und großzügig entschieden. Der Weg, über Botschaften im Ausland eine Ausreise zu erzwingen, so wurde den Bürgern mitgeteilt, sei nicht notwendig und bringe für die Bürger mehr Nachteile als Vorteile.

Die Umgestaltung ergreift das gesamte politische Leben des Landes — z. B. auch die Freie Deutsche Jugend. Auf der gerade stattfindenden Zentralratstagung wird betont, man wolle die Jugendlichen nicht formieren, sondern um Vertrauen werben. Andere müsse man überhaupt erst gewinnen. Die FDJ wolle nicht mehr die Organisation der Partei sein. Sie verstehe sich als Verband aller Jugendlichen. Zu Mitgliedern des Büros des Zentralrates werden deshalb auch FDJ-Mitglieder aus der NDPD, aus der DBD, aus der LDPD und aus der CDU gewählt.

»Der Morgen«, die Zeitung der LDPD, veröffentlicht im Zusammenhang mit meiner Wahl zum Vorsitzenden des Staatsrates einen Beitrag von Hans-Dieter Raspe, stellvertretender Vorsitzender der LDPD. Dieser hat folgenden Wortlaut: »Über andere Vorstellungen zur Wahl des Staatsratsvorsitzenden haben wir uns in der Fraktion vor der Abstimmung gründlich beraten. Entsprechend der Verfassung der DDR benennt die SED als stärkste Fraktion den Kandidaten. Die oberste Repräsentanz sozialistischer Staatsmacht muß außen- und innenpolitisch vor allem zur Fortsetzung der Friedenspolitik und für die innere Erneuerung schnell handlungsfähig sein. Unserer Aussprache lag auch der Entwurf der Erklärung von Egon Krenz vor der Volkskammer zugrunde. Egon Krenz hatte ihn – in der Geschichte der Volkskammer nach meiner Meinung erstmalig – zuvor den Vorsitzenden der befreundeten Parteien mit der Bitte übermittelt, Änderungen und Ergänzungen vorzuschlagen. Sie sind auch berücksichtigt worden. Im übrigen war es Egon Krenz selbst, der mit Nachdruck auf wichtige Vorhaben zum Ausbau des Rechtsstaates, zur Ausgestaltung der Arbeit der Volkskammer und des Staatsrates, auf verfassungsrechtliche Konsequenzen und auf neue Anforderungen an seine Amtsführung aufmerksam machte. Dabei sah sich die LDPD bestätigt, die Tür zur unvermeidlichen Wende in der Regierungspolitik ist durch Egon Krenz aufgestoßen worden…«

Präsidiumsmitglieder des P.E.N.-Zentrums DDR – Günther Cwojdrak, Friedrich Dieckmann, Fritz Rolf Fries, Stephan Hermlin, Walter Kaufmann (Generalsekretär), Rainer Kerndl, Helga Königsdorf, Werner Liersch, Jean Villain – haben mir eine Erklärung geschickt. Darin heißt es u. a.: »In Erklärungen und Demonstrationen fordern die Bürger unseres Landes tiefgreifende Wandlungen und Reformen. Die Leiter der fünf befreundeten Parteien haben sich diese Forderungen am 12. Oktober 1989 zu eigen gemacht. Neue Töne, veränderte Haltungen kommen von der Spitze des Staatsrates und der Sozialistischen Einheitspartei. Nur ein Umbau des Staates und weiter Bereiche der Gesellschaft kann die Ursachen beheben, die zu der lange schwelenden ökonomischen, politischen, moralischen Krise geführt haben, die nun zum Ausbruch gekommen ist. Ein weiteres Anwachsen der Probleme könnte den Bestand des Sozialismus gefährden und unser Land zu einem Gefahrenherd in Europa werden lassen. Der wiederholte Verweis auf ausreichende Strukturen politischer Meinungs- und Willensbildung kann nicht überzeugen, da diese Strukturen langfristig und wiederholt versagt haben. Es bedarf neuer, qualitativ erweiterter Strukturen, darunter des Prinzips der Gewaltenteilung sowie einer grundlegenden durch Gesetze garantierten Öffnung. Insbesondere sprechen wir uns für die volle Respektierung der Eigenverantwortung der Verlage und Redaktionen aus. Wir erklären unsere Bestürzung gegenüber dem Versuch staatlicher Stellen, Zusammenschlüsse, die von der tiefen und berechtigten Sorge um die Zukunft des Staates und der Gesellschaft getragen sind, ungeprüft für verfassungswidrig zu erklären. Verfassungswidrig im Sinn von Artikel 29 unserer Verfassung, der das Recht auf Vereinigung festlegt, ist vielmehr ein solches Vorgehen.«

Sozialismus, so heißt es in diesem Schreiben, »ist nicht denkbar ohne eine Vielfalt politischer Meinungen und Organisationsformen, deren Koordinaten kein obrigkeitliches Monopol sein darf, sondern sich als demokratischer Prozeß herstellen muß. Eben dies erklären die Artikel 21, 22, 27 bis 30 unserer Verfassung. Wir fordern die sofortige Einrichtung einer unabhängigen und bevollmächtigten Rechtsinstanz, die bestehende Gesetze, Verordnungen, Verfügungen, Praktiken auf ihre Verfassungsmäßigkeit prüft. Mit Empörung erfüllt uns, über den Tatbestand willkürlicher Festnahmen hinaus, die vielfach bezeugte rechtswidrige und menschenverachtende, mit physischen und psychischen Terror verbundene Behandlung festgenommener Bürger durch Sicherheitskräfte der DDR. Als Staatsbürger, als Schriftsteller und durch die Charta des internationalen P.E.N. dazu verpflichtet, für die Freiheit des Wortes und die Wahrung der Menschenwürde einzustehen, rufen wir die Mitglieder unseres Zentrums dazu auf, an öffentlichen Bekundungen zur Gewährleistung der Artikel 27 bis 30 der Verfassung mitzuwirken, die Pressefreiheit, Versammlungsfreiheit, das Recht auf Vereinigung und die Unantastbarkeit der Persönlichkeit garantieren. Vergangenheit und Zukunft bedenkend, fordern wir die Offenlegung persönlicher und kollektiver Verantwortung für die Leitung der Staatsangelegenheiten in ihren einzelnen Bereichen. Wir setzen uns für rasche und entschiedene Schritte ein, die das Verhältnis von Staat und Bürger auf eine neue, wahrhaft sozialistische, also wahrhaft demokratische Grundlage stellen.«

Der Präsident des P.E.N.-Zentrums der DDR, Professor Heinz Kamnitzer, hat sich zu der Erklärung von Mitgliedern des P.E.N.-Zentrums nicht bekannt. Er begründet dies damit, daß der internationale P.E.N. sich weder für noch gegen eine Gesellschaftsordnung oder Staatsverfassung aussprechen dürfe. Er habe deshalb seine Funktion zur Verfügung gestellt. An dieser Stelle möchte ich hervorheben, daß die Schriftsteller und Künstler einen großen Beitrag zur Vorbereitung der Wende in unserem Lande geleistet haben.

28. UND 29. OKTOBER:

Am Sonnabend, dem 28. Oktober, findet auf Einladung von Konsistorialpräsident Manfred Stolpe in Berlin ein Gespräch zwischen Günter Schabowski, Erhard Krack und Walter Momper statt. Walter Momper spricht sich für eine Begegnung mit mir aus, zu der es jedoch nicht mehr kommt.

Das Innenministerium teilt mit, daß eine auf Initiative der Gewerkschaftsvertrauensleute der Berliner Theater beantragte Demonstration für den 4. November genehmigt wurde.

Auch an diesem Wochenende finden Hunderttausende von Gesprächen in Dörfern und Städten statt. Viele Probleme haben sich angehäuft, die früher hätten geklärt werden müssen. Die Sonntagsgespräche in der Hauptstadt beginnen. Diskussionsrunden sollten im Roten Rathaus stattfinden. Da die Säle zu klein sind, finden die Gespräche auf dem Platz vor dem Rathaus statt. Offene Türen, offene Worte — im wahrsten Sinne des Wortes.

30. OKTOBER:

Im Staatsrat findet der feierliche Empfang für die Absolventen der Militärakademien statt. Er ist seit Jahren Tradition. Nachdem Minister Keßler und mehrere Absolventen gesprochen haben, sage ich in meiner Rede, daß die Offiziere, die jetzt zum Truppendienst verabschiedet werden, vor viele neue Fragen gestellt sind. Mit Duldung des Politbüros ist zugelassen worden, daß Kritik und Selbstkritik unterentwickelt waren. Die Lage sei besser eingeschätzt worden, als sie in Wirklichkeit war.

Es findet eine Bundesvorstandssitzung des FDGB statt. Harry Tisch stellt die Vertrauensfrage. Es geht darum, wie sich die Gewerkschaften nach der Wende entwickeln sollen. Der Bundesvorstand vertagt die Entscheidung auf den 17. November.

Heute demonstrieren erneut über 200 000 Bürger in Leipzig. Erstmals treten neofaschistische Kräfte in Erscheinung.

31. OKTOBER:

Vormittags Sitzung des Politbüros. Der Vorsitzende der Plankommission legt eine ungeschminkte Analyse der ökonomischen Lage der DDR vor. Sie zeigt den ganzen Ernst unserer Situation und macht deutlich, daß volkswirtschaftliche Disproportionen in Größenordnungen bestehen, deren Auswirkungen unmittelbar die Menschen betreffen. Während wir auf dem XI. Parteitag eine Steigerung des Nationaleinkommens von 4,8 Prozent beschlossen haben, werden wir nur 3,8 Prozent erreichen. Damit stehen mehr als 32 Milliarden Mark Nationaleinkommen nicht zur Verfügung. Das wirft die Frage auf, wie es kommt, daß trotz ständiger Mitteilungen über die Übererfüllung der Pläne der Fünfjahrplan aber insgesamt nicht erfüllt werden kann. Der Rückgang der produktiven Akkumulationsrate ist bereits ein Vorgriff auf ökonomische Fehlentwicklungen der nächsten Jahre. Unreale Pläne und Plankorrekturen beschädigen das Vertrauen in unsere Wirtschaft. Für den Fünfjahrplan waren 23,1 Milliarden Valutamark Exportüberschüsse geplant, die nicht erreicht wurden. Belastungen für die nächsten 10 bis 20 Jahre sind vorprogrammiert. Wir leben auf Kosten unserer Kinder und Kindeskinder. Diese ökonomische Situation legt unserem politischen Handeln Fesseln an.

In der Politbürositzung wird außerdem der Entwurf eines Aktionsprogramms der Partei beraten, der der nächsten Tagung des Zentralkomitees vorgelegt werden soll.

Erneut wird ein Entwurf des Reisegesetzes behandelt. Dem Ministerrat wird vorgeschlagen, ihn so fertigzustellen, daß er der Öffentlichkeit zur Diskussion vorgelegt werden kann.

Am 31. Oktober veröffentliche ich meine Antwort an die Berliner Schriftsteller. Sie hatten in einem Brief an mich ihre tiefe Sorge über die Lage im Lande ausgedrückt. In meiner Antwort heißt es: »Wie viele Mitglieder unserer Partei, Bürger aller Schichten und Generationen, Grundorganisationen unserer Partei und

Arbeitskollektive, habt auch Ihr durch Eure Hinweise und Forderungen einen Prozeß der Auseinandersetzung befördert, der letztlich zur Erklärung des Politbüros vom 12. Oktober 1989 und zu den Ergebnissen der 9. Tagung des ZK der SED geführt hat. Diese Wende«, so hob ich hervor, »braucht das Wort der Autoren. Unser Werk kann nur gelingen, wenn alle mitmachen.«

Am Abend reise ich nach Moskau ab. Alexander Jakowlew empfängt mich auf dem Flughafen. Ich bin seit fünf Jahren das erste Mal wieder in Moskau. Seit Michail Gorbatschow Generalsekretär des ZK der KPdSU ist, war ich nicht mehr in der sowjetischen Hauptstadt.

Von Journalisten bedrängt, sage ich: Die Losung »von der Sowjetunion lernen, heißt siegen lernen« hat ihren historischen Platz. Aber sie bekommt jetzt eine neue Bedeutung. Lernen wir doch von der Sowjetunion, mit neuem Denken an die Umgestaltung der Gesellschaft zu gehen.

1. NOVEMBER:

Gegen 10.00 Uhr Beginn der Gespräche im Arbeitszimmer des Genossen Michail Gorbatschow im Zentralkomitee der KPdSU. Ich sitze einem Mann gegenüber, der in den letzten Jahren so viel bewegt hat, der der Hoffnungsträger in Ost und West ist.

Anwesend sind Michail Gorbatschow, sein außenpolitischer Berater, mein Dolmetscher und ich. Die Atmosphäre ist entspannt und sehr freundschaftlich. Kein üblicher Austausch von Vorträgen oder Reden, sondern, im besten Sinne des Wortes, ein Gespräch. Ich erläutere die Hauptgedanken der Erneuerung des Sozialismus in unserem Lande und hebe besonders hervor, daß es bisher gelang, diese auf friedlichem Wege zu vollziehen. Die Offenheit in der Gesellschaft ist größer geworden. Es gibt freie Meinungsäußerungen in den Medien. Auch die »Aktuelle Kamera« ist interessanter geworden. Ich mache auf die schwierige ökonomische Situation aufmerksam, auf die Auslandsverpflichtungen, die die DDR hat, und die notwendige Hilfe, die wir bei unseren sowjetischen Freunden erbitten. Wir sprechen über die Existenz zweier deutscher Staaten als stabilisierendem Element in Europa und über die Perspektive der deutschen Frage. Im Zusammenhang mit dem Bau des europäischen

Hauses wird auch die Frage der Vereinigung beider deutscher Staaten behandelt.

Das über dreistündige Gespräch vergeht wie im Fluge. Anschließend gibt Michail Gorbatschow ein Mittagessen im Kreml, an dem neben meiner Begleitung die Genossen Gorbatschow, Schewardnadse, Jakowlew, Medwedjew, Krutschkow und andere teilnehmen. Michail Gorbatschow spricht über sein bevorstehendes Treffen mit sowjetischen Ökonomen, das für den Nachmittag geplant ist. Gedanken werden über mein Telefongespräch mit Bundeskanzler Kohl ausgetauscht. Gorbatschow informiert über seine Eindrücke vom Finnlandbesuch und darüber, daß er bald mit Präsident Bush zusammentreffen wird.

Am Nachmittag internationale Pressekonferenz. Sie dauert eine Stunde und vierzig Minuten. Über 400 Vertreter der sowjetischen und ausländischen Presse sind anwesend. Das DDR-Fernsehen überträgt direkt.

2. NOVEMBER:

Meine zweite Auslandsreise in neuer Funktion führt mich in die Volksrepublik Polen. Die Gespräche mit Wojciech Jaruzelski, T. Mazowiecki und M. Rakowski behandeln die Beziehungen zwischen unseren beiden Staaten. Ein Kernpunkt ist die Haltung zur Oder-Neiße-Grenze. Das Gespräch mit Präsident Jaruzelski spiegelt das starke Vertrauen zwischen uns wider. Wir kennen uns seit vielen Jahren. Während der Begegnung erläutere ich unser Vorgehen für die weitere Demokratisierung im Lande. Beide würdigen wir die Beziehungen zwischen der Volksrepublik Polen und der DDR als eine historische Errungenschaft. Erstmals in der mehr als tausendjährigen Geschichte zwischen Deutschen und Polen sind diese Beziehungen von ihrem Wesen her problemfrei. Auch die nicht einfache Frage, die im Zusammenhang mit der Pommerschen Bucht stand, wurde kürzlich einvernehmlich gelöst. Das geschah noch zwischen E. Honecker und W. Jaruzelski. Einen besonderen Stellenwert in den Beziehungen zwischen Polen und der DDR hätten der Kinder- und Jugendaustausch, der seit Anfang der achtziger Jahre durchgeführt wird. Hunderttausende junge Leute haben in diesen Jahren die DDR bzw. die VR Polen besucht, was wesentlich zum Verständnis der Probleme in beiden Ländern beigetragen hat. Kurz vor dem Mittagessen, das Präsident Jaruzelski gab, habe ich ein Gespräch mit B. Geremek, dem Vorsitzenden der Fraktion des Bürgerkomitees im Parlament. Es ist das erste Gespräch mit einem polnischen Oppositionspolitiker. Ich bin tief beeindruckt, weil er mit großer Sachkenntnis an die deutsch-polnischen Verhältnisse herangeht.

In großer Offenheit verläuft auch das Gespräch mit Ministerpräsident Mazowiecki. Er spricht über die Bemühungen seiner Regierung zur schnellen Überwindung der komplizierten Situation im Lande. Mit der Eindämmung der Inflation und dem Übergang zur Marktwirtschaft sollen dafür die erforderlichen Maßnahmen geschaffen werden.

Beeindruckt bin ich, daß alle Gesprächspartner ungeachtet ihrer ideologischen Unterschiede davon ausgehen, daß für die Volksrepublik Polen die Stärkung der DDR als Bollwerk gegenüber jeglichen revanchistischen Bestrebungen von gemeinsamer gesamtnationaler Bedeutung ist.

Sofort nach meiner Rückkehr in die DDR werde ich wieder mit den Realitäten des Landes konfrontiert. Aus allen Bezirken, aus Betrieben und Gewerkschaftsorganisationen waren Forderungen eingegangen, die unterbrochene Tagung des Bundesvorstandes des FDGB fortzusetzen. Dies geschieht am heutigen Tage. Der Vertrauensverlust für den Vorsitzenden des FDGB, Harry Tisch, führt zu seiner Ablösung. Es geht nicht um die Funktion des Vorsitzenden, sondern es geht um das Schicksal des Freien Deutschen Gewerkschaftsbundes.

Außerdem erfahre ich am gleichen Tage vom Rücktritt Gerald Göttings als Vorsitzender der CDU und Heinrich Homanns als Vorsitzender der NDPD.

Gleichzeitig empfiehlt die LDPD, daß die Regierung der DDR zurücktritt. Sie schlägt vor, Manfred Gerlach zum Präsidenten der Volkskammer zu wählen. Beide Vorschläge sind für mich nicht neu. Der Rücktritt der Regierung und die Neuwahl einer Regierung stehen auf der Tagesordnung. Es ist lediglich eine Frage der Zeit.

Der Vormittag des 2. November beginnt mit einem Gespräch mit dem Vizepräsidenten der Kommission der Europäischen Gemeinschaft, Martin Bangemann. Es ist mein erstes Gespräch mit einem ausländischen Politiker nach meinem Besuch in Moskau. Wir behandeln Fragen der Europapolitik, der Entwicklung des Handels, der wirtschaftlichen Zusammenarbeit unter den Bedingungen des sich herausbildenden EG-Binnenmarktes. Ich bekräftige die Bereitschaft der DDR, ohne Zeitverlust Verhandlungen über den Abschluß eines Handelsabkommens mit der EG aufzunehmen. 80 Prozent unseres Außenhandels mit nichtsozialistischen Ländern vollziehen sich im EG-Raum. Entschieden widerspreche ich der Meinung eines Journalisten, daß die Bürger der DDR weniger arbeiten würden als die der BRD. Ich hebe den Fleiß und den Arbeitswillen unserer Bürger hervor und betone, daß wir unsere Aufgabe darin sehen, die Bedingungen zu schaffen, damit die Früchte dieser Arbeit allen noch besser zugute kommen.

3. NOVEMBER:

Das Diplomatische Korps gratuliert mir zur Wahl als Vorsitzender des Staatsrates der DDR. Das Interesse an der Entwicklung unseres Landes ist groß. Die wichtigste Frage lautet: Wie wird sich die Lage in der DDR gestalten? Ich versuche deutlich zu machen, daß es um die staatliche Souveränität der DDR und einen sozialistischen Weg mit menschlichem Antlitz geht.

Am Abend halte ich die zweite Fernseh- und Rundfunkansprache während meiner Amtszeit. Ich verweise auf die »kritische Zeit«, in der sich unsere Republik befindet. Ich unterstreiche, daß wir nicht zulassen werden, die großen Leistungen des Volkes zu schmälern. Sie machen in ihrer Gesamtheit das Fundament unserer Republik aus. Ich sage: Zugleich vergessen wir nie, daß von der Stabilität der sozialistischen DDR an dieser sensiblen Stelle der Welt Frieden und Sicherheit auf unserem Kontinent für jeden Bürger abhängen. Unsere Bündnispartner im Warschauer Vertrag schauen und bauen auf uns. Von besonderem Gewicht und Rang sei mein Treffen mit M. S. Gorbatschow gewesen. »Der Schulterschluß zwischen der DDR und der UdSSR wurde damit erneuert und bekräftigt.«

Ich informiere über den Entwurf eines Aktionsprogramms der SED. Er soll auf der 10. Tagung des ZK vorgelegt, diskutiert und beschlossen werden.

Ich spreche weiter über die Ausgestaltung unseres Rechtsstaates und schlage die Errichtung eines Verfassungsgerichtshofes vor. »Wir sehen in der Erneuerung unserer sozialistischen Gesellschaft vor allem eine große geistige Erneuerung.«

Mein Appell geht an alle Bürgerinnen und Bürger zusammenzustehen, »um das zu erhalten, was wir in Jahrzehnten an Werten geschaffen haben. Gemeinsam wollen wir auch das Neue in Angriff nehmen. Nur so wird es möglich sein, Schritt für Schritt unsere Gesellschaft neu zu ordnen.«

4. UND 5. NOVEMBER:

Am 4. November findet eine Demonstration von über 500 000 in Berlin statt. Glücklicherweise gibt es eine Vereinbarung über eine Sicherheitspartnerschaft zwischen den Organisatoren und der Deutschen Volkspolizei. Ich halte mich gemeinsam mit Willi Stoph, Erich Mielke, Heinz Keßler und Friedrich Dickel im Ministerium des Innern auf, um jederzeit Entscheidungen treffen zu können, die den friedlichen Charakter der Demonstration garantieren. Eine halbe Stunde vor Beginn der Demonstration wird zugestimmt, daß die Kundgebung original im Fernsehen übertragen wird. So können alle Bürger unseres Landes, aber auch die Zuschauer in der BRD und in Berlin-West den Verlauf dieser Kundgebung miterleben.

Das Meeting auf dem Alexanderplatz verläuft ohne Störung. 29 Künstler und Politiker sprechen. Darunter Marion van de Kamp, Johanna Schall, Ulrich Mühe und Jan-Joseph Liefers, Gregor Gysi, Marianne Birthler – Jugendmitarbeiterin der evangelischen Kirche, Markus Wolf, der sich auf Grund seiner 33jährigen Zugehörigkeit zum Ministerium für Staatssicherheit vor allem dafür einsetzt, daß nicht alle Mitarbeiter dieses Ministeriums zu Prügelknaben der Nation gemacht werden. Es sprechen Professor Jens Reich für das Neue Forum und Professor Manfred Gerlach als Vorsitzender der LDPD. Eckehard Schall sagt, daß die DDR ein wirklich sozialistisches Gemeinwesen werden möge, was mehr bedeute, als ein sozialistischer Staat zu sein. Zu bewundern ist das Auftreten von Günter Schabowski, Mitglied des Politbüros und 1. Sekretär der SED-Bezirksleitung Berlin. Er betont: Wir alle haben uns auf den Weg des Dialogs begeben, für mehr Sozialismus, für mehr Demokratie. Er braucht schon seine starke Stimme, um gehört zu werden. Wie schwer ist doch die Kultur des Streits! Oft wurde uns nachgesagt, wir hätten keine Toleranz. In diesem Falle war es umgekehrt.

Stefan Heym setzt sich für einen Sozialismus ein, der diesen Namen tatsächlich verdient. Und Pfarrer Friedrich Schorlemmer ist es, der für mehr Toleranz eintritt. Christa Wolf meint, sie würde statt vom Wort »Wende« lieber von einer revolutionären Erneuerung in der DDR sprechen. Der Dramatiker Heiner Müller fordert unabhängige Gewerkschaften. Lothar Bisky von der Hochschule für Film und Fernsehen spricht über partnerschaftliches Verhalten von Lehrkörper und Studenten. Steffi Spira, Schauspielerin, fordert, man möge aus Wandlitz ein Altersheim machen.

In seiner turnusmäßigen Sitzung nahm das Politbüro des ZK der KPdSU zu den Gesprächen zwischen Gorbatschow und mir Stellung. In der Mitteilung darüber heißt es: »Die Existenz einer stabilen und souveränen DDR ist ein wichtiger Faktor für Frieden und Sicherheit in Europa. Das Politbüro bekräftigt die Verbundenheit der KPdSU und der SED. Die KPdSU stimmt mit der SED bei den wichtigen Fragen der Erneuerung des Sozialismus überein und wird auch in Zukunft das Zusammenwirken beider Parteien festigen.«

6. UND 7. NOVEMBER:

Festveranstaltung zu Ehren des 72. Jahrestages der Großen Sozialistischen Oktoberrevolution. Festredner ist das Mitglied des Politbüros Werner Krolikowski. Am Abend ist traditioneller Empfang in der sowjetischen Botschaft.

Ich bin sehr unruhig, da die Rede für die 10. Tagung des ZK noch nicht fertig ist. Es müssen noch Feinarbeiten erledigt werden, damit sie für die morgige Sitzung des Politbüros eingereicht werden kann. In Leipzig, Halle, Karl-Marx-Stadt, Schwerin, Erfurt und Cottbus finden wieder große Demonstrationen statt. Ich erhalte die Mitteilung, daß von Sonnabend, dem 4. November, bis Montag, dem 6. November, 12.00 Uhr, 23 200 Bürger der DDR über die ČSSR unser Land verlassen haben. Zeitweilig waren es zwischen 300 und mehr Personen, die die Grenze stündlich passierten.

Die Forderung nach sofortiger Einberufung der Volkskammer wird immer stärker. Auch der Verfassungs- und Rechtsausschuß meldet sich mit einer entsprechenden Stellungnahme zu Wort.

Am 7. November tritt der Ministerrat der DDR zurück. Der Ministerrat stellt einen entsprechenden Antrag an das Präsidium der Volkskammer.

Auf einer Pressekonferenz bezeichnet US-Präsident George Bush die Entwicklung in der DDR als ein Zeichen der Ermutigung. Über seine Meinung zu mir befragt, antwortet Bush: Einiges, was Krenz zu politischen Reformen gesagt hat, ist recht ermutigend und steht früheren Einschätzungen entgegen, er sei ein Hardliner. Die Dinge entwickeln sich sehr schnell, setzt Bush hinzu, man werde sie aufmerksam beobachten.

8. NOVEMBER:

Die 10. Tagung des Zentralkomitees wird eröffnet. Auf der Tagesordnung stehen Kaderfragen, ein Referat zur politischen Situation, die Diskussion und die Beschlußfassung über ein Aktionsprogramm. Das alte Politbüro tritt geschlossen zurück. Die Diskussion zu Kaderfragen dauert über 2 Stunden. Die Gemüter sind erhitzt, schließlich geht es um die Formierung einer neuen Führung, die die Erneuerung in Partei und Staat herbeiführen soll. Erstmalig wird über jeden der vorgeschlagenen Kandidaten einzeln abgestimmt. Anwesend waren 157 stimmberechtigte Mitglieder des Zentralkomitees.

Ich habe erstmals im ZK eine solche kritische Debatte zu Kaderfragen erlebt. Es zeigt sich, daß selbst in diesem alten Zentralkomitee genügend Kräfte vorhanden sind, die eine Erneuerung der Partei wollen. Zu Beginn der 10. Tagung des Zentralkomitees erkläre ich: »Unser Land durchlebt eine angespannte und äußerst schwierige Entwicklung. Die Verantwortung dafür tragen nicht die Werktätigen, nicht die Angehörigen der Intelligenz, nicht die Kulturschaffenden, Lehrer und Studenten; die Verantwortung dafür tragen nicht die Millionen ehrlicher Kommunisten, die schon seit längerem auf die sich angestauten Probleme unserer Gesellschaft hingewiesen haben. Die Verantwortung tragen Genossen, die Subjektivismus in der Betrachtungsweise der

Entwicklung unseres Landes und in der Entscheidung über wichtige Fragen der gesellschaftlichen Entwicklung als Meinung aller Parteimitglieder ausgegeben und durchgesetzt haben. Durch folgenschwere Verletzungen des Statuts der SED beraubte sich die Partei ihrer stärksten Seiten, der engsten Verbindung mit dem Volk, der Wissenschaftlichkeit in der Politik, der innerparteilichen Demokratie, der Konstruktivität im Meinungsstreit und der Kollektivität bei der Vorbereitung von Entscheidungen, die die Interessen und Bedürfnisse des Volkes zum Ausgangspunkt und zum Ziel unserer Politik erheben.«

Die Parteibasis in verschiedenen Bezirken fordert, die Wahl der Genossen Hans-Joachim Böhme, Werner Walde, Johannes Chemnitzer und von Inge Lange rückgängig zu machen. Hans-Joachim Böhme, Werner Walde und Johannes Chemnitzer fahren in ihre Bezirke. Sie können jedoch das Vertrauen ihrer Bezirksleitungen nicht wiedererringen, so daß sie und auch Inge Lange noch während der 10. Tagung des Zentralkomitees von ihren Funktionen zurücktreten.

Die 10. Tagung des Zentralkomitees wird mit meiner Rede zu Grundfragen der Entwicklung der Partei und Gesellschaft fortgesetzt.

An diesem Tag wird in der Presse eine Mitteilung des Chefs der Volksmarine veröffentlicht. Er teilt mit, daß künftig an der Ostseeküste Genehmigungen für Segeln und Surfen erteilt werden. Ich bin über diese Mitteilung besonders erfreut, weil ich mich jahrelang dafür eingesetzt habe, um diesen Wunsch der Segler und Surfer zu erfüllen. So macht die Wende möglich, was jahrelang die Bürokratie verhinderte.

In der Zeitung wird ferner mitgeteilt, daß der Flüchtlingsstrom in Richtung BRD weiter anhält. Allein in der Nacht zum 8. November verlassen über 8000 DDR-Bürger unser Land. Ein untragbarer Zustand.

9. NOVEMBER:

Die Tagung des Zentralkomitees wird fortgeführt. Fast alle Mitglieder und Kandidaten des ZK melden sich zu Wort. Zur Debatte steht das neue Aktionsprogramm der SED.

In der Mittagspause treffe ich mich mit dem stellvertretenden Vorsitzenden der SPD und Ministerpräsidenten des Landes Nordrhein-Westfalen, Johannes Rau. Es kommt zu einem regen Gedankenaustausch über die deutsch-deutschen Beziehungen. Rau fragt mich unter vier Augen, ob ich ihm einige nähere Erläuterungen über die von mir vertretene Politik geben könne. Zu diesem Zeitpunkt kann ich ihn noch nicht darüber informieren, daß beabsichtigt ist, am 10. November die Grenze zwischen der DDR und der BRD bzw. zwischen der DDR und Berlin-West für den Personen- und Reiseverkehr zu öffnen. Ich habe dafür noch nicht die Zustimmung des Zentralkomitees eingeholt. Das erfolgt unmittelbar nach dem Gespräch mit Rau. Die Grenze wird jedoch schon in der Nacht vom 9. zum 10. November geöffnet. Günter Schabowski hat auf einer Pressekonferenz jene Mitteilung verlesen, die eigentlich erst am 10. November veröffentlicht werden soll. So wird alles um einen Tag vorverlegt.

10. NOVEMBER:

Es treffen Meldungen ein, daß Arbeitskollektive ihre Arbeitsplätze verlassen, um Berlin-West zu besuchen. Vor den Sparkassen bilden sich Schlangen. Vor den Meldestellen der Volkspolizei sind große Ansammlungen von Menschen, die Visa beantragen wollen. Die Tagung des Zentralkomitees wird aufgrund der entstandenen politischen Situation vorzeitig beendet. Vor Abschluß der Tagung wird ein Beschluß über das Aktionsprogramm der SED gefaßt. Es enthält eine kurze Analyse über die Dialektik: Volksbewegung von unten und Wende von oben. Es wird auch eine kritische Analyse der Situation in der Partei gegeben. Gefordert werden eine Reform des politischen Systems, die Ausgestaltung des sozialistischen Rechtsstaates vor allem durch die Neuschaffung von Gesetzen. Es sollen ein neues Vereinigungsgesetz, ein Versammlungsgesetz, ein Wahlgesetz und ein Mediengesetz entstehen. Vorgeschlagen werden Änderungen des Strafrechts, eine Verwaltungsreform und weitere Schritte zur Ausgestaltung des sozialistischen Rechtsstaates. Im Aktionsprogramm heißt es u. a.: »Innerhalb der Partei sind alle Sonderregelungen und Vergünstigungen, die nicht durch Leistungen gerechtfertigt sind, sofort außer Kraft zu setzen.« Das Zentralkomitee schlägt der Regierung vor, in gleicher Weise zu verfahren. Der

Volkskammer wird empfohlen, eine Kommission zur Überprüfung einzusetzen, um die Verwirklichung dieser Zielstellung zu kontrollieren. Gefordert wird eine umfassende Wirtschaftsreform.

Am Abend findet in Berlins Lustgarten eine Kundgebung statt. Viele Genossinnen und Genossen der Berliner Parteiorganisation sind gekommen. Auf dieser Kundgebung spüre ich, daß wir einen Fehler gemacht haben. Ungenügend haben wir die Forderung der Parteibasis nach einem Sonderparteitag verstanden.

11. UND 12. NOVEMBER:

Mit Helmut Kohl ist ein Telefongespräch verabredet, es soll gegen 9.00 Uhr stattfinden. Über eine Stunde kommt aus technischen Gründen keine Verbindung zustande. Als wir dann miteinander sprechen, begrüßt Helmut Kohl die Öffnung der Grenze. Ich antworte ihm, daß dies in voller Souveränität der DDR geschehen sei. Die Grenze durchlässiger zu machen, sage ich, kann in keiner Weise heißen, bestehende Grenzen in Frage zu stellen. Helmut Kohl und ich sind uns einig, daß jetzt Besonnenheit und keine Radikalisierung notwendig ist. Es wird der Besuch von Bundeskanzleramtsminister Seiters für den 20. November vereinbart und eine persönliche Begegnung zwischen mir und Helmut Kohl für Mitte bzw. Ende Dezember ins Auge gefaßt.

Anschließend nehme ich an der Tagung des Demokratischen Blocks teil. Es steht die Vorbereitung der Volkskammertagung zur Debatte. Ich informiere über das Aktionsprogramm der SED und über mein Telefongespräch mit Helmut Kohl.

Die Fraktionen der Volkskammer treten zusammen, um die Volkskammertagung vorzubereiten.

Vom Fernsehen der DDR nach meiner Meinung zu einem Sonderparteitag befragt, sage ich, ich werde dem Politbüro unter dem Eindruck der großen Kundgebung im Berliner Lustgarten den Vorschlag unterbreiten, die geplante Parteikonferenz in einen Sonderparteitag umzuwandeln. Deshalb berufen wir für Montag, den 13. November, die nächste Tagung des Zentralkomitees ein.

13. NOVEMBER:

Die 11. Tagung der Volkskammer der Deutschen Demokratischen Republik beginnt. Sie wählt Dr. Günther Maleuda zum Präsidenten der Volkskammer und Dr. Hans Modrow zum Ministerpräsidenten der DDR. Die Volkskammer bildet einen zeitweiligen Ausschuß, der sich mit der Überprüfung von Fällen des Amtsmißbrauchs und der Korruption sowie ungesetzlicher Handlungen befaßt. Die FDJ kritisiert die späte Einberufung der Tagung der Volkskammer. Es geht hoch her. So etwas hat die Volkskammer in den letzten Jahren nicht erlebt. Willi Stoph und Minister seiner Regierung geben Auskunft über ihre Tätigkeit. Informiert wird über die Verschuldung und über die Arbeit des Ministeriums für Staatssicherheit. Auf die Frage, wer die Arbeit der Regierung bisher eingeschränkt habe, antwortet Willi Stoph klar und eindeutig, verantwortlich dafür waren Erich Honecker und Günter Mittag.

Die 11. Tagung des Zentralkomitees der SED findet am Abend statt. Das Zentralkomitee beschließt, einen Außerordentlichen Parteitag einzuberufen.

Ich erhalte die Mitteilung, daß bereits 16000 Schreiben an das Zentralkomitee und an die Regierung eingegangen sind, die sich mit dem Entwurf des Reisegesetzes befassen.

14. NOVEMBER:

Jeden Tag erfahren wir aus der Zeitung, daß neue 1. Sekretäre von Bezirksleitungen gewählt werden. Die ursprüngliche Festlegung, daß die Wahl von 1. Bezirkssekretären vorher im Politbüro bestätigt wird, ist nicht mehr einzuhalten.

In meiner Eigenschaft als Vorsitzender des Staatsrates empfange ich zum ersten Mal neuernannte Botschafter. Ihr Interesse an der Entwicklung der DDR ist außerordentlich groß.

Beim Durchsehen der Berichte aus Kreisen und Bezirken stelle ich fest, daß nach der Volkskammertagung, die eine Reihe von Fällen des Amtsmißbrauchs und der Korruption zutage gefördert hat, viele Genossen aus der Partei ausgetreten sind.

15. NOVEMBER:

Die LDPD-Fraktion der Volkskammer schlägt vor, Artikel I der Verfassung der DDR zu ändern. Am gleichen Tag veröffentlicht der amtierende Landwirtschaftsminister Bruno Lietz eine Mitteilung, daß die Sonderjagdgebiete, die vorwiegend von Funktionären der Partei und des Staates genutzt wurden, aufgelöst werden.

16. NOVEMBER:

Ich empfange den Oberkommandierenden der Streitkräfte des Warschauer Vertrages, Armeegeneral Luschew. Dabei unterstreiche ich, daß die Erneuerung von Staat und Gesellschaft in keiner Weise die Bündnisverpflichtungen der Deutschen Demokratischen Republik im Warschauer Vertrag berührt.

In Berlin tagt die SED-Fraktion der Volkskammer. Eine Reihe von Genossen, die eine besondere Verantwortung für die Krise in Partei und Gesellschaft tragen, legen ihr Mandat als Abgeordnete der obersten Volksvertretung nieder. Darunter auch Erich Honecker. Im Amtssitz des Staatsrates der DDR führt Hans Modrow Koalitionsverhandlungen mit den Vorsitzenden der Blockparteien. Ich beteilige mich an den Verhandlungen. Es wird vereinbart, eine Kommission zur Änderung und Ergänzung der Verfassung zu bilden. Außerdem wird vorgeschlagen, ein neues Wahlgesetz auszuarbeiten.

Der Regierende Bürgermeister von Berlin-West erklärt an diesem Tag im Abgeordnetenhaus: »Wir erleben Tage des Wiedersehens, keine Tage der Wiedervereinigung.«

Die Zentrale Parteikontrollkommission tagt und beschließt Maßnahmen zur Rehabilitierung von Genossen, die in der Vergangenheit zu Unrecht durch die Partei gemaßregelt wurden.

Der Außenminister der UdSSR erklärt im Zusammenhang mit der Regelung des freien Reiseverkehrs an diesem Tage in der »Prawda«: »Die Entscheidung der neuen DDR-Führung entspricht der Vereinbarung von Helsinki. Das ist eine Reflexion der Schaffung neuer zivilisierter Beziehungen zwischen den europäischen Staaten, zwischen Ost und West. Die Ereignisse in den Ländern Osteuropas bilden den festen Bestandteil des europäischen Hauses, dessen Fundament mit vereinten Anstrengungen entsteht.« Auch im Deutschen Bundestag der BRD wird an diesem Tag über die Entwicklung in der DDR gesprochen. Bundeskanzler Kohl gibt eine Regierungserklärung ab, in der er sagt, er und Egon Krenz seien sich einig, daß ein wichtiger Zeitabschnitt vor uns liegt, der auf allen Seiten sehr viel Besonnenheit und Augenmaß erfordert. Am gleichen Tag erklärt der Präsident Volkspolens, Wojciech Jaruzelski: »Polen betrachtet die Entwicklung der Situation zwischen Oder und Rhein genau.« Die Besorgnis, die heute in seinem Land laut werde, entspringe der Furcht, die Entwicklung der Ereignisse könnte außer Kontrolle geraten und die Stabilität in Europa bedrohen. Das polnische Volk wünsche den Deutschen in beiden Staaten das Beste, aber ebenso wünsche es für die Sicherheit des eigenen Landes günstige äußere Bedingungen.

17., 18. UND 19. NOVEMBER:

Die Volkskammer tagt. Die Koalitionsregierung erhält die Zustimmung durch alle Fraktionen. Ministerpräsident Modrow schlägt die Schaffung einer Vertragsgemeinschaft zwischen der DDR und der BRD vor. Ich vereidige die neue Regierung auf die Verfassung.

Generalstaatsanwalt Günther Wendland gibt einen Bericht über die Ereignisse am 7. und 8. Oktober in Berlin. Er verweist darauf, daß der Charakter der Demonstrationen falsch eingeschätzt wurde und der Versuch, politische Probleme mit polizeilichen Mitteln zu lösen, gescheitert ist. Es seien 3456 Demonstranten zugeführt worden, und gegen 630 seien Ermittlungsverfahren eingeleitet worden. Es hätte Übergriffe gegeben, die nicht den gesetzlichen Grundlagen entsprächen.

Von US-Präsident George Bush erhalte ich folgendes Telegramm: »Verehrter Herr Vorsitzender Krenz! Sie haben Ihre Pflichten als Vorsitzender des Staatsrates zu einer Zeit übernommen, die äußerst bedeutsam für Ihr eigenes Land, für Europa und für den künftigen Gang der Ost-West-Beziehungen ist. Die Vereinigten Staaten begrüßen Ihre Entscheidung, die Grenzen der DDR für ständig denen zu öffnen, die das Land in Richtung Westen verlassen oder lediglich dorthin reisen möchten. Diese Entscheidung wie auch die Bewegung in Richtung demokratischer Reform wird zum historischen Prozeß der europäischen Aussöhnung beitragen. Es handelt sich um einen Prozeß, der niemanden bedroht, sondern vielmehr die Sicherheit aller erhöht. Die Vereinigten Staaten sind für einen Weg friedlichen demokratischen Wandels, der nach unserer Auffassung zu einer stabileren Zukunft im Herzen Europas führen wird. Wie stets in der Vergangenheit werden wir auch künftig bereit sein, für die Vertiefung unserer zweiseitigen Beziehungen zu wirken und zum Aufbau eines ganzheitlichen und freien Europas beitragen. Hochachtungsvoll! George Bush.«

Die Zeitungen melden meinen Umzug von Wandlitz nach Pankow. Meine Frau und ich wollen damit ein Signal setzen. Am Sonntag erscheint ein Team des DDR-Fernsehens und interviewt mich im neuen Heim. Die Kundgebungen in Bezirken und Kreisen gehen auch an diesem Wochenende weiter. Die Revolution von unten gibt sich mit dem Erreichten nicht zufrieden.

20. NOVEMBER:

Am Montag habe ich eine Unterredung mit dem international bekannten Rechtsanwalt Professor Dr. Vogel, der sich große Verdienste bei der Lösung humanitärer Fragen zwischen der DDR und der BRD erworben hat. Ich danke ihm für sein Engagement. Gleichzeitig bitte ich Professor Vogel, auch künftig das Mandat für humanitäre Fragen gegenüber der BRD auszuüben. Ich gebe ihm die Vollmacht, aktiv zu werden, damit die politischen Häftlinge, die noch in der Strafanstalt Bautzen sind, das Weihnachtsfest in Freiheit erleben. Später erfahre ich, daß Ministerpräsident Modrow dem am 8. Dezember ebenfalls zugestimmt hat. Kanzleramtsminister Seiters kommt in die DDR. Hans Modrow und ich informieren ihn über die Lage in unserem Land. Wir bekräftigen, daß die DDR weiterhin zum KSZE-Prozeß stehe und erörtern Fragen des Reise- und Besucherverkehrs, des Ausbaus von Wirtschafts- und Handelsbeziehungen, die Zusammenarbeit im Umweltschutz, die Erweiterung der Zusammenarbeit auf dem Gebiet des Post- und Fernmeldewesens und Fragen des Verkehrs. Es wird ein Treffen mit Bundeskanzler Kohl vorbereitet.

21. NOVEMBER:

Die Zeitungen kündigen den Staatsbesuch von Präsident Mitterand in der DDR für die Zeit vom 20. bis 22 Dezember an.

22. NOVEMBER:

Ich besuche den VEB Bergmann-Borsig, in dem am gleichen Tag eine Betriebsdelegiertenkonferenz der SED durchgeführt wird. Ich will mich vor Ort über den Zustand der Parteiarbeit informieren und habe einen regen Gedankenaustausch mit Arbeitern am Arbeitsplatz. Es geht vor allem um die Vorbereitung des Sonderparteitages und die Rolle der Partei in den Betrieben.

Das Politbüro faßt einen Beschluß für den Dialog am Runden Tisch. Entsprechend dem Aktionsprogramm der SED schlägt das Politbüro des ZK vor, daß sich die in der Koalitionsregierung vereinten politischen Parteien gemeinsam mit anderen politischen Kräften des Landes an einem Runden Tisch zusammenfinden. Dort könnten Vorstellungen über das neue Wahlgesetz, die Durchführung freier demokratischer Wahlen und eine Verfassungsreform sowie andere Fragen erörtert werden. Ein weiterer Vorschlag des Politbüros an den Ministerrat sieht vor, nach den Winterferien an den Schulen zur durchgängigen 5-Tage-Woche überzugehen und analoge Festlegungen auch für andere Bildungseinrichtungen zu treffen.

23. NOVEMBER:

Ich gebe dem Zentralorgan der Sozialistischen Einheitspartei Deutschlands ein Interview: »Was will die SED?« Die SED will eine gründliche und ehrliche Analyse der Ursachen, Fehler und Versäumnisse, eine tiefgreifende Erneuerung und einen Sozialismus, in dem nur das Volk der Souverän ist. Die SED will den begonnenen Erneuerungsprozeß unumkehrbar machen, sie will eine innerparteiliche Demokratie, die sich auf die Basis der Partei gründet, und sie will eine demokratische Meinungs- und Willensbildung frei von jeglicher Bevormundung. Diese Antworten auf brennende Tagesfragen, wenige Wochen vor dem Außerordentlichen Parteitag der SED, sind für die unmittelbare politische Arbeit von Bedeutung. Es geht um einen an den Menschen orientierten Sozialismus. Weitere Fragen des Interviews betreffen die Verwirklichung des Aktionsprogramms der Partei, das neue Selbstverständnis der SED, ihr Verhältnis zur KPdSU, die Offenlegung der Parteifinanzen sowie neue Richtlinien für die Parteibeiträge.

Am Abend besuche ich den DEFA-Film »Spur der Steine«. Er wurde vor 23 Jahren gedreht und 1966 in die Archive verbannt. Kurz vor Beginn dieser bedeutsamen Wiederaufführung begegne ich dem Filmschauspieler Manfred Krug, der bis 1976 in der DDR lebte und danach unser Land verließ. Es sei eine schöne und hoffnungsvolle Geste, daß ich mir die Zeit für diesen Kinobesuch genommen habe, sagt er und erinnert an die schlimmen Methoden, mit denen dieser Film aus den Kinos geholt worden war. Wörtlich sagt er: »Ich habe damals den ersten Hieb auf die Birne gekriegt. Es war der erste wirkliche Einbruch mit meiner DDR.« Jetzt zeige sich, daß es auch anders gehe.

24. NOVEMBER:

Werner Eberlein, der Vorsitzende der Zentralen Parteikontrollkommission, gibt ein Interview. Er sagt, wer sich des Amtsmißbrauchs und der Korruption schuldig gemacht hat, wird streng zur Rechenschaft gezogen.

25. UND 26. NOVEMBER:

Kurzfristig entschließe ich mich, nach Leipzig zu fahren. Ich habe am Vorabend nur den 1. Bezirkssekretär der SED informiert und darum gebeten, jegliches Protokoll wegzulassen. Wir besuchen in Leipzig ein Kaufhaus und ein Kraftwerk. Unerwartet für mich, überall eine freudige Stimmung. Angesprochen, warum ich nach Leipzig gekommen bin, sage ich, ich interessiere mich für das Leben in jener Stadt, von der die Signale der »Erneuerung von unten« ausgegangen sind. Im Kraftwerk »Georgi Dimitroff« stelle ich fest, in welch miserablem Zustand dieses Werk ist. Am meisten erschrecke ich, als ich erfahre, daß ein wichtiges Bauvorhaben am Kraftwerk eingestellt werden mußte, weil die Bauleute nach Berlin abgezogen wurden.

Ich führe eine Beratung mit dem Sekretariat der Leipziger SED-Bezirksleitung durch. Der Zustand der Partei ist in der Tat außerordentlich desolat. Nachdenklich fahre ich nach Berlin zurück.

27. NOVEMBER:

Gespräch mit dem Vorsitzenden der DKP, Herbert Mies. Wir unterstreichen unsere enge Verbundenheit und Solidarität. Im »Neuen Deutschland« wird der Artikel von Michail Gorbatschow »Die sozialistische Idee und die revolutionäre Umgestaltung« veröffentlicht.

Aus Zeitungsberichten erfahre ich, daß der Dresdner Oberbürgermeister Wolfgang Berghofer sich gegenüber der Bild-Zeitung geäußert habe, er wolle auf dem Sonderparteitag gegen Egon Krenz kandidieren. Ich frage mich, warum spricht er darüber nicht mit mir? Schließlich denke ich, es ist seine Angelegenheit. Auf dem Sonderparteitag engagiert er sich stark und wird zum stellvertretenden Vorsitzenden der Partei gewählt, was mich insofern freut, als ich ihn aus gemeinsamer Arbeit kenne und annehme, daß er diese Arbeit gut lösen wird. Enttäuscht werde ich dann einige Wochen später, als ich erfahre, daß er aus der SED/PDS — deren Erneuerung er so aktiv betrieben hat — ausgetreten ist.

28. NOVEMBER:

Das Politbüro beschäftigt sich mit der Vorbereitung des Sonderparteitages und der Auswertung meines Besuches in Leipzig. Wir stimmen dem Vorschlag zu, am 7. Dezember am Runden Tisch teilzunehmen.

Die Presse meldet, daß seit 1961 über 800 000 Bürger der Deutschen Demokratischen Republik das Land verlassen haben. Veröffentlicht wird der Aufruf »Für unser Land«, der von bekannten Persönlichkeiten unterzeichnet ist. Er hat folgenden Wortlaut: »Unser Land steckt in einer tiefen Krise. Wie wir bisher gelebt haben, können und wollen wir nicht mehr leben. Die Führung einer Partei hatte sich die Herrschaft über das Volk und seine Vertretungen angemaßt, vom Stalinismus geprägte Strukturen hatten alle Lebensbereiche durchdrungen. Gewaltfrei, durch Massendemonstrationen hat das Volk den Prozeß der revolutionären Erneuerung erzwungen, der sich in atemberaubender Geschwindigkeit vollzieht. Uns bleibt nur wenig Zeit, auf die verschiedenen Möglichkeiten Einfluß zu nehmen, die sich als Auswege aus der Krise anbieten.

Entweder können wir auf der Eigenständigkeit der DDR bestehen und versuchen mit allen unseren Kräften und in Zusammenarbeit mit denjenigen Staaten und Interessengruppen, die dazu bereit sind, in unserem Land eine solidarische Gesellschaft zu entwickeln, in der Frieden und soziale Gerechtigkeit, Freiheit des einzelnen, Freizügigkeit aller und die Bewahrung der Umwelt gewährleistet sind. Oder wir müssen dulden, daß, veranlaßt durch starke ökonomische Zwänge und durch unzumutbare Bedingungen, an die einflußreiche Kreise aus Wirtschaft und Politik in der Bundesrepublik ihre Hilfe für die DDR knüpfen, ein Ausverkauf unserer materiellen und moralischen Werte beginnt und über kurz oder lang die Deutsche Demokratische Republik durch die Bundesrepublik Deutschland vereinnahmt wird.

Laßt uns den ersten Weg gehen. Noch haben wir die Chance, in gleichberechtigter Nachbarschaft zu allen Staaten Europas eine sozialistische Alternative zur Bundesrepublik zu entwickeln. Noch können wir uns besinnen auf die antifaschistischen und humanistischen Ideale, von denen wir einst ausgegangen sind. Alle Bürgerinnen und Bürger, die unsere Hoffnung und unsere Sorge teilen, rufen wir auf, sich diesem Appell durch ihre Unterschrift anzuschließen.«

29. NOVEMBER

Ich habe den Autoren des Aufrufs »Für unser Land« geantwortet: »Mit tiefer Genugtuung habe ich Ihren Aufruf an die Bürger der Deutschen Demokratischen Republik zur Kenntnis genommen. Ich teile ihre Einschätzung vom Ernst der Lage und sehe wie Sie den Scheideweg, vor dem die Republik steht. Seien Sie versichert, daß ich alles mir Mögliche tun werde, um mitzuhelfen, ›in unserem Land eine solidarische Gesellschaft zu entwickeln, in der Frieden und soziale Gerechtigkeit, Freiheit des einzelnen, Freizügigkeit aller und die Bewahrung der Umwelt gewährleistet sind‹. Wir haben die historische Verantwortung, dieses Land mit seinen antifaschistischen und humanistischen Idealen und Traditionen als sozialistische Alternative deutscher Entwicklung zu bewahren.«

Die Zentrale Parteikontrollkommission tagt und hat auf Grund von Hinweisen Rehabilitierungen von Robert Havemann, Rudolf Herrnstadt und Lex Ende vorgenommen. Außerdem verhandelte sie das Parteiverfahren gegen Gerhard Müller, ehemals Kandidat des Politbüros und 1. Sekretär der SED-Bezirksleitung Erfurt, und empfiehlt dem Zentralkomitee, ihn aus dem ZK und der Partei auszuschließen. Sie faßt Beschlüsse zur Rehabilitierung von Genossen, die in den letzten Jahren wegen der von ihnen geübten Kritik an der Parteiführung und an der Parteipolitik ungerechtfertigt bestraft wurden.

30. NOVEMBER:

Bilaterale Fragen und die aktuelle Lage in Europa stehen im Mittelpunkt eines Gesprächs mit dem Außenminister Belgiens.

Von der »Aktuellen Kamera« werde ich an diesem Tage zu Amtsmißbrauch und Korruption befragt. Dazu antworte ich: »Mit Empörung und Zorn und auch mit Scham habe ich erfahren, was an Amtsmißbrauch und Korruption bekannt wurde. Ich muß sagen, daß Amtsmißbrauch und Korruption eines Mitglieds der SED unwürdig sind. So werden wir auch alle diese Fälle aufdecken. Ich habe den Generalstaatsanwalt der DDR gebeten, den Dingen auf den Grund zu gehen, denn vor dem Gesetz sind alle gleich. Ich habe den Vorsitzenden der Zentralen Parteikontrollkommission gebeten, die Dinge in der Partei so schnell wie möglich in Ordnung zu bringen. Denn jeder ist verpflichtet, unabhängig davon, welche Funktion er hatte, nach dem Statut der SED zu handeln. Wo Verstöße vorliegen, müssen sie geahndet werden und zwar schnell.«

Und ich fuhr fort: »Ich gehe davon aus, daß wir noch bis zum Außerordentlichen Parteitag der SED diese Fragen so aufklären, daß die Bevölkerung versteht: Die SED ist keine korrupte

Partei. Nicht die vielen tausend und abertausend Mitglieder der Partei sind korrupte Leute. Amtsmißbrauch und Korruption von einigen — wie jetzt die Presse aufdeckt — können nicht den SED-Mitgliedern in ihrer Gesamtheit angelastet werden.«

1. DEZEMBER:

Das Politbüro des ZK beruft das Zentralkomitee zu einer Außerordentlichen Tagung am Sonntag, dem 3. Dezember 1989, nach Berlin ein. Auf der Tagesordnung stehen die Erörterung der Lage der Partei, ein Bericht des Vorsitzenden der Zentralen Parteikontrollkommission und die Beschlußfassung über die Konsequenzen aus diesem Bericht.

Die 13. Tagung der Volkskammer findet statt. Der Untersuchungsausschuß erstattet Bericht. Die Abgeordneten sind über Amtsmißbrauch und Korruption empört. Das Reisegesetz wird in erster Lesung behandelt. Die Volkskammer beschließt, aus Artikel I der Verfassung jenen Passus zu streichen, der die führende Rolle der Partei festschrieb. Die Abgeordneten behandeln außerdem in erster Lesung das Reisegesetz, in einer Fragestunde stehen Regierungsmitglieder Rede und Antwort zu aktuellen Problemen.

2. DEZEMBER:

Ich nehme an der Kreisdelegiertenkonferenz der SED in Ribnitz-Damgarten teil. Auf dem Wege dorthin erfahre ich aus den Nachrichten, daß der Kandidat des Politbüros und Sekretär des ZK Jochen Willerding mir in einem Brief seinen Rücktritt mitgeteilt habe. Außerdem höre ich, daß am Abend eine Kundgebung Berliner Genossen vor dem Zentralkomitee stattfindet, um die Forderung nach radikaler Erneuerung der Partei zu unterstreichen. Ich fahre dennoch zur Delegiertenkonferenz nach Ribnitz-Damgarten und werde dort als Delegierter des ordentlichen Parteitages mit 19 Gegenstimmen gewählt. Ich bitte die Delegierten um Verständnis, daß ich die Konferenz vorzeitig verlasse, um abends an der Berliner Kundgebung teilzunehmen. Als ich zur Kundgebung erscheine, spüre ich eine große Unzufriedenheit der versammelten Genossen mit dem ungenügenden Tempo der Erneuerung der Partei. Ich versuche das Wort zu nehmen, merke aber, daß ich bei dieser Kundgebung keine Chance mehr habe, zur Entwicklung in der Partei Stellung zu nehmen.

3. DEZEMBER:

Am Sonntag findet eine kurze Beratung mit den 1. Bezirkssekretären statt. Sie drängen darauf, daß das Politbüro zurücktritt und auch das Zentralkomitee seinen Rücktritt erklärt. Dies geschieht auf der ZK-Tagung am selben Tag. Politbüro und Zentralkomitee treten zurück und geben die Initiative an einen Arbeitsausschuß, der fortan die Vorbereitung des Sonderparteitages übernimmt.

4. DEZEMBER:

Noch stehe ich unter dem Eindruck der Außerordentlichen Tagung des ZK und dessen Rücktritt vom Vortag. Das Politbüro und das Zentralkomitee zogen die Schlußfolgerung aus der Kritik der Parteibasis, nicht in der Lage gewesen zu sein, »das ganze Ausmaß und die Schwere der Verfehlungen von Mitgliedern des ehemaligen Politbüros aufzudecken und daraus die erforderlichen Konsequenzen zu ziehen ...«

Noch bin ich Vorsitzender des Staatsrates und nehme zusammen mit Hans Modrow und weiteren Genossen am Treffen der Staaten des Warschauer Vertrages in Moskau teil, wo Michail Sergejewitsch Gorbatschow über seine Begegnung mit Präsident George Bush auf Malta informiert. Da ich die politische Situation der nächsten Tage ahne, verabschiede ich mich von den Teilnehmern der Beratung in dem Bewußtsein, ihnen das letzte Mal auf einer solchen Tagung zu begegnen. Meine politische Laufbahn geht zu Ende.

5. DEZEMBER:

Mein Arbeitszimmer im Zentralkomitee ist versiegelt. Ich wickle die notwendigen Tätigkeiten im Arbeitszimmer des Vorsitzenden des Staatsrates ab. Am Vorabend hörte ich, daß die CDU-Fraktion der Volkskammer meinen Rücktritt als Vorsitzender des Staatsrates fordert. Ich schreibe mein Rücktrittsgesuch.

6. DEZEMBER:

Am Nachmittag findet eine Sitzung des Staatsrates statt. Ich erkläre meinen Rücktritt als Vorsitzender des Staatsrates und des Nationalen Verteidigungsrates.

Professor Dr. Manfred Gerlach wird als amtierender Vorsitzender des Staatsrates der DDR mit der Wahrnehmung der entsprechenden verfassungsmäßigen Aufgaben betraut.

Meine Erklärung übergebe ich dem Präsidenten der Volkskammer der DDR, Dr. Günther Maleuda. In ihr heißt es:

»Als mich die Volkskammer am 24. Oktober 1989 zum Vorsitzenden des Staatsrates der DDR wählte, leistete ich den Eid in der festen Absicht, meine ganze Kraft für den Erhalt des Landes als souveräne sozialistische Republik und für das Wohl ihrer Bürger, für ein festes Bündnis mit den sozialistischen Bruderstaaten und die friedliche Zusammenarbeit aller Völker und Staaten einzusetzen.

Gemeinsam mit politischen Freunden hatte ich zuvor die Initiative zu einer Umkehr in der Politik in der Führung der SED ergriffen. Motiv unseres Handelns war die über einen längeren Zeitraum gereifte Erkenntnis, daß die alte Führung den Widerspruch zwischen Volkswillen und realitätsferner Politik ständig vertiefte und unser Land in eine tiefe Krise führte.

Meine mehrjährige Mitgliedschaft im Staatsrat und im Politbüro unter Führung Erich Honeckers minderte bei nicht wenigen Bürgern die Glaubwürdigkeit der von mir vertretenen Politik der Erneuerung des Sozialismus.

Vertrauen im Volk aber ist die erste Voraussetzung für die Ausübung der Funktion des Vorsitzenden des Staatsrates. Inzwischen sind Ereignisse eingetreten, die zum Zeitpunkt meiner

Wahl zum Vorsitzenden des Staatsrates nicht vorauszusehen waren.

Im Interesse der Stabilität der DDR und der notwendigen revolutionären Erneuerung unseres Landes trete ich von meiner Funktion als Vorsitzender des Staatsrates und Vorsitzender des Nationalen Verteidigungsrates der DDR zurück.

Es ist meine Hoffnung, daß das Volk der DDR den Prozeß der Erneuerung, den es selbst erkämpft hat, unumkehrbar macht. Wir müssen aber auch die Gefahr sehen, die unserer Heimat von antisozialistischen Kräften droht. Jede Revolution birgt die Gefahr der Sammlung von Gegenkräften in sich. Diese antisozialistischen Kräfte wollen den Stolz unseres Volkes brechen und die Arbeit von Generationen zum Ausverkauf anbieten. Dagegen müssen wir uns gemeinsam wehren. In dieser Stunde höchster Gefahr müssen alle, denen dieses Land am Herzen liegt, aus patriotischer Verantwortung zusammenstehen.«

BIOGRAPHISCHE DATEN

19. 3. 1937	in Kolberg (heute Polen) geboren
1944	Umsiedlung von Kolberg nach Damgarten
1945	Einschulung in Damgarten
1945—1953	Besuch der Grundschule in Damgarten (später Ribnitz-Damgarten)
1948	Mitglied der Pionierorganisation, die am 13. Dezember 1948 gegründet wurde. Verschiedene Funktionen in der Pionierorganisation
1953	kurzzeitige Lehre als Schlosser im Dieselmotorenwerk Rostock
1953—1957	Studium am Institut für Lehrerbildung in Putbus/Rügen
1953	Kandidat der SED, Mitglied der FDJ. Während des Studiums in Putbus verschiedene Funktionen im Jugendverband und in der SED
1955	Mitglied der SED, Delegierter zum V. Parlament der FDJ in Erfurt
1957	Staatsexamen als Lehrer am Institut für Lehrerbildung in Putbus/Rügen
1957—1959	freiwilliger Dienst in der Nationalen Volksarmee in Prora/Rügen; verschiedene Funktionen in der SED und in der FDJ
1958	Delegierter der Parteiorganisation der Nationalen Volksarmee zum V. Parteitag der SED
1959—1960	2. bzw. 1. Kreissekretär der FDJ im Kreis Bergen/Rügen
1960—1961	1. Sekretär der Bezirksleitung Rostock der FDJ; Kandidat des Büros der Bezirksleitung der SED Rostock

1961–1964	Sekretär des Zentralrates der FDJ, verantwortlich für die Arbeit des Jugendverbandes an den Universitäten, Hoch- und Fachschulen
1964–1967	Besuch der Parteihochschule beim Zentralkomitee der KPdSU in Moskau
1967	Staatsexamen als Diplomgesellschaftswissenschaftler in Moskau
1967–1974	Sekretär des Zentralrates der FDJ, verantwortlich für Agitation und Propaganda sowie für die Arbeit der FDJ an den Schulen
1971–1974	gleichzeitig Vorsitzender der Pionierorganisation »Ernst Thälmann«
1971 bis Jan. 1990	Abgeordneter der Volkskammer der DDR
1971–1981	Mitglied des Präsidiums der Volkskammer
1971	Wahl zum Kandidaten des Zentralkomitees der SED auf dem VIII. Parteitag der SED
1973	Wahl zum Mitglied des Zentralkomitees der SED
1974–1983	1. Sekretär des Zentralrates der FDJ
1976	Wahl zum Kandidaten des Politbüros des Zentralkomitees der SED auf dem IX. Parteitag der SED
1981–1984	Mitglied des Staatsrates der DDR
1983	Wahl zum Mitglied des Politbüros und Sekretär des Zentralkomitees der SED
1984	Stellvertreter des Vorsitzenden des Staatsrates
18. Oktober bis 3. Dezember 1989	Generalsekretär des Zentralkomitees der SED
24. Oktober bis 6. Dezember 1989	Vorsitzender des Staatsrates der DDR und Vorsitzender des Nationalen Verteidigungsrates der DDR
21. Januar 1990	Ausschluß aus der SED/PDS

PARTEIAUFBAU DER SED

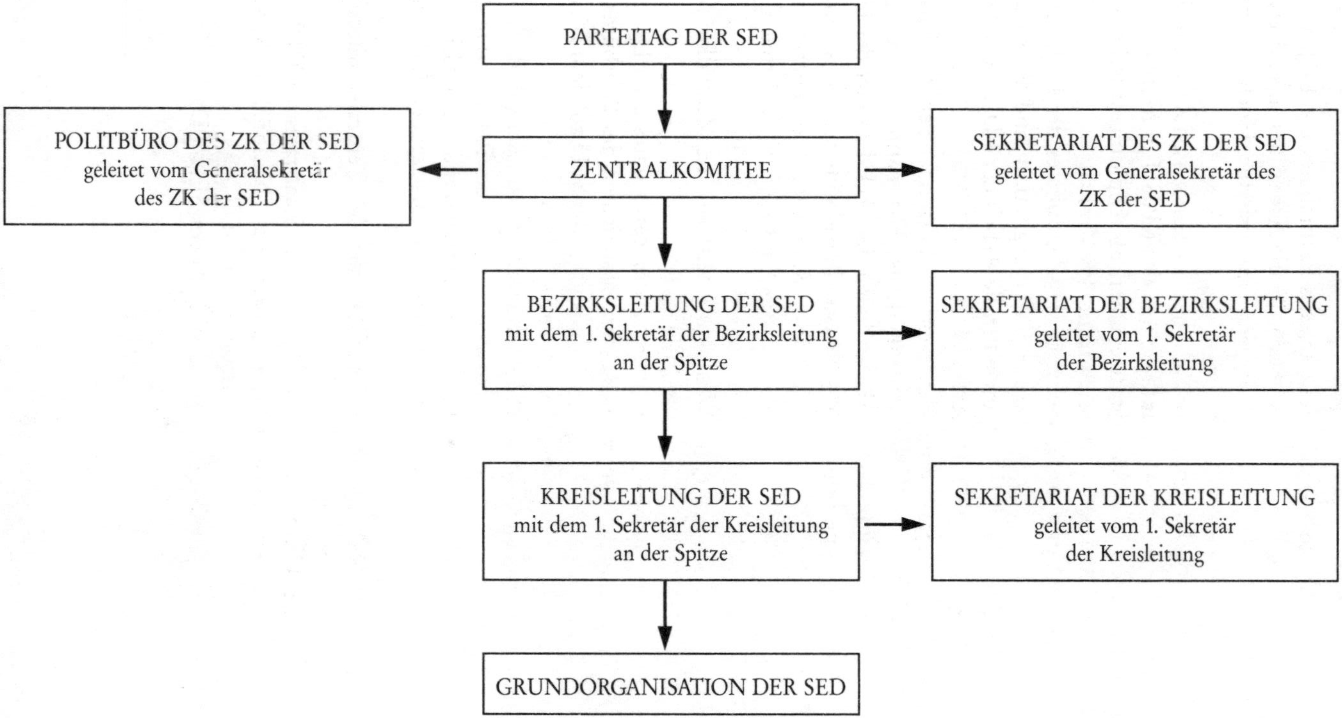
PARTEITAG DER SED
POLITBÜRO DES ZK DER SED geleitet vom Generalsekretär des ZK der SED
ZENTRALKOMITEE
SEKRETARIAT DES ZK DER SED geleitet vom Generalsekretär des ZK der SED
BEZIRKSLEITUNG DER SED mit dem 1. Sekretär der Bezirksleitung an der Spitze
SEKRETARIAT DER BEZIRKSLEITUNG geleitet vom 1. Sekretär der Bezirksleitung
KREISLEITUNG DER SED mit dem 1. Sekretär der Kreisleitung an der Spitze
SEKRETARIAT DER KREISLEITUNG geleitet vom 1. Sekretär der Kreisleitung
GRUNDORGANISATION DER SED

BILDNACHWEIS

ADN, Berlin 17, 21
ADN-ZB (Franke), Berlin 11, 12
ADN-ZB (Reiche), Berlin 9
dpa, München 28, 32, 33, 34, 36, 38
Kristina Erikson, Berlin 16
W. Herbst 20
Jürgens Ost + Europa Photo, Köln 35
Junge Welt-Bild/Eckebrecht 6, 7, 15
Peter Koal, Berlin 18
Süddeutscher Verlag (Bilderdienst), München 25, 27, 37
Ullstein Bilderdienst, Berlin 24, 26, 29, 30, 31, 39, 40, 41
Alle übrigen Fotos: Privatarchiv Egon Krenz